notícia de um sequestro

Obras do autor

O amor nos tempos do cólera
A aventura de Miguel Littín clandestino no Chile
Cem anos de solidão
Cheiro de goiaba
Crônica de uma morte anunciada
Do amor e outros demônios
Doze contos peregrinos
Os funerais da Mamãe Grande
O general em seu labirinto
A incrível e triste história da cândida Erêndira e sua avó desalmada
Memória de minhas putas tristes
Ninguém escreve ao coronel
Notícia de um sequestro
Olhos de cão azul
O outono do patriarca
Relato de um náufrago
A revoada (O enterro do diabo)
O veneno da madrugada (A má hora)
Viver para contar

Obra jornalística

Vol. 1 – Textos caribenhos (1948-1952)
Vol. 2 – Textos andinos (1954-1955)
Vol. 3 – Da Europa e da América (1955-1960)
Vol. 4 – Reportagens políticas (1974-1995)
Vol. 5 – Crônicas (1961-1984)
O escândalo do século

Obra infantojuvenil

A luz é como a água
María dos Prazeres
A sesta da terça-feira
Um senhor muito velho com umas asas enormes
O verão feliz da senhorita Forbes
Maria dos Prazeres e outros contos (com Carme Solé Vendrell)

Teatro

Diatribe de amor contra um homem sentado

Com Mario Vargas Llosa

Duas solidões: um diálogo sobre o romance na América Latina

GABRIEL GARCÍA MARQUEZ

notícia de um sequestro

TRADUÇÃO DE
ERIC NEPOMUCENO

11ª edição

EDITORA RECORD
RIO DE JANEIRO • SÃO PAULO
2023

EDITORA-EXECUTIVA Renata Pettengill	**AUXILIAR EDITORIAL** Juliana Brandt
SUBGERENTE EDITORIAL Mariana Ferreira	**CAPA** Leonardo Iaccarino
ASSISTENTE EDITORIAL Pedro de Lima	**TÍTULO ORIGINAL** *Noticia de um secuestro*

CIP-Brasil. Catalogação na fonte
Sindicato Nacional dos Editores de Livros, RJ.

G21n
11ª ed.

García Márquez, Gabriel, 1927-2014
   Notícia de um sequestro / Gabriel García Márquez; tradução de Eric Nepomuceno. – 11ª ed. – Rio de Janeiro: Record, 2023.
   320p. : 21 cm.

   Tradução de: Noticia de un secuestro
   ISBN 978-65-55-87221-7

   1. Pachón, Maruja, 1948-. 2. Sequestro - Colômbia. 3. Reféns - Colômbia. 4. Tráfico de drogas - Colômbia. I. Nepomuceno, Eric. II. Título.

21-69296

CDD – 364.15409861
CDU – 341.348(862)

Meri Gleice Rodrigues de Souza - Bibliotecária - CRB-7/6439

TÍTULO ORIGINAL:
Noticia de un secuestro

Text Copyright © 1996 by Gabriel García Márquez

Texto revisado segundo o Acordo Ortográfico da Língua Portuguesa de 1990.

Todos os direitos reservados. Proibida a reprodução, armazenamento ou transmissão de partes deste livro, através de quaisquer meios, sem prévia autorização por escrito. Proibida a venda desta edição para Portugal e Europa.

Direitos exclusivos de publicação em língua portuguesa para o Brasil adquiridos pela
EDITORA RECORD LTDA.
Rua Argentina, 171 – 20921-380 – Rio de Janeiro, RJ – Tel.: (21) 2585-2000, que se reserva a propriedade literária desta tradução

Impresso no Brasil

ISBN 978-65-55-87221-7

Seja um leitor preferencial Record.
Cadastre-se em www.record.com.br e receba
informações sobre nossos lançamentos e nossas promoções.

EDITORA AFILIADA

Atendimento direto ao leitor:
sac@record.com.br

GRATIDÕES

Em outubro de 1993 Maruja Pachón e seu marido, Alberto Villamizar, me propuseram escrever um livro sobre as experiências dela durante seu sequestro de seis meses, e as árduas negociações em que ele se empenhou para conseguir libertá-la. Eu já estava com o primeiro rascunho bastante avançado quando percebemos que era impossível desvincular aquele sequestro dos outros nove que aconteceram ao mesmo tempo no país. Na verdade, não eram dez sequestros diferentes — como achamos a princípio —, mas um único sequestro coletivo de dez pessoas muito bem escolhidas, executado por uma mesma empresa e com uma mesma e única finalidade.

Esta comprovação tardia nos obrigou a recomeçar com uma estrutura e um fôlego diferentes, para que os protagonistas tivessem sua identidade bem definida e seu próprio cenário. Foi uma solução técnica para uma narração labiríntica que no formato inicial teria sido fragorosa e interminável. Deste modo, porém, o trabalho previsto para um ano se prolongou por quase três, sempre com a colaboração cuidadosa e oportuna de Maruja e Alberto, cujos relatos pessoais são o eixo central e o fio condutor deste livro.

Entrevistei todos os protagonistas que pude, e em todos encontrei a mesma disposição generosa de perturbar a paz de sua memória e reabrir para mim as feridas que talvez quisessem esquecer. Sua dor, sua paciência e sua raiva me deram a coragem para persistir nesta tarefa outonal, a mais difícil e triste da minha vida. Minha única frustração é saber que nenhum deles encontrará no papel nada além de um pálido reflexo do horror que padeceram na vida real. Sobretudo as famílias das duas reféns mortas — Marina Montoya e Diana Turbay —, e em especial a mãe de Diana, dona Nydia Quintero de Balcázar, cujas entrevistas foram para mim uma experiência humana dilacerante e inesquecível.

Compartilho esta sensação de insuficiência com duas pessoas que sofreram comigo a carpintaria confidencial do livro: a jornalista Luzángela Arteaga, que rastreou e capturou numerosas informações impossíveis com uma tenacidade e uma discrição absoluta de caçadora furtiva, e Margarita Márquez Caballero, minha prima-irmã e secretária particular, que cuidou da transcrição, da ordenação, da verificação e do sigilo do intrincado material de base no qual várias vezes nos sentimos a ponto de naufragar.

Para todos os protagonistas e colaboradores, minha gratidão eterna por terem salvado do esquecimento este drama bestial, que por desgraça é apenas um episódio do holocausto bíblico em que a Colômbia se consome há mais de vinte anos. Dedico este livro a todos eles, e com eles a todos os colombianos — inocentes e culpados — na esperança de que nunca mais este livro nos aconteça.

G.G.M.
Cartagena das Índias, maio de 1996.

1

Antes de entrar no automóvel olhou por cima do ombro para ter certeza de que ninguém a espreitava. Eram sete e cinco da noite em Bogotá. Havia escurecido uma hora antes, o Parque Nacional estava mal iluminado e as árvores sem folhas tinham um perfil fantasmagórico contra o céu turvo e triste, mas não havia à vista nada a temer. Maruja sentou-se atrás do motorista, apesar do cargo que ocupava, porque sempre achou que aquele era o lugar mais cômodo. Beatriz subiu pela outra porta e sentou-se à sua direita. Estavam com quase uma hora de atraso em sua rotina diária, e as duas pareciam cansadas depois de uma tarde soporífera com três reuniões executivas. Sobretudo Maruja, que na noite anterior tivera uma festa em casa e não conseguiu dormir mais do que três horas. Esticou as pernas intumescidas, fechou os olhos com a cabeça apoiada no encosto do banco, e deu a ordem de rotina:

— Para casa, por favor.

Regressavam como todos os dias, às vezes por um trajeto, às vezes por outro, como medida de segurança e também para escapar dos engarrafamentos. O Renault 21 era novo e confortável, e o motorista dirigia com um rigor cauteloso. A melhor alternativa daquela noite foi a avenida Periférica, rumo ao norte. Encontraram os três sinais abertos e o trânsito do anoitecer estava menos complicado que de costume. Mesmo nos piores dias levavam meia hora do escritório até a casa de Maruja, na rua Terceira nº 84A-42, e depois o motorista levava Beatriz até a casa dela, a uns sete quarteirões de distância.

Maruja pertencia a uma família de intelectuais notáveis com várias gerações de jornalistas. Ela também era jornalista, premiada várias vezes. Fazia dois meses que era diretora da Focine, a companhia estatal de fomento cinematográfico. Beatriz, sua cunhada e assistente pessoal, era uma fisioterapeuta de longa experiência que havia feito uma pausa para mudar de atividade durante algum tempo. Sua responsabilidade maior na Focine era cuidar de tudo que tivesse relação com a imprensa. Nenhuma das duas tinha nada a temer, mas Maruja havia adquirido o costume quase inconsciente de olhar para trás por cima do ombro, desde o mês de agosto anterior, quando os traficantes de drogas começaram a sequestrar jornalistas num vendaval imprevisível.

Foi um temor certeiro. Embora o Parque Nacional tenha parecido deserto quando ela olhou por cima do ombro antes de entrar no automóvel, oito homens a espreitavam. Um estava ao volante de um Mercedes 190 azul-escuro, com placas frias de Bogotá, estacionado na calçada oposta. Outro estava ao volante de um táxi amarelo, roubado. Quatro, vestindo *jeans*, tênis e blusões de couro, passeavam pelas sombras do parque. O sétimo era alto e bem-vestido, com terno primaveril e maleta de executivo que completava seu aspecto de jovem empresário. De um bar na esquina, a meio quarteirão dali, o responsável pela operação vigiava aquele primeiro episódio real, cujos ensaios, meticulosos e intensos, tinham começado vinte e um dias antes.

O táxi e o Mercedes seguiram o automóvel de Maruja, sempre a uma distância mínima, da maneira exata que tinham feito desde a segunda-feira anterior para determinar os trajetos usuais. Depois de uns vinte minutos todos viraram à direita na rua 82, a menos de duzentos metros do edifício de tijolos aparentes onde Maruja morava com seu marido e um de seus filhos. Mal haviam começado a subir a ladeira íngreme quando o táxi amarelo ultrapassou o automóvel de Maruja, deu uma fechada contra a calçada da esquerda, e o motorista teve que frear de supetão para não bater. Quase ao mesmo tempo, o Mercedes estacionou atrás e deixou o carro de Maruja sem possibilidade de retroceder.

Três homens desceram do táxi e se dirigiram com passos decididos para o automóvel de Maruja. O alto e bem-vestido carregava uma arma estranha, que Maruja pensou ser uma escopeta de culatra recortada com um cano longo e grosso feito uma luneta. Na verdade, era uma Mini Uzi de 9 milímetros com um silenciador capaz de disparar tiro a tiro ou rajadas de trinta balas em dois segundos. Os outros dois atacantes estavam também armados de metralhadoras e pistolas. O que Maruja e Beatriz não conseguiram ver foi que do Mercedes estacionado atrás desceram outros três homens.

Agiram tão entrosados e com tamanha rapidez, que Maruja e Beatriz só conseguiram recordar retalhos dispersos dos dois escassos minutos que o assalto durou. Cinco homens rodearam o automóvel e dominaram os três ao mesmo tempo com um rigor profissional. O sexto permaneceu vigiando a rua com a metralhadora em punho. Maruja reconheceu o presságio.

— Vamos embora, Ángel — gritou para o motorista. — Suba na calçada, qualquer coisa, mas vamos embora.

Ángel estava petrificado, mas isso não mudava nada: com o táxi na frente e o Mercedes atrás não teria mesmo nenhum espaço para sair. Temendo que os homens começassem a disparar, Maruja abraçou a própria bolsa como se fosse um salva-vidas, escondeu-se atrás do assento do motorista, e gritou para Beatriz:

— No chão!

— Nem pensar — murmurou Beatriz. — No chão eles matam a gente.

Estava trêmula, mas firme. Convencida de que era um assalto, tirou com dificuldade os dois anéis da mão direita e jogou-os pela janela, pensando: "Que se danem." Mas não teve tempo de tirar os da mão esquerda. Maruja, enrolada como um novelo no fundo do assento, nem lembrou que estava com um anel de diamantes e esmeraldas que fazia par com os brincos.

Dois homens abriram a porta de Maruja e outros dois a de Beatriz. O quinto atirou através do vidro contra a cabeça do motorista com um disparo que soou como um suspiro por causa do silenciador. Depois abriu a porta, arrancou-o com um puxão, e deu mais três tiros quando ele já estava estendido no chão. Foi um destino trocado: Ángel Maria Roa era motorista de Maruja fazia apenas três dias, e estava estreando sua nova dignidade com o terno escuro, a camisa engomada e a gravata negra dos motoristas de ministério. Seu antecessor, que havia se aposentado uma semana antes, tinha sido o motorista titular da Focine durante dez anos.

Maruja só ficou sabendo do atentado contra o motorista muito mais tarde. Do seu esconderijo, só percebeu o ruído instantâneo dos vidros quebrados, e em seguida um grito peremptório quase em cima dela: "Viemos buscar a senhora. Saia!" Uma garra de ferro grudou em seu braço e arrancou-a arrastada do automóvel. Ela resistiu o que pôde, caiu, raspou uma perna, mas os homens a ergueram e levaram até o automóvel que estava estacionado atrás do dela. Ninguém percebeu que Maruja estava agarrada à sua bolsa.

Beatriz, que tem unhas longas e duras e um bom treinamento militar, enfrentou o rapaz que tentou arrancá-la de dentro do automóvel. "Não toque em mim!", gritou. Ele se encrespou, e Beatriz percebeu que estava tão nervoso como ela, e que podia ser capaz de qualquer coisa. Mudou de tom.

— Eu desço sozinha — disse. — Diga o que devo fazer.

O rapaz apontou para o táxi.

— Entre nesse carro e jogue-se no chão — disse. — Depressa!

As portas estavam abertas, o motor ligado e o motorista imóvel em seu lugar. Beatriz estendeu-se do jeito que pôde na parte traseira. O sequestrador cobriu-a com sua jaqueta e se ajeitou no banco com os pés apoiados em cima dela. Outros dois homens entraram: um ao lado do motorista, o outro atrás. O motorista esperou a batida simultânea das duas portas e arrancou aos trancos para o norte pela avenida Periférica. Só então Beatriz percebeu que tinha esquecido a bolsa no banco do seu automóvel, mas já era tarde. Mais que o medo e a incomodidade, o que não conseguia suportar era o fedor de amoníaco da jaqueta.

O Mercedes em que fizeram Maruja entrar tinha arrancado um minuto antes, e por um rumo diferente. Ela foi posta no centro do banco traseiro com um homem a cada lado. O da esquerda forçou-a a apoiar a cabeça sobre os joelhos dele numa posição tão incômoda que ela quase não conseguia respirar. Ao lado do motorista havia um homem que se comunicava com o outro automóvel por meio de um rádio primitivo. O desconcerto de Maruja era maior porque não sabia em que automóvel a estavam levando — pois nunca soube que tinha estacionado atrás do dela — mas sentia que era novo e confortável, e talvez blindado, porque os ruídos da avenida chegavam em surdina como um murmúrio de chuva. Não conseguia respirar, o coração lhe saía pela boca e começava a sentir que estava ficando sufocada. O homem ao lado do motorista, que agia como chefe, percebeu sua ansiedade e tentou acalmá-la.

— Fique tranquila — disse, por cima do ombro. — Estamos levando a senhora para que entregue um comunicado. Em poucas horas estará em casa. Mas se a senhora se mexer, vai acabar mal. Por isso, fique tranquila.

Também o que a forçava contra os joelhos tentava acalmá-la. Maruja aspirou forte e expirou pela boca, muito devagar, e começou a se recuperar. A situação mudou a poucos quarteirões dali, porque o automóvel encontrou um engarrafamento numa ladeira forte. O homem do rádio começou a gritar ordens impossíveis que o motorista do outro carro não conseguia obedecer. Havia várias ambulâncias empacadas em algum ponto da autopista, e o alvoroço das sirenes e das buzinas ensurdecedoras dava para enlouquecer qualquer um que não tivesse os nervos no lugar. E os sequestradores, pelo menos naquele momento, não tinham. O motorista estava tão nervoso tentando abrir caminho que bateu num táxi. Foi apenas uma batida leve, mas o taxista gritou alguma coisa que aumentou o nervosismo de todos. O homem do rádio ordenou que avançassem do jeito que fosse, e o automóvel escapou por cima de calçadas e terrenos baldios.

Livre do engarrafamento, continuou subindo. Maruja teve a impressão de que iam para La Calera, uma subida muito concorrida àquela hora. Maruja lembrou de repente que tinha no bolso do *blazer* algumas sementes de cardamomo, que são um tranquilizante natural, e pediu aos sequestradores que a deixassem mastigar algumas. O homem da direita ajudou-a a procurar no bolso, e percebeu que Maruja estava abraçada à bolsa. Tomaram a bolsa, mas lhe deram o cardamomo. Maruja tentou ver bem os sequestradores, mas a luz era muito escassa. Atreveu-se a perguntar: "E vocês, quem são?" O do rádio respondeu com voz calma e repousada:

— Somos do M-19.

Uma bobagem, porque o M-19 já estava na legalidade fazendo campanha para participar da Assembleia Constituinte.

— Falando sério — disse Maruja. — São traficantes ou guerrilheiros?

— Guerrilheiros — falou o homem da frente. — Mas fique tranquila, só queremos que a senhora leve um recado. De verdade.

Interrompeu o que dizia para ordenar que pusessem Maruja no chão, porque iam passar por uma barreira da polícia. "Agora, não se mexa nem diga nada, ou a gente mata a senhora", disse. Ela sentiu o cano de um revólver nas costelas e o homem que ia ao seu lado terminou a frase.

— Estamos apontando para a senhora.

Foram uns dez minutos eternos. Maruja concentrou suas forças, mastigando as sementes de cardamomo que a reanimavam cada vez mais, mas a posição ruim não permitia que ela visse ou escutasse o que falaram na barreira, se é que falaram alguma coisa. A impressão de Maruja é que passaram sem perguntas. A suspeita inicial de que iam para La Calera tornou-se uma certeza, e isso deu a ela um certo alívio. Não tentou se erguer, porque se sentia mais cômoda que com a cabeça apoiada nos joelhos do homem. O carro percorreu um caminho de argila, e uns cinco minutos mais tarde parou. O homem do rádio disse:

— Chegamos.

Não se via nenhuma luz. Cobriram a cabeça de Maruja com um blusão e fizeram-na sair agachada, de maneira que só conseguia ver os próprios pés avançando, primeiro através de um pátio e depois talvez por uma cozinha de lajotas. Quando destaparam sua cabeça ela percebeu que estavam num quartinho de uns dois metros por três, com um colchão no piso e uma lâmpada vermelha no teto. Um instante mais tarde entraram dois homens mascarados com uma espécie de gorro que cobria seus rostos deixando apenas os olhos livres, e que na verdade era uma perna de um agasalho de ginástica, com três buracos para os olhos e a boca. A partir de então, durante todo o tempo do cativeiro, não tornou a ver o rosto de ninguém.

Percebeu que os dois que tomavam conta dela não eram os mesmos que a haviam sequestrado. Suas roupas estavam usadas e sujas, eles eram mais baixos que Maruja, que mede um metro e sessenta e sete, e tinham corpos e vozes mais jovens. Um deles ordenou que Maruja entregasse as joias que estava usando. "Por medida de segurança", disse ele. "Não vai acontecer nada com elas." Maruja entregou o anel de esmeraldas e diamantes minúsculos, mas não os brincos.

Beatriz, no outro automóvel, não pôde chegar a nenhuma conclusão sobre o trajeto. Ficou o tempo todo estendida no chão do carro e não recordava ter subido uma ladeira tão empinada como a de La Calera, nem passaram por nenhuma barreira, embora talvez o táxi tivesse algum privilégio para não ser detido. O ambiente no trajeto foi de um grande nervosismo por causa da confusão do trânsito. O chofer gritava no rádio dizendo que não podia passar por cima dos carros, perguntava o que fazer, e isso deixava ainda mais nervosos os homens do automóvel dianteiro, que lhe davam indicações diferentes e contraditórias.

Beatriz estava muito incômoda, com a perna dobrada e atordoada pelo fedor da jaqueta. Tentava se acomodar. Seu guardião pensou que ela estava se rebelando e procurou acalmá-la: "Calma, meu bem, não vai acontecer nada. Você só vai levar um recado para alguém." Quando enfim entendeu que ela estava com a perna mal-ajeitada, ajudou-a a estendê-la e foi menos brusco. Acima de tudo, Beatriz não conseguia suportar que ele dissesse "meu bem", e essa falta de cerimônia quase a ofendia mais que o cheiro da jaqueta. E quanto mais ele tentava tranquilizá-la mais ela se convencia de que iriam matá-la. Calculou que a viagem não durou mais do que quarenta minutos, de modo que quando chegaram à casa deviam ser quinze para as oito.

A chegada foi idêntica à de Maruja. Taparam sua cabeça com o agasalho empestado e a puxaram pela mão com a advertência que só olhasse para baixo. Viu a mesma coisa que Maruja: o pátio, o piso de lajotas, dois degraus finais. Mandaram que ela se movesse para a esquerda, tiraram a jaqueta da sua cabeça. Lá estava Maruja sentada num tamborete, pálida debaixo da luz vermelha da única lâmpada.

— Beatriz! — disse Maruja. — Você aqui?

Não sabia o que tinha acontecido com ela, mas pensou que houvesse sido libertada por não ter nada a ver com nada. E no entanto, ao vê-la ali, sentiu ao mesmo tempo uma grande alegria por não estar sozinha, e uma imensa tristeza porque a haviam sequestrado também. As duas se abraçaram como se não se vissem há muito tempo.

Era inconcebível que pudessem sobreviver naquele quarto horrendo, dormindo sobre o único colchão estendido no piso e com dois vigilantes mascarados que não as perderiam de vista em nenhum instante. Um novo mascarado, elegante, fornido, com pelo menos um metro e oitenta de altura, e que os outros chamavam de *Doutor*, assumiu então o comando com ares de grande chefe. Tiraram os anéis da mão esquerda de Beatriz e não perceberam que ela estava usando uma correntinha de ouro com uma medalha da Virgem.

— Esta é uma operação militar e não vai acontecer nada com vocês — disse o recém-chegado, e repetiu: —Nós só as trouxemos aqui para que levem um comunicado ao governo.

— E quem são vocês? — perguntou Maruja.

Ele ergueu os ombros. "Isso agora não interessa", disse. Levantou a metralhadora para que elas vissem bem e prosseguiu: "Mas quero avisar uma coisa. Esta é uma metralhadora com silenciador, ninguém sabe onde vocês estão, nem com quem. Se gritarem ou fizerem qualquer coisa, sumimos com vocês num minuto e ninguém nunca mais vai saber." As duas prenderam a respiração à espera do pior. Mas depois das ameaças o chefe se dirigiu a Beatriz.

— Agora vamos separar vocês duas, mas a senhora vai ser solta — disse. — Nós a trouxemos por engano.

Beatriz reagiu de imediato.

— Ah, não — disse ela sem duvidar nem um pouco. — Eu fico fazendo companhia a Maruja.

Foi uma decisão tão valente e generosa, que o próprio sequestrador exclamou espantado e sem uma gota de ironia: "A senhora tem uma amiga leal, dona Maruja." Agradecida em meio à sua consternação, Maruja confirmou que era isso mesmo, e agradeceu a Beatriz. O *Doutor* perguntou então se elas queriam comer alguma coisa. As duas disseram que não. Pediram água, pois estavam com a boca ressecada. Levaram refrigerantes para elas. Maruja, que está sempre com um cigarro aceso e o maço e o isqueiro ao alcance da mão, não havia fumado durante o trajeto. Pediu que lhe devolvessem a bolsa, onde estavam os cigarros, e o homem deu a ela um dos seus.

As duas pediram para ir ao banheiro. Beatriz foi primeiro, coberta por um pano rasgado e sujo. "Olhe para o chão", alguém mandou. Foi levada pela mão por um corredor estreito até um banheirinho ínfimo, em péssimo estado e com uma janelinha triste aberta para a noite. A porta não tinha maçaneta por dentro, mas fechava direito, e Beatriz encarapitou-se na privada e olhou pela janela. A única coisa que pôde ver à luz de um poste foi uma casinha de tijolo com telhas vermelhas e um prado na frente, como tantas pelas estradas da savana.

Quando regressou ao quarto encontrou a situação mudada por completo. "Acabamos de saber quem é a senhora, e também serve para nós — disse o *Doutor*.— Vai ficar com a gente." Souberam pelo rádio, que acabava de dar a notícia do sequestro.

O jornalista Eduardo Carrillo, que cuidava da informação sobre segurança pública na Radio Cadena Nacional (RCN), estava fazendo uma consulta a uma fonte militar quando esta recebeu pelo celular a notícia do sequestro. Naquele mesmo instante a notícia começou a ser transmitida sem maiores detalhes. Foi assim que os sequestradores ficaram sabendo da identidade de Beatriz.

A rádio disse também que o motorista do táxi trombado anotou dois algarismos da placa e os dados genéricos do automóvel que havia amassado o seu. A polícia estabeleceu o trajeto de fuga. Portanto, aquela casa tinha se tornado perigosa para todos e precisavam sair dali com rapidez. Pior: as sequestradas iriam num carro diferente, e trancadas no porta-malas.

As reclamações delas foram inúteis, porque os sequestradores pareciam mais assustados que as duas e não escondiam isso. Maruja pediu um pouco de álcool de farmácia, aturdida pela ideia de que iam se asfixiar no porta-malas.

— Aqui não temos álcool — disse o *Doutor*, áspero. — Vão no porta-malas e ponto final. Depressa.

Obrigaram as duas a tirar os sapatos e a carregá-los na mão enquanto as conduziam através da casa até a garagem. Lá descobriram suas cabeças e as meteram no porta-malas do carro, mas sem forçá-las. O espaço era suficiente e bem ventilado porque tinham tirado as borrachas da vedação. Antes de fechar a mala, o *Doutor* largou uma rajada de terror.

— Estamos levando dez quilos de dinamite — disse. — Ao primeiro grito, ou tosse, ou choro, ou seja lá o que for, descemos do carro e explodimos tudo.

Para alívio e surpresa das duas, pelas frestas do porta-malas entrava uma corrente fria e pura que parecia ar acondicionado. A sensação de sufoco desapareceu, e ficou apenas a incerteza. Maruja assumiu uma atitude ensimesmada que poderia ser confundida com um completo abandono, mas na realidade era sua fórmula mágica para superar a ansiedade. Beatriz, por sua vez, intrigada por uma curiosidade insaciável, chegou até a fresta luminosa do porta-malas mal-ajustado. Pelo vidro traseiro viu os passageiros do carro: dois homens no banco de trás, e uma mulher de cabelo comprido ao lado do motorista, com um bebê de uns dois anos. À sua direita viu o grande anúncio de luz amarela de um conhecido centro comercial. Não havia dúvida: era a autopista que vai para o norte, iluminada em um longo trecho, e depois a escuridão total num caminho aberto, onde o carro reduziu a marcha. Após uns quinze minutos, parou.

Devia ser outra barreira. Ouviam-se vozes confusas, ruídos de outros automóveis, música; mas estava tão escuro que Beatriz não conseguia distinguir nada. Maruja ficou alerta, prestou atenção, esperançosa de que fosse um posto de controle onde eles seriam obrigados a mostrar o que estavam levando no porta-malas. O carro partiu depois de uns cinco minutos e subiu por uma ladeira empinada, mas desta vez não conseguiram identificar o trajeto. Uns dez minutos depois, parou de novo e alguém abriu o porta-malas. Outra vez taparam suas cabeças e as ajudaram a sair às escuras.

Fizeram juntas um percurso semelhante ao que tinham feito na outra casa, olhando para o chão e guiadas pelos sequestradores através de um corredor, uma salinha onde outras pessoas falavam aos sussurros e, afinal, um quarto. Antes de fazê-las entrar, o *Doutor* as preparou.

— Agora vocês vão encontrar uma pessoa amiga — disse ele.

A luz dentro do quarto era tão escassa que precisaram de um momento para acostumar a vista. O espaço não tinha mais do que dois metros por três, com uma única janela tapada. Sentados num colchão de solteiro colocado no chão, dois encapuzados como os da casa anterior viam televisão, absortos. Tudo era lúgubre e opressivo. No canto à esquerda da porta, sentada numa cama estreita com cabeceira de ferro, havia uma mulher fantasmagórica com o cabelo branco e opaco, os olhos atônitos, a pele grudada nos ossos. Ela não deu sinais de haver notado que elas entraram; não olhou, não respirou. Nada: um cadáver não teria parecido tão morto. Maruja superou o impacto.

— Marina!— murmurou.

Era Marina Montoya, sequestrada fazia quase dois meses, e que era dada por morta. Germán Montoya, seu irmão, havia sido secretário-geral da presidência da república, com grande poder no governo de Virgilio Barco. Um de seus filhos, Álvaro Diego, gerente de uma importante companhia de seguros, fora sequestrado pelos traficantes para pressionar uma negociação com o governo. A versão mais corrente — nunca confirmada — foi de que o liberaram pouco depois por um acordo secreto que o governo não cumpriu. O sequestro de sua tia Marina nove meses depois só podia ser interpretado como uma represália infame, pois naquela altura ela já carecia de valor de troca. O governo de Barco havia terminado, e Germán Montoya era embaixador da Colômbia no Canadá. Portanto, estava na consciência de todos que Marina tinha sido sequestrada apenas para ser morta.

Depois do escândalo inicial do sequestro, que mobilizou a opinião pública nacional e internacional, o nome de Marina havia desaparecido dos jornais. Maruja e Beatriz a conheciam bem, mas para elas não foi fácil reconhecê-la. O fato de terem sido levadas para o mesmo quarto significou para as duas desde o primeiro momento que estavam na cela dos condenados à morte. Marina permaneceu imutável. Maruja apertou-lhe a mão e um calafrio a estremeceu. A mão de Marina não era fria nem quente, nem transmitia nada.

O prefixo musical do noticiário da televisão tirou-as do estupor. Eram nove e meia da noite do dia 7 de novembro de 1990. Meia hora antes, o jornalista Hernán Estupiñán, do *Noticiero Nacional*, tinha sido informado do sequestro por um amigo da

Focine e foi até o local. Ainda não havia retornado com os detalhes completos quando o diretor e apresentador Javier Ayala abriu a emissão com a notícia urgente, antes mesmo das manchetes do dia: *A diretora-geral da Focine, dona Maruja Pachón de Villamizar, esposa do conhecido político Alberto Villamizar, e a irmã dele, Beatriz Villamizar de Guerrero, foram sequestradas às sete e meia desta noite.* O propósito parecia claro: Maruja era irmã de Gloria Pachón, viúva de Luis Carlos Galán, o jovem jornalista que em 1979 havia fundado o Novo Liberalismo para renovar e modernizar os deteriorados costumes políticos do partido liberal, e era a força mais séria e enérgica contra o narcotráfico e a favor da extradição de colombianos.

2

O primeiro membro da família que ficou sabendo do sequestro foi o doutor Pedro Guerrero, marido de Beatriz. Estava numa Unidade de Psicoterapia e Sexualidade Humana — a uns dez quarteirões — dando uma conferência sobre a evolução das espécies animais desde funções primárias dos unicelulares até as emoções e afetos humanos. Foi interrompido por um telefonema de um oficial da polícia que perguntou com um estilo profissional se ele conhecia Beatriz Villamizar. "Claro — respondeu o doutor Guerrero. — É a minha mulher." O policial fez um breve silêncio e disse num tom mais humano: "Bem, não fique aflito." O doutor Guerrero não precisava ser um psiquiatra laureado para compreender que aquela frase era o preâmbulo de alguma coisa muito grave.

— Mas o que foi que aconteceu com ela? — perguntou.

— Um chofer foi assassinado na esquina da Quinta Avenida com a rua 85 — disse o oficial. — É um Renault 21 cinza-claro, com placas de Bogotá PS-2034. O senhor identifica o número?

— Não tenho a menor ideia — disse o doutor Guerrero, impaciente. — Mas diga logo o que aconteceu com Beatriz.

— A única coisa que por enquanto podemos dizer ao senhor é que está desaparecida — disse o oficial. — Encontramos sua bolsa no banco do carro, e uma agenda onde estava escrito que ligassem para o senhor em caso de emergência.

Não havia dúvida. O próprio doutor Guerrero tinha aconselhado a esposa a colocar esse recado em sua agenda de bolso. Embora ignorasse o número das placas, a descrição correspondia ao automóvel de Maruja. A esquina do crime ficava a poucos passos da casa dela, onde Beatriz tinha que fazer uma escala antes de chegar à sua. O doutor Guerrero suspendeu a conferência com uma explicação apressada. Seu amigo, o urologista Alonso Acuña, levou-o em quinze minutos ao lugar do ataque através do trânsito engarrafado das sete da noite.

Alberto Villamizar, marido de Maruja Pachón e irmão de Beatriz, que estava a apenas duzentos metros do lugar do sequestro, ficou sabendo por uma chamada do porteiro pelo interfone do prédio. Ele havia chegado em casa às quatro, depois de passar a tarde no jornal *El Tiempo* trabalhando em sua campanha para a Assembleia Constituinte, cujos membros seriam eleitos em dezembro, e tinha dormido vestido, por causa do cansaço da véspera. Pouco antes das sete chegou seu filho Andrés, acompanhado por Gabriel, filho de Beatriz, que é seu melhor amigo desde criança. Andrés entrou no dormitório procurando a mãe e despertou Alberto. Ele ficou surpreso com a escuridão, acendeu a luz e comprovou, ainda meio adormecido, que eram quase sete horas. Maruja não havia chegado.

Era um atraso estranho. Ela e Beatriz sempre voltavam mais cedo, por pior que estivesse o trânsito, ou então ligavam avisando de qualquer demora imprevista. Além do mais, Maruja havia combinado com ele de se encontrarem em casa às cinco. Preocupado, Alberto pediu a Andrés que telefonasse para a Focine, e o zelador disse que Maruja e Beatriz tinham saído um pouco atrasadas. Chegariam a qualquer momento. Villamizar havia ido até a cozinha tomar água quando o interfone tocou. Andrés atendeu. Só pelo tom da sua voz, Alberto entendeu que era uma chamada alarmante. E era mesmo: acontecera alguma coisa na esquina com um automóvel que parecia ser o de Maruja. O porteiro tinha versões confusas.

Alberto pediu a Andrés que ficasse em casa porque alguém poderia telefonar, e saiu apressado. Gabriel foi atrás. Não tiveram nervos para esperar o elevador, e desceram voando pelas escadas. O porteiro conseguiu gritar para os dois:

— Parece que mataram alguém.

A rua parecia em festa. A vizinhança toda tinha saído às janelas dos edifícios residenciais, e havia um escândalo de automóveis empacados na avenida Periférica. Na esquina, uma radiopatrulha tentava impedir que os curiosos se aproximassem do carro abandonado. Villamizar surpreendeu-se de que o doutor Guerrero tivesse chegado antes que ele.

Era, de fato, o automóvel de Maruja. Havia passado pelo menos meia hora desde o sequestro e só havia rastros dele: o vidro do lado do motorista destruído por um tiro, a mancha de sangue e o granizo de vidro no assento, e a sombra úmida no asfalto, de onde acabavam de levar o chofer ainda com vida. O resto estava limpo e em ordem.

O policial, eficiente e formal, informou a Villamizar os pormenores fornecidos pelas escassas testemunhas. Eram fragmentados e imprecisos, e alguns contraditórios, mas não deixavam nenhuma dúvida de que havia sido um sequestro e que o único ferido fora o chofer. Alberto quis saber se ele tinha chegado a fazer declarações que dessem alguma pista. Não havia sido possível: estava em coma, e ninguém sabia nem para onde tinha sido levado.

O doutor Guerrero, por sua vez, como que anestesiado pelo impacto, não parecia medir a gravidade do drama. Ao chegar tinha reconhecido a bolsa de Beatriz, seu estojo de cosméticos, a agenda, um porta-documentos de couro com a carteira de identidade, seu porta-notas com doze mil pesos e o cartão de crédito, e chegara à conclusão que a única sequestrada era sua esposa.

— Veja só: a bolsa de Maruja não está aqui — disse ao cunhado. — Vai ver, ela não estava nesse carro.

Talvez fosse uma delicadeza profissional para distraí-lo enquanto os dois recuperavam o fôlego. Mas Alberto não estava mais ali. Para ele, o que interessava naquele momento era comprovar se no automóvel e nos arredores havia mais sangue além daquele do chofer, para ter certeza de que nenhuma das duas mulheres estava ferida. O resto parecia claro, e era a coisa mais parecida a um sentimento de culpa por nunca ter previsto que aquele sequestro poderia acontecer. Agora tinha a convicção absoluta de que era um ato pessoal contra ele, e sabia quem o tinha feito e por quê.

Acabava de sair dali quando os programas de rádio foram interropidos com a notícia de que o chofer de Maruja tinha morrido no automóvel particular que o estava levando para a Clínica do Country. Pouco depois chegou o jornalista Guillermo Franco, repórter policial da *Caracol Radio*, alertado pela notícia sucinta de um tiroteio, mas só encontrou o carro abandonado. Recolheu no banco do chofer alguns fragmentos de vidro e um papel de cigarro manchado de sangue, e guardou-os numa caixinha transparente, numerada e datada. A caixinha passou naquela mesma noite a formar parte da rica coleção de relíquias da crônica policial que Franco foi formando ao longo de seus anos de ofício.

O policial acompanhou Villamizar no regresso a sua casa, e no trajeto ia fazendo um interrogatório informal que talvez pudesse servir na investigação, mas ele respondia sem pensar em nada além dos longos e duros dias que tinha pela frente. A primeira coisa que fez foi colocar Andrés a par de sua determinação. Pediu-lhe que atendesse as pessoas que começavam a chegar à casa enquanto ele fazia telefonemas urgentes e punha suas ideias em ordem. Fechou-se no quarto e ligou para o palácio presidencial.

Tinha relações políticas e pessoais muito boas com o presidente César Gaviria, que por sua vez o conhecia como um homem impulsivo mas cordial, capaz de manter o sangue-frio nas circunstâncias mais graves. Por isso, o presidente ficou impressionado com o estado de comoção e a secura com que Villamizar comunicou que sua esposa e sua irmã tinham sido sequestradas, e concluiu sem nenhum formalismo:

— Para mim, o senhor é o responsável pela vida delas.

César Gaviria pode ser o homem mais áspero quando acha que deve ser, e naquela ocasião, achou.

— Escute bem, Alberto — respondeu seco. — Tudo que puder ser feito, será.

Em seguida, e com a mesma frieza, anunciou que daria instruções imediatas ao seu conselheiro de Segurança, Rafael Pardo Rueda, para que cuidasse do assunto e o mantivesse informado a cada instante. O curso dos acontecimentos iria demonstrar que foi uma decisão acertada.

Os jornalistas chegaram em massa. Villamizar conhecia antecedentes de sequestrados que eram autorizados a escutar rádio e ver televisão, e improvisou uma mensagem na qual exigiu respeito para Maruja e Beatriz, duas mulheres dignas que nada tinham a ver com a guerra, e anunciou que a partir daquele instante dedicaria todo seu tempo e todas as suas energias a resgatá-las.

Um dos primeiros a chegar à casa de Villamizar foi o general Miguel Maza Márquez, diretor do Departamento Administrativo de Segurança (DAS), a quem cabia a investigação do sequestro. O general ocupava o cargo desde o governo de Belisario Betancur, sete anos antes; havia continuado com o presidente Virgilio Barco, e acabava de ser confirmado por César Gaviria. Uma sobrevivência sem antecedentes num cargo em que é quase impossível sair-se bem, e menos ainda nos tempos mais difíceis da guerra contra o narcotráfico. De meia estatura e duro, como fundido em aço, com o pescoço de touro de sua raça guerreira, o general é um homem de silêncios longos e taciturnos, e capaz ao mesmo tempo de desabafos íntimos em círculos de amigos: um sertanejo puro. Mas em seu trabalho não tinha matizes. Para ele a guerra contra o narcotráfico era um assunto pessoal e mortal com Pablo Escobar. E era bem correspondido. Escobar gastou dois mil e seiscentos quilos de dinamite em dois atentados sucessivos contra o general: a mais alta distinção que jamais concedeu a um inimigo. Maza Márquez saiu ileso dos dois, e atribuiu isso à proteção do Menino Jesus. O mesmo, aliás, a quem Escobar atribuía o milagre de Maza Márquez não ter conseguido matá-lo.

O presidente Gaviria adotara como política que os corpos armados não tentassem nenhum resgate sem um acordo prévio com a família do sequestrado. Mas no mundo de rumores da política falava-se muito das discrepâncias de procedimento entre o presidente e o general Maza. Villamizar adiantou-se em suas precauções.

— Quero antecipar que me oponho a qualquer tentativa de resgate pela força — disse ao general Maza. — Quero ter certeza de que isso não vai acontecer e de que qualquer determinação nesse sentido seja consultada antes.

Maza Márquez concordou. Ao final de uma longa conversa informativa, deu a ordem de grampear o telefone de Villamizar, para o caso de os sequestradores tentarem se comunicar com ele durante a noite.

Na primeira conversa com Rafael Pardo, naquela mesma noite, Villamizar foi informado de que o presidente o havia designado como mediador entre o governo e a família, e que ele era o único autorizado a fazer declarações oficiais sobre o caso. Para ambos estava claro que o sequestro de Maruja era uma jogada do narcotráfico para pressionar o governo através da irmã, Gloria Pachón, e decidiram agir a partir desse ponto sem nenhuma outra hipótese.

A Colômbia não havia tomado consciência de sua importância no tráfico mundial de drogas até que os narcotraficantes entraram na alta política do país pela porta traseira, primeiro com seu crescente poder de corrupção e suborno, e depois com aspirações próprias. Pablo Escobar tinha tentado se insinuar no movimento de Luis Carlos Galán, em 1982, mas Galán tirou-o das listas de candidatos e o desmascarou em Medellín diante de uma manifestação de cinco mil pessoas. Pouco depois Escobar chegou como suplente à Câmara de Deputados por uma ala marginal do liberalismo oficialista, mas não esqueceu a afronta e desatou uma guerra mortal contra o Estado, em especial contra o Novo Liberalismo. Rodrigo Lara Bonilla, representante desse Novo Liberalismo no governo de Belisario Betancur, do qual era ministro da Justiça, foi assassinado por um mercenário motorizado nas ruas de Bogotá. Seu sucessor, Enrique Parejo, foi perseguido até Budapeste por um assassino profissional que lhe deu um tiro de pistola no rosto, sem conseguir matá-lo. No dia 18 de agosto de 1989, Luis Carlos Galán foi metralhado em praça pública no município de Soacha, a dez quilômetros do palácio presidencial e no meio de dezoito guarda-costas bem armados.

O motivo principal dessa guerra era o terror que os narcotraficantes sentiam diante da possibilidade de serem extraditados para os Estados Unidos, onde poderiam ser julgados por delitos ali cometidos e submetidos a penas descomunais. Entre elas, uma de peso pesado: Carlos Lehder, um traficante colombiano extraditado em 1987, foi condenado por um tribunal dos Estados Unidos à prisão perpétua e mais cento e trinta anos. Isso era possível por um tratado assinado pelo governo do presidente Julio César Turbay que admitiu, pela primeira vez, a extradição de cidadãos colombianos. O presidente Belisario Betancur aplicou-o pela primeira vez por ocasião do assassinato de Lara Bonilla, com uma série de extradições sumárias. Os narcotraficantes — apavorados pelo longo braço dos Estados Unidos no mundo inteiro — perceberam que não teriam lugar mais seguro que a Colômbia, e terminaram sendo foragidos clandestinos dentro de seu próprio país. A grande ironia é que não restava a eles outra alternativa senão colocar-se sob a proteção do Estado para salvar a própria pele. Portanto, tratavam de conseguir essa proteção — pela razão e pela força — com um terrorismo indiscriminado e inclemente, e ao mesmo tempo com a proposta de se entregarem à justiça e repatriar e investir seus capitais na Colômbia, com a única condição de não serem extraditados. Foi um verdadeiro contrapoder nas sombras com uma marca empresarial — os Extraditáveis — e um lema típico de Escobar: "Preferimos um túmulo na Colômbia a uma cela nos Estados Unidos."

Betancur sustentou a guerra. Seu sucessor, Virgilio Barco, a recrudesceu. Era essa a situação em 1989, quando César Gaviria surgiu como candidato presidencial depois do assassinato de Luis Carlos Galán, cuja campanha chefiara. Na sua própria campanha defendeu a extradição como um instrumento indispensável para o fortalecimento da justiça e anunciou uma nova estratégia contra o narcotráfico. Era uma ideia simples: quem se entregasse aos juízes e confessasse alguns ou todos os delitos poderia obter como benefício principal a não extradição. No entanto, tal como foi formulado no decreto original, aquilo não era suficiente para os Extraditáveis. Escobar exigiu através de seus advogados que a não extradição fosse incondicional, que os requisitos da confissão e da delação não fossem obrigatórios, que a cadeia fosse invulnerável e que suas famílias e seus seguidores recebessem garantias de proteção. Para conseguir tudo isso — com o terrorismo em uma mão e a negociação na outra —, iniciou uma escalada de sequestros de jornalistas para forçar o governo na queda de braço. Em dois meses haviam sequestrado oito. Portanto, o sequestro de Maruja e Beatriz parecia explicar-se como mais um movimento daquela escalada fatídica.

Villamizar sentiu que era aquilo desde que viu o automóvel crivado de balas. Mais tarde, no meio da multidão que invadiu sua casa, foi assaltado pela convicção absoluta de que as vidas de sua mulher e de sua irmã dependiam do que ele fosse capaz de fazer para salvá-las. Dessa vez, como nunca antes, a guerra estava lançada como um duelo pessoal que era impossível evitar.

Villamizar, na verdade, já era um sobrevivente. Como deputado havia conseguido aprovar o Estatuto Nacional de Estupefacientes em 1985, quando não existia legislação ordinária contra o narcotráfico mas apenas decretos dispersos de estado de sítio. Mais tarde, Luis Carlos Galán lhe indicou que impedisse a aprovação de um projeto de lei que os parlamentares amigos de Escobar apresentaram na Câmara com o propósito de se tirar o apoio legislativo do tratado de extradição vigente. Foi sua sentença de morte. No dia 22 de outubro de 1986 dois mercenários que fingiam fazer ginástica na frente da sua casa dispararam contra Villamizar duas rajadas de metralhadora quando ele entrava em seu automóvel. Escapou por milagre. Um dos atacantes foi morto pela polícia e seus cúmplices, presos, foram libertados poucos anos depois. Ninguém pagou pelo atentado, mas também ninguém duvidou sobre quem tinha sido o mandante.

Convencido pelo próprio Galán de que se afastasse da Colômbia por uns tempos, Villlamizar foi nomeado embaixador na Indonésia. Um ano depois, os serviços de segurança dos Estados Unidos em Cingapura capturaram um mercenário colombiano que ia para Jacarta. Não ficou claro se tinha sido enviado para matar Villamizar, mas verificou-se que nos Estados Unidos ele era dado por morto graças a um atestado de óbito falso.

Na noite do sequestro de Maruja e Beatriz a casa de Villamizar estava lotada. Chegava gente da política e do governo, e as famílias das duas sequestradas. Aseneth Velásquez, comerciante de arte e grande amiga dos Villamizar, que vivia no andar de cima, assumira o posto de anfitriã, e só faltava música para que tudo fosse como qualquer noite de sexta-feira. É inevitável: na Colômbia, toda reunião de mais de seis, de qualquer tipo e a qualquer hora, está condenada a virar festa.

Naquela altura a família inteira, dispersa pelo mundo, já estava avisada. Alexandra, filha do primeiro casamento de Maruja, acabava de jantar num restaurante de Maicao — na remota península de La Guajira — quando Javier Ayala lhe deu a notícia. Era diretora de *Enfoque,* um popular programa das quartas-feiras na televisão, e havia chegado a La Guajira no dia anterior para fazer uma série de entrevistas. Correu até o hotel para falar com a família, mas os telefones da casa estavam ocupados. Na quarta-feira anterior, por uma feliz coincidência, havia entrevistado um psiquiatra especialista em casos clínicos provocados por prisões de segurança máxima. Desde que ouviu a notícia em Maicao percebeu que a mesma terapia poderia ser útil para os sequestrados e regressou a Bogotá para colocá-la em prática a partir do programa seguinte.

Gloria Pachón — a irmã de Maruja que na época era embaixadora da Colômbia na UNESCO — foi despertada às duas da manhã por uma frase de Villamizar: "Tenho uma notícia tremenda." Juana, filha de Maruja, que estava de férias em Paris, ficou sabendo um momento mais tarde, no quarto contíguo. Nicolás, músico e compositor de vinte e sete anos, foi acordado em Nova York.

Às duas da madrugada o doutor Guerrero foi com seu filho Gabriel conversar com o deputado Diego Montaña Cuéllar, presidente da União Patriótica — um movimento filiado ao Partido Comunista — e membro do grupo de Notáveis que fora constituído em dezembro de 1989 para intermediar entre o governo e os sequestradores de Álvaro Diego Montoya. Encontraram um homem não apenas insone, mas deprimido. Havia escutado a notícia do sequestro nos noticiários da noite, e sentiu que era um sintoma desmoralizador. A única coisa que Guerrero pretendia era pedir que o deputado servisse de mediador para que Pablo Escobar o aceitasse como sequestrado em troca de Beatriz. Montaña Cuéllar deu-lhe uma resposta típica de seu jeito de ser.

— Deixa de ser babaca, Pedro — disse o deputado —, neste país já não há mais nada a ser feito.

O doutor Guerrero voltou para casa ao amanhecer, mas nem tentou dormir. A ansiedade o mantinha desperto. Pouco antes das sete o diretor do noticiário da Caracol Radio, Yamid Amat, telefonou para ele, e o doutor Guerrero respondeu — no ar — com seu pior estado de ânimo, lançando um desafio temerário aos sequestradores.

Sem dormir um minuto, Villamizar tomou um banho e se vestiu às seis e meia da manhã, e foi ao encontro do ministro da Justiça, Jaime Giraldo Ángel, que lhe fez um relato da guerra contra o terrorismo dos traficantes. Villamizar saiu dessa reunião convencido de que sua luta seria difícil e longa, mas agradeceu as duas horas de atualização sobre o assunto, pois fazia tempo que havia se desinteressado por completo do narcotráfico.

Não tomou café da manhã nem almoçou. Já de tarde, depois de várias tentativas frustradas, também visitou Diego Montaña Cuéllar, que mais uma vez o surpreendeu com sua franqueza. "Não se esqueça de que isso vai durar muito — disse. — Pelo menos até junho do ano que vem, depois da Assembleia Constituinte, porque Maruja e Beatriz vão ser o escudo de Escobar para não ser extraditado." Muitos amigos estavam aborrecidos com Montaña Cuéllar porque ele não dissimulava seu pessimismo na imprensa, apesar de ser membro dos Notáveis.

— Vou acabar renunciando a esta merda — disse ele em seu linguajar florido. — Estamos aqui só para bancar os babacas.

Villamizar sentia-se esgotado e solitário quando voltou para casa, após uma jornada sem futuro. As duas doses de uísque seco que tomou de um só golpe o deixaram prostrado. Andrés, que a partir dali seria seu companheiro único, acabou conseguindo fazer o pai tomar um café da manhã às seis da tarde. Foi quando o presidente ligou.

— Agora sim, Alberto — disse em seu melhor estilo. — Venha cá para conversarmos.

O presidente Gaviria recebeu-o às sete da noite na biblioteca da ala residencial do palácio, onde morava há três meses com sua esposa Ana Milena Muñoz e seus dois filhos, Simón, de onze anos, e Maria Paz, de oito. Era um refúgio pequeno mas acolhedor junto a um jardim de inverno com flores intensas, cercado de estantes de madeira atopetadas de publicações oficiais e fotos de família e um equipamento de som com os discos favoritos: os Beatles, Jethro Tull, Juan Luís Guerra, Beethoven, Bach. Depois das esgotadoras jornadas oficiais, era ali que o presidente terminava as audiências informais ou relaxava com os amigos do entardecer com um copo de uísque.

Gaviria recebeu Villamizar com um cumprimento afetuoso e falou-lhe num tom solidário e compreensivo, mas com sua franqueza um pouco ríspida. No entanto, Villamizar estava mais tranquilo uma vez superado o impacto inicial, e já com informação suficiente para saber que era muito pouco o que o presidente podia fazer por ele. Os dois tinham certeza de que o sequestro de Maruja e Beatriz tinha objetivos políticos, e não precisavam ser adivinhos para saber que o autor era Pablo Escobar. Mas o essencial não era saber — afirmou Gaviria — e sim conseguir que Escobar reconhecesse isso, como primeiro passo importante para a segurança das sequestradas.

Para Villamizar estava claro desde o primeiro momento que o presidente não sairia da Constituição nem da lei para ajudá-lo, nem suspenderia as operações militares de busca dos sequestradores, mas sabia também que não tentaria operações de resgate sem a autorização das famílias.

— Essa — disse o presidente — é a nossa política.

Não havia mais nada a ser dito. Quando Villamizar saiu do palácio presidencial haviam transcorrido vinte e quatro horas desde o sequestro e ele estava cego diante do seu destino, mas sabia que contava com a solidariedade do governo para iniciar gestões particulares a favor das suas sequestradas, e tinha Rafael Pardo à sua disposição. Mas o que merecia maior credibilidade era o realismo cru de Diego Montaña Cuéllar.

O primeiro sequestro daquela série sem precedentes — no dia 30 de agosto, apenas três semanas depois da posse do presidente César Gaviria — havia sido o de Diana Turbay, diretora do telejornal *Criptón* e da revista *Hoy x Hoy*, de Bogotá, e filha do ex-presidente da república e chefe máximo do partido liberal Julio César Turbay. Junto com ela foram sequestrados quatro membros de sua equipe: a editora do noticiário, Azucena Liévano; o redator Juan Vitta, os cinegrafistas Richard Becerra e Orlando Acevedo, e o jornalista alemão residente na Colômbia, Hero Buss. No total, seis.

O truque utilizado pelos sequestradores foi uma suposta entrevista com o padre Manuel Pérez, comandante supremo do Exército de Libertação Nacional (ELN). Entre os poucos que ficaram sabendo do convite, ninguém concordou com que Diana aceitasse. Entre eles, o ministro da Defesa, general

Óscar Botero, e Rafael Pardo, a quem o presidente da república advertiu sobre os riscos da expedição, para que o recado fosse transmitido à família Turbay. No entanto, pensar que Diana desistiria da viagem era não conhecê-la. Na verdade, a entrevista com o padre Manuel Pérez não devia interessar tanto. O que interessava mesmo era a possibilidade de um diálogo de paz. Anos antes ela tinha feito, em absoluto segredo, uma expedição a lombo de mula para falar com os grupos armados de autodefesa em seus próprios territórios, numa tentativa solitária de entender esse movimento a partir de seu ponto de vista político e jornalístico. A notícia não teve relevância naquele momento e seus resultados não se tornaram públicos. Mais tarde, e apesar de sua velha guerra com o M-19, tornou-se amiga do comandante Carlos Pizarro e visitou-o em seu acampamento para buscar soluções de paz. Claro que quem planejou o engodo do seu sequestro conhecia esses antecedentes. De maneira que naquele momento, por qualquer motivo, diante de qualquer obstáculo, nada neste mundo teria conseguido impedir que Diana fosse falar com o padre Pérez, que tinha outra das chaves da paz.

Por diversos transtornos de última hora o encontro havia sido adiado um ano antes, mas no dia 30 de agosto às cinco da tarde, e sem avisar ninguém, Diana e sua equipe iniciaram o trajeto numa caminhonete precária, com dois homens jovens e uma moça que se fizeram passar por enviados da direção do ELN. A própria viagem, a partir de Bogotá, foi uma paródia fiel de como teria sido se na realidade fosse organizada pelos guerrilheiros. Os acompanhantes deviam ser membros de um movimento armado, ou tinham sido em alguma época, ou haviam aprendido a lição muito bem, porque não cometeram nenhuma falha que delatasse o engodo, nem nas conversas, nem no comportamento.

No primeiro dia chegaram a Honda, a cento e quarenta e seis quilômetros a oeste de Bogotá. Foram recebidos por outros homens que estavam à sua espera em dois veículos mais confortáveis. Depois de jantar numa pensão de tropeiros prosseguiram por um caminho invisível e perigoso debaixo de um forte aguaceiro, e amanheceram à espera de que a estrada fosse reaberta depois de um desmoronamento grande. Enfim, cansados e maldormidos, às onze da manhã chegaram a um lugar onde eram esperados por uma patrulha com cinco cavalos. Diana e Azucena prosseguiram em sela durante quatro horas, e seus companheiros a pé, primeiro por uma montanha densa, e mais tarde por um vale idílico com casas pacíficas entre os cafezais. As pessoas vinham vê-los passar, alguns reconheciam Diana e a cumprimentavam das varandas. Juan Vitta calculou que pelo menos quinhentas pessoas os viram ao longo do trajeto. De tarde, desmontaram numa fazenda deserta onde um jovem com aspecto estudantil identificou-se como sendo do ELN, mas não lhes deu nenhuma informação sobre seu destino. Todos se mostraram confusos. A mais de meio quilômetro avistava-se um pedaço de autopista, e ao fundo uma cidade que era sem dúvida Medellín. Ou seja: um território que não era do ELN. A não ser — pensou Hero Buss — que fosse uma jogada de mestre do padre Pérez para reunir-se com eles numa zona onde ninguém suspeitaria que ele pudesse estar.

Umas duas horas mais tarde chegaram a Copacabana, um município devorado pelo ímpeto demográfico de Medellín. Desmontaram numa casinha de paredes brancas e telhas com musgo, quase incrustada num penhasco pronunciado e agreste. Lá dentro havia uma sala, e a cada lado um pequeno quarto. Num deles havia três camas de casal, onde os guias se acomodaram. No outro — com uma cama de casal e um beliche — foram alojados os homens da equipe. Diana e Azucena foram destinadas ao melhor quarto dos fundos, que parecia ter sido usado por mulheres. A luz estava acesa em pleno dia, porque todas as janelas estavam tapadas com madeira.

Depois de umas três horas de espera chegou um mascarado que lhes deu boas-vindas em nome do comando e anunciou que o padre Pérez já estava esperando por eles, mas por razões de segurança deviam levar primeiro as mulheres. Essa foi a primeira vez em que Diana deu mostras de inquietação. Hero Buss aconselhou de forma reservada que por nenhum motivo ela aceitasse a divisão do grupo. Como não pôde impedir que isso ocorresse, Diana entregou a ele, escondida, sua carteira de identidade, sem tempo para explicar por que, mas ele entendeu que seria uma prova, caso desaparecessem com ela.

Antes de amanhecer levaram as mulheres e Juan Vitta. Hero Buss, Richard Becerra e Orlando Acevedo ficaram no quarto da cama de casal e do beliche, com cinco vigias. A suspeita de que haviam caído numa armadilha aumentava a cada hora. De noite, enquanto jogavam baralho, Hero Buss prestou atenção no pulso de um dos vigias, que usava um relógio de luxo. "Quer dizer então que o ELN já está usando Rolex", brincou. Mas o seu adversário fez como se não fosse com ele. Outra coisa que deixou Hero Buss confuso foi o armamento, que não era para guerrilha mas para operações urbanas. Orlando, que falava pouco e se considerava a si mesmo como o coitado da história, não precisou de tantas pistas para vislumbrar a verdade, pela sensação insuportável de que alguma coisa grave estava acontecendo.

A primeira mudança de casa foi à meia-noite do dia 10 de setembro, quando os vigias entraram correndo aos gritos de "Chegou a lei". Após duas horas de marcha forçada pela floresta, debaixo de uma tempestade terrível, chegaram até a casa onde estavam Diana, Azucena e Juan Vitta. Era ampla e bem-arrumada, com uma televisão de tela grande, e sem nada que pudesse despertar suspeitas. O que nenhum deles podia imaginar é que todos estivessem tão perto de ser resgatados naquela noite por mero acaso. Foi uma escala de poucas horas e que eles aproveitaram para trocar ideias, experiências e planos para o futuro. Diana desabafou com Hero Buss. Falou de sua depressão por tê-los metido naquela armadilha sem saída em que se encontravam, confessou que estava tentando apaziguar em sua memória as lembranças da família — seu esposo, seus filhos, seus pais —, que não lhe davam um instante de trégua. Mas o resultado era sempre o contrário.

Na noite seguinte, enquanto a levavam a pé para uma terceira casa, com Azucena e Juan Vitta, por um caminho impossível e debaixo de uma chuva tenaz, Diana percebeu que nada do que diziam era verdade. Mas naquela mesma noite um vigia até então desconhecido acabou de vez com suas dúvidas.

— Vocês não estão nas mãos do ELN, mas dos Extraditáveis — disse ele. — Podem ficar tranquilos, porque vão ser testemunhas de uma coisa histórica.

O desaparecimento da equipe de Diana Turbay continuava sendo um mistério dezenove dias depois, quando sequestraram Marina Montoya. Ela foi arrastada por três homens bem-vestidos, armados de pistolas 9 milímetros e metralhadoras Mini Uzis com silenciador, quando acabava de fechar seu restaurante *Donde las Tías*, na zona norte de Bogotá. Sua irmã Lucrecia, que a ajudava a atender a clientela, teve a sorte de estar com um pé engessado por causa de um estiramento de tornozelo, o que a impediu de ir ao restaurante. Marina já tinha fechado, mas tornou a abrir porque reconheceu dois dos três homens que bateram na porta. Haviam almoçado ali várias vezes desde a semana anterior e impressionaram os funcionários por sua amabilidade e por seu humor provinciano, e pelas gorjetas de trinta por cento que deixavam para os garçons. Naquela noite, porém, estavam diferentes. Assim que Marina abriu a porta a imobilizaram com uma chave de braço e a tiraram do lugar. Ela conseguiu se agarrar num poste de luz e começou a gritar. Um dos assaltantes deu-lhe uma joelhada na coluna vertebral que cortou sua respiração. Sem sentidos, foi levada num Mercedes 190 azul, dentro do porta-malas preparado para permitir a respiração.

Luis Guillermo Pérez Montoya, um dos sete filhos de Marina, de quarenta e oito anos, alto executivo da Kodak na Colômbia, fez a mesma interpretação que todo mundo: sua mãe fora sequestrada como represália porque o governo não cumpriu os acordos entre Germán Montoya e os Extraditáveis. Desconfiado por natureza de tudo o que tivesse a ver com o mundo oficial, se impôs a tarefa de libertar sua mãe em negociações diretas com Pablo Escobar.

Sem nenhuma orientação, sem contato prévio com ninguém, sem ao menos saber o que fazer quando chegasse, viajou dois dias mais tarde para Medellín. No aeroporto pegou um táxi e disse ao chofer, sem entrar em detalhes, que o levasse para a cidade. A realidade saiu ao seu encontro quando viu na margem da estrada o cadáver abandonado de uma adolescente de uns quinze anos, com boa roupa colorida de festa e uma escabrosa maquiagem. Tinha um furo de bala e um fio de sangue seco na fronte. Luis Guillermo, sem acreditar no que seus olhos diziam, apontou com o dedo.

— Tem uma moça morta ali.

— Pois é — disse o chofer sem olhar. — São as bonecas que vão nas farras dos amigos de dom Pablo.

O incidente quebrou o gelo. Luis Guillermo revelou o propósito de sua visita, e o chofer deu-lhe as pistas para conseguir uma entrevista com a suposta filha de uma prima-irmã de Pablo Escobar.

— Vá hoje às oito da noite até a igreja que está atrás do mercado — disse o chofer. — Uma moça chamada Rosalía vai estar lá.

E lá estava, de fato, esperando por ele sentada num banco da praça. Era quase uma menina, mas seu comportamento e a segurança de suas palavras eram de uma mulher madura e bem adestrada. Para começar a gestão, disse, ele deveria levar meio milhão de pesos em dinheiro. Indicou-lhe o hotel onde devia se hospedar na quinta-feira seguinte, para esperar um telefonema às sete da manhã ou às sete da noite da sexta-feira.

— Quem vai telefonar se chama Pita — esclareceu.

Esperou em vão dois dias e parte do terceiro. Então entendeu que era uma tramoia e agradeceu que Pita não tivesse telefonado para pedir o dinheiro. Foi tanta sua discrição, que a sua própria esposa não soube daquelas viagens e de seus resultados deploráveis até quatro anos mais tarde, quando ele contou a história pela primeira vez para esta reportagem.

Quatro horas depois do sequestro de Marina Montoya, um jipe e um Renault 18 bloquearam pela frente e por trás o automóvel do chefe de redação de *El Tiempo*, Francisco Santos, numa rua secundária do bairro de Las Ferias, na zona oeste de Bogotá. O carro dele era um jipe vermelho com aparência banal, mas blindado de fábrica, e os quatro assaltantes que o rodearam traziam não apenas pistolas 9 milímetros e submetralhadoras Mini Uzis com silenciador, mas um deles tinha um martelo especial para quebrar os vidros. Nada disso foi necessário. Francisco Santos, que os amigos chamam de Pacho, é um discutidor incorrigível. Antecipou-se para abrir a porta e falar com os assaltantes. "Eu preferia morrer a não ficar sabendo o que estava acontecendo", disse. Um dos sequestradores imobilizou-o com uma pistola na testa e obrigou-o a sair do carro com a cabeça abaixada. Outro abriu a porta dianteira e disparou três tiros: um se desviou contra o vidro blindado, e dois perfuraram o crânio do chofer, Oromansio Ibáñez, de trinta e oito anos. Pacho não percebeu. Dias depois, recapitulando o ataque, recordou ter escutado o zumbido das três balas amortecidas pelo silenciador.

Foi uma operação tão rápida que não chamou a atenção no meio do trânsito alvoroçado da terça-feira. Um policial encontrou o cadáver esvaindo-se em sangue no assento dianteiro do carro abandonado; pegou o celular, e no mesmo instante ouviu do outro lado uma voz meio perdida nas galáxias.

— Alô.
— Quem fala? — perguntou o guarda.
— Aqui é do *El Tiempo*.

Dez minutos depois a notícia estava no ar. Na verdade, ela tinha começado a ser preparada quatro meses antes, mas esteve a ponto de fracassar pela irregularidade dos deslocamentos imprevisíveis de Pacho Santos. Pelos mesmos motivos, quinze anos antes o M-19 havia desistido de sequestrar seu pai, Hernando Santos.

Mas desta vez tudo tinha sido previsto nos mínimos detalhes. Os carros dos sequestradores, surpreendidos por um engarrafamento na avenida Boyacá, pela altura da rua 80, escaparam por cima das calçadas e se perderam nas vielas de um bairro popular. Pacho Santos estava sentado entre dois sequestradores, com a vista tapada por óculos enevoados com esmalte de unhas, mas seguiu de memória as voltas e reviravoltas do carro, até que ele entrou aos tropeços numa garagem. Pelo trajeto e pela duração, fez uma leve ideia do bairro em que estavam.

Um dos sequestradores levou-o pelo braço caminhando com os óculos cegos até o final de um corredor. Subiram até o segundo andar, dobraram à esquerda, avançaram uns cinco passos e entraram num lugar gelado. Ali tiraram seus óculos. Então se viu num dormitório sombrio, com as janelas fechadas com tábuas e uma lâmpada solitária pendurada no teto. Os únicos móveis eram uma cama de casal cujos lençóis pareciam demasiado usados, uma mesa com um rádio portátil e um televisor.

Pacho percebeu que a pressa de seus raptores não tinha sido apenas por questões de segurança, mas para chegar a tempo para o jogo de futebol entre Santafé e Caldas. Para tranquilidade de todos, deixaram Pacho sozinho com uma garrafa de aguardente e o rádio, e foram ouvir o jogo no andar de baixo. Ele tomou metade da garrafa em dez minutos e não sentiu que ela fizesse nenhum efeito, mas deu-lhe ânimo para ligar o rádio e ouvir o jogo. Fanático pelo Santafé desde pequeno, não pôde desfrutar da bebida por causa da raiva pelo empate: dois a dois. Depois se viu no noticiário de televisão das nove e meia, numa gravação de arquivo, vestido de *smoking* e rodeado por rainhas da beleza. Só então ficou sabendo da morte do seu chofer.

Após os noticiários, entrou um vigia com uma máscara de estopa que o obrigou a tirar a roupa e vestir um agasalho cinzento de ginástica que parecia o uniforme dos cárceres dos Extraditáveis. Tentou tirar também a bombinha para asma que estava no bolso do paletó, mas Pacho convenceu-o que para ele era questão de vida ou morte. O mascarado explicou-lhe as regras do cativeiro: podia ir ao banheiro do corredor, escutar rádio e ver televisão sem restrições, mas num volume normal. Finalmente fez com que ele se deitasse, e com uma corda amarrou-o na cama pelo tornozelo.

O vigia estendeu um colchão no solo, paralelo à cama, e um momento depois começou a roncar com um assobio intermitente. A noite se fez densa. Na escuridão, Pacho tomou consciência de que aquela era apenas a primeira noite de um porvir incerto no qual tudo podia acontecer. Pensou em Maria Victoria — conhecida pelos amigos por Mariavê —, sua esposa bonita, inteligente e de grande caráter, com quem tinha então dois filhos, Benjamín, de vinte meses, e Gabriel, de sete. Um galo cantou nas vizinhanças, e Pacho surpreendeu-se com seu relógio desregulado. "Um galo que canta às dez da noite só pode estar louco", pensou. Ele é um homem emotivo, impulsivo e de lágrima fácil: cópia fiel de seu pai. Andrés Escabi, marido de sua irmã Juanita, tinha morrido num avião que explodiu no ar devido a uma bomba dos Extraditáveis. No meio da comoção familiar, Pacho disse uma frase que estremeceu todo mundo: "Um de nós não estará vivo em dezembro." Na noite do sequestro, porém, ele não sentiu que seria a última. Pela primeira vez seus nervos eram um remanso, e tinha certeza de que iria sobreviver. Pelo ritmo da respiração, percebeu que o vigia estendido ao seu lado estava acordado. Perguntou a ele:

— Eu estou nas mãos de quem?

— De quem você prefere — perguntou o vigia: — da guerrilha ou do narcotráfico?

— Acho que estou nas mãos de Pablo Escobar — disse Pacho.

— Pois é — disse o vigia, e se corrigiu em seguida: — nas mãos dos Extraditáveis.

A notícia estava no ar. Os telefonistas de *El Tiempo* haviam ligado para os parentes mais próximos, que telefonaram a outros e outros, até o fim do mundo. Por uma série de estranhas casualidades, uma das últimas a saber na família foi a esposa de Pacho. Minutos depois do sequestro seu amigo Juan Gabriel Uribe havia telefonado, mas como não tinha certeza do que havia acontecido só teve coragem de perguntar se Pacho havia chegado em casa. Ela disse que não, e Juan Gabriel não se animou a dar uma notícia ainda não confirmada. Minutos depois telefonou Enrique Santos Calderón, primo-irmão pelos dois lados do esposo e subdiretor de *El Tiempo*.

— Você está sabendo de Pacho? — perguntou ele.

Maria Victoria achou que falavam de uma outra história que tinha a ver com o marido.

— Claro — respondeu.

Enrique se despediu depressa para continuar telefonando para outros parentes. Anos depois, comentando o equívoco,

Maria Victoria disse: "Aquilo aconteceu por causa da minha mania de bancar a genial." No mesmo instante Juan Gabriel tornou a telefonar e contou tudo junto: tinham matado o chofer e levado Pacho.

O presidente Gaviria e seus conselheiros mais próximos estavam analisando uns comerciais de televisão para promover a campanha eleitoral da Assembleia Constituinte quando seu conselheiro de Imprensa, Mauricio Vargas, sussurrou em seu ouvido: "Sequestraram Pachito Santos." A projeção continuou. O presidente, que usa óculos no cinema, tirou-os ao olhar para Vargas.

— Quero que me mantenham informado — disse.

Tornou a pôr os óculos e continuou vendo a projeção. Seu amigo íntimo Alberto Casas Santamaría, ministro de Comunicações, que estava ao seu lado, ouviu a notícia e a transmitiu de orelha em orelha aos conselheiros presidenciais. Um estremecimento sacudiu a sala. Mas o presidente não pestanejou, bem de acordo com uma norma da sua maneira de ser que ele expressa com uma regra escolar: "É preciso terminar este trabalho." Ao término da projeção tornou a tirar os óculos, guardou-os no bolso do paletó e ordenou a Mauricio Vargas:

— Chame Rafael Pardo e diga a ele que convoque para já um Conselho de Segurança.

Enquanto isso, realizou um intercâmbio de opiniões sobre os comerciais, como estava previsto. Só quando chegaram a uma decisão ele demonstrou o impacto que a notícia do sequestro havia lhe causado. Meia hora depois, entrou no salão onde a maioria dos membros do Conselho de Segurança já estava à sua espera. Assim que a reunião começou, Mauricio Vargas entrou na ponta dos pés e disse em seu ouvido:

— Sequestraram Marina Montoya.

Na verdade, tinha sido às quatro da tarde — antes do sequestro de Pacho —, mas a notícia havia demorado outras quatro horas para chegar ao presidente.

Hernando Santos Castillo, pai de Pacho, dormia há três horas e a dez mil quilômetros de distância, num hotel de Florença, Itália. Num quarto contíguo estava sua filha Juanita, e em outro sua filha Adriana com o marido. Eles haviam recebido a notícia por telefone e decidiram não acordar o pai. Mas seu sobrinho Luis Fernando telefonou direto de Bogotá, com o preâmbulo mais cauteloso que encontrou para despertar um tio de sessenta e oito anos com cinco pontes de safena no coração.

— Tenho uma notícia muito ruim — disse ele.

Hernando, é claro, imaginou o pior mas manteve a compostura.

— O que aconteceu?

— Sequestraram Pacho.

A notícia de um sequestro, por mais dura que seja, não é tão irremediável como a de um assassinato, e Hernando respirou aliviado. "Que Deus seja bendito", disse, e em seguida mudou de tom:

— Tranquilo. Vamos ver o que fazer.

Uma hora depois, na madrugada fragrante do outono toscano, todos iniciaram a longa viagem de regresso à Colômbia.

A família Turbay, angustiada pela falta de notícias de Diana uma semana depois de sua partida, solicitou uma gestão oficiosa do governo junto às principais organizações guerrilheiras. Uma semana depois da data em que Diana deveria ter regressado, seu esposo, Miguel Uribe, e o deputado Álvaro Leyva fizeram uma viagem confidencial até Casa Verde, o quartel general das Forças Armadas Revolucionárias da Colômbia (FARC), na cordilheira oriental. Ali entraram em contato com a totalidade das organizações armadas para tratar de esclarecer se Diana estava com alguma delas. Sete negaram essa versão, num comunicado conjunto.

Sem saber a que se ater, a presidência da república alertou a opinião pública sobre a proliferação de comunicados falsos e pediu que não se desse mais crédito a eles do que às informações do governo. Mas a verdade grave e amarga era que a opinião pública acreditava sem reservas nos comunicados dos Extraditáveis, de modo que todo mundo deu um suspiro de alívio no dia 30 de outubro — a sessenta dias do sequestro de Diana Turbay e a quarenta e dois do de Francisco Santos —, quando eles dissiparam as últimas dúvidas com uma única frase: "Aceitamos publicamente ter em nosso poder os jornalistas desaparecidos." Oito dias depois foram sequestradas Maruja Pachón e Beatriz Villamizar. Havia razões de sobra para pensar que a escalada tinha uma perspectiva muito mais ampla.

No dia seguinte ao do desaparimento de Diana e sua equipe, e quando ainda não existia a mínima suspeita de que eles tinham sido sequestrados, o célebre diretor de notícias da *Caracol Radio*, Yamid Amat, foi interceptado por um comando de mercenários numa rua do centro de Bogotá, depois de ter sido seguido por vários dias. Amat escapou graças a uma manobra atlética que os tomou de surpresa, e se salvou ninguém sabe como de um tiro pelas costas. Com uma diferença de horas, a filha do ex-presidente Belisario Betancur, Maria Clara — em companhia de sua filha Natalia, de doze anos —, conseguiu escapar em seu automóvel quando outro comando de sequestro bloqueou seu caminho num bairro residencial de Bogotá. A única explicação para esses dois fracassos é que os sequestradores tivessem instruções terminantes de não matar as vítimas.

Os primeiros a saber com certeza quem tinha Maruja Pachón e Beatriz Villamizar em seu poder foram Hernando Santos e o ex-presidente Turbay, porque o próprio Escobar mandou dizer isso aos dois por escrito quarenta e oito horas depois dos sequestros através de um de seus advogados. "Pode dizer a eles que o grupo está com a senhora Pachón." No dia 12 de novembro houve outra confirmação de viés, por uma carta dos Extraditáveis para Juan Gómez Martínez, diretor do jornal *El Colombiano* de Medellín, que havia intercedido várias vezes junto a Escobar em nome dos Notáveis. "A detenção da jornalista Maruja Pachón — dizia a carta dos Extraditáveis — é uma resposta nossa às torturas e sequestros efetuados na cidade de Medellín nos últimos dias por parte do mesmo organismo de segurança do Estado muitas vezes mencionado em comunicados anteriores nossos." E manifestavam mais uma vez sua determinação de não libertar nenhum refém enquanto aquela situação perdurasse.

O doutor Pedro Guerrero, marido de Beatriz, acabrunhado desde o princípio por uma impotência absoluta diante dos fatos que o transbordavam, decidiu fechar seu consultório de psiquiatra. "Como é que eu poderia receber pacientes, se estava pior que eles?", disse o médico. Padecia de crises de angústia que não queria transmitir aos filhos. Não tinha um instante de sossego, se consolava com os uísques do entardecer, e pastoreava as insônias ouvindo em *Radio Recuerdo* os boleros lacrimosos dos namorados. *"Meu amor* — cantava alguém. *— Se me escutas, responde."*

Alberto Villamizar, consciente desde o princípio que o sequestro de sua esposa e de sua irmã era um elo de uma corrente sinistra, fechou fileiras com as famílias dos outros sequestrados. Mas sua primeira visita a Hernando Santos foi dilacerante. Acompanhado por Gloria Pachón de Galán, sua cunhada, Alberto encontrou Hernando derrubado num sofá e em estado de prostração total. "Eu estou me preparando para sofrer o mínimo possível quando matarem o Francisco", disse ele logo de saída. Villamizar tentou esboçar um projeto de negociação com os sequestradores, mas Hernando o desfez com uma displicência irreparável.

— Não seja ingênuo, filhote — disse ele —, você não tem a menor ideia de como são esses sujeitos. Nós não podemos fazer nada.

O ex-presidente Turbay não foi mais animador. Sabia por diferentes fontes que sua filha estava em poder dos Extraditáveis, mas tinha decidido não reconhecer isso em público enquanto não soubesse com certeza o que eles pretendiam. Despistou um grupo de jornalistas que haviam perguntado sobre o assunto na semana anterior com um lance audaz.

— Meu coração me indica — disse a eles — que Diana e seus colaboradores estão atrasados em suas tarefas jornalísticas, mas que não se trata de uma detenção.

Era um estado de desilusão compreensível ao cabo de três meses de gestões estéreis. Villamizar entendeu assim, e em vez de se contagiar pelo pessimismo dos outros imprimiu um novo espírito na gestão comum.

Um amigo a quem haviam perguntado naqueles dias como era Villamizar definiu-o com uma frase curta: "É um bom companheiro de bar." Villamizar havia aceitado a definição com bom humor, como um mérito invejável e não muito comum. No entanto, no mesmo dia do sequestro de sua esposa tomou consciência de que era também um mérito perigoso em sua situação, e decidiu não tornar a beber em público enquanto as sequestradas não estivessem livres. Como bom bebedor social, ele sabia que o álcool baixa a guarda, solta a língua e altera de alguma forma o sentido da realidade. É um risco para alguém que deve medir milímetro a milímetro cada um de seus atos e palavras. Assim, o rigor que se impôs não foi uma penitência mas uma medida de segurança. Não voltou a frequentar nenhuma festa e disse adeus às suas horas de boêmia e às farras políticas. Nas noites de mais altas tensões emocionais, seu filho Andrés ouvia seus desabafos regados apenas com um copo de água mineral, enquanto ele se consolava com um uísque solitário.

Nas reuniões com Rafael Pardo foram estudadas gestões alternativas, mas elas tropeçavam sempre com a política do governo, que continuava deixando em aberto a ameaça da extradição. Ambos sabiam também que a extradição era o mais forte instrumento de pressão para que os Extraditáveis se entregassem, e o presidente a utilizava com tanta convicção como a que os Extraditáveis usavam para não se entregar.

Villamizar não tinha formação militar, mas havia sido criado perto dos quartéis. O doutor Alberto Villamizar Flores, seu pai, durante anos tinha sido o médico da Guarda Presidencial e estava muito vinculado à vida de seus oficiais. Seu avô, o general Joaquín Villamizar, havia sido ministro da Guerra. Um tio, o general Jorge Villamizar Flórez, fora comandante-geral das Forças Armadas. Alberto herdou deles o duplo caráter de militar e de quem nasceu em Santander, ao mesmo tempo cordial e mandão, sério e farrista, que onde põe o olho põe chumbo, que diz na bucha o que tem a dizer e que nunca deu intimidade a ninguém ao longo da vida. No entanto, prevaleceu nele a imagem do pai e fez o curso completo de medicina na Universidade Javeriana, mas nunca o terminou, arrastado pelos ventos irremediáveis da política. Não pela tradição militar, mas por ser santanderiano puro e simples que ele sempre carrega um Smith & Wesson 38 curto, que gostaria de nunca usar. Em todo caso, armado ou desarmado, suas duas virtudes maiores são a determinação e a paciência. Que à primeira vista parecem contraditórias, mas a vida demonstrou a ele que não o são. Com semelhante patrimônio, Villamizar tinha fôlego de sobra para tentar uma solução armada para os sequestros, mas rejeitou-a enquanto não se chegasse ao caso extremo de vida ou morte.

Portanto, a única alternativa que vislumbrava ao final de novembro era encarar Pablo Escobar e negociar frente a frente, um santanderiano e um de Antioquia, mano a mano. Uma noite, cansado de tantas idas e vindas, chamou Rafael Pardo às falas. Este entendeu sua angústia, mas deu-lhe uma resposta crua.

— Escuta aqui, Alberto — disse com seu estilo sóbrio e direto: — faça as gestões que quiser, tente o que puder, mas se você pretende continuar com a nossa colaboração é bom entender que não pode ir além da política de submissão. Nem um passo, Alberto. Quero deixar isso bem claro.

Nenhuma outra virtude teria servido tanto a Villamizar como sua determinação e sua paciência para superar as contradições internas que aquela condição continha. Ou seja: atuar do jeito que quisesses, com sua imaginação e ao seu bel-prazer, mas sempre com as mãos atadas.

3

Maruja abriu os olhos e lembrou um velho ditado espanhol: "Que Deus nos dê o que somos capazes de suportar." Haviam transcorrido dez dias desde o sequestro, e tanto Beatriz como ela começavam a se acostumar a uma rotina que na primeira noite parecia inconcebível. Os sequestradores haviam repetido com frequência que aquela era uma operação militar, mas o regime de cativeiro era pior que o carcerário. Só podiam falar para questões urgentes e sempre em sussurros. Não podiam levantar do colchão que servia de cama comum, e tudo o que necessitassem devia ser pedido aos dois vigias que não as perdiam de vista nem quando estavam dormindo: licença para se sentar, para esticar as pernas, para falar com Marina, para fumar. Maruja tinha que tapar a boca com um travesseiro para amortecer os ruídos da tosse.

A única cama era a de Marina, iluminada dia e noite por um abajur eterno. Paralelo à cama ficava o colchão estendido no chão, onde dormiam Maruja e Beatriz, uma de ida e a outra de volta como os peixinhos do zodíaco, com um só cobertor para as duas. Os vigias velavam sentados no chão ou encostados na parede. O espaço era tão estreito que se eles esticassem as pernas seus pés ficavam em cima do colchão das cativas. Viviam na penumbra porque a única janela estava clausurada. Antes de dormir, tapavam com pedaços de pano a frincha da única porta para que não se visse a luz do abajur de Marina no resto da casa. Não havia nenhuma outra luz nem de dia nem de noite, a não ser o resplendor da televisão, porque Maruja mandou tirar a lâmpada azul que dava a todos uma palidez terrífica. O quarto fechado e sem ventilação se saturava de um calor pestilento. As piores horas eram das seis às nove da manhã, quando as cativas permaneciam despertas, sem ar, sem nada para beber ou comer, esperando que destapassem a frincha da porta para começar a respirar. O único consolo para Maruja e Marina era o fornecimento pontual de uma jarra de café e um maço de cigarros cada vez que pediam. Para Beatriz, especialista em terapia respiratória, a fumaça acumulada no quartinho era uma desgraça. No entanto, suportava em silêncio porque essa fumaça deixava as outras duas felizes. Marina, com seu cigarro e sua xícara de café, exclamou certa vez: "Como vai ser bom quando nós três estivermos juntas na minha casa, fumando e tomando nosso cafezinho, rindo desses dias horríveis." Naquele dia, em vez de sofrer, Beatriz lamentou não fumar.

O fato de estarem as três no mesmo cárcere pode ter sido uma solução de emergência, porque a casa aonde as levaram antes deve ter perdido a serventia quando o táxi batido revelou o rumo dos sequestradores. Só assim elas explicavam a mudança de última hora e a miséria de que ali houvesse apenas uma cama estreita, um colchão de solteiro para as duas e menos de seis metros quadrados para as três reféns e os dois guardas de turno. Marina também fora levada de outra casa — ou de outra chácara, como ela dizia — porque as bebedeiras e a desordem dos vigias do primeiro local em que ela estivera puseram em perigo a organização inteira. Em todo caso, era inconcebível que uma das grandes transnacionais do mundo não tivesse um mínimo de coração para manter seus sequazes e suas vítimas em condições humanas.

Elas não tinham a menor ideia de onde estavam. Pelos ruídos sabiam que ali perto passava uma estrada com caminhões pesados. Também parecia haver uma barraquinha, dessas de calçada, com bebidas e música, que permanecia aberta até tarde. Às vezes escutavam um alto-falante que tanto convocava para atos políticos ou religiosos como transmitia *shows* ensurdecedores. Em várias ocasiões ouviram os *slogans* das campanhas eleitorais para a próxima Assembleia Constituinte. Com mais frequência escutavam zumbidos de pequenos aviões decolando e aterrissando a pouca distância, o que as levava a pensar que estavam para os lados de Guaymaral, um aeroporto de pista curta a vinte quilômetros ao norte de Bogotá. Maruja, familiarizada desde pequena com o clima da savana, sentia que o frio do seu quarto não era de campo aberto e sim de cidade. Além disso, as precauções excessivas dos vigias só eram compreensíveis se estivessem no núcleo urbano.

O mais surpreendente era o estrondo ocasional de um helicóptero tão próximo que parecia estar em cima da casa. Marina Montoya dizia que era o responsável pelos sequestros — um oficial do exército — que estava chegando. Com o passar dos dias haviam se acostumado com aquele ruído, pois nos meses que durou o cativeiro o helicóptero aterrissou pelo menos uma vez por mês, e as reféns não tiveram dúvidas de que aquilo tinha a ver com elas.

Era impossível distinguir os limites entre a verdade e a contagiosa fantasia de Marina. Dizia que Pacho Santos e Diana Turbay estavam em outros quartos da mesma casa, e que portanto o militar do helicóptero cuidava ao mesmo tempo dos três casos em cada visita. Numa ocasião ouviram ruídos alarmantes no pátio. O caseiro insultava sua mulher entre ordens atropeladas de que o levantassem dali, que o trouxessem para cá, que o virassem para cima, como se estivessem tentando meter um cadáver onde não cabia. Marina, em seus delírios tenebrosos, pensou que talvez houvessem esquartejado Francisco Santos e estivessem enterrando os pedaços debaixo das lajotas da cozinha. "Quando começam as matanças, não param — dizia. — As próximas seremos nós." Foi uma noite de horrores, até que souberam por acaso que tinham mudado de lugar uma primitiva máquina de lavar cujo peso quatro pessoas não aguentavam.

De noite o silêncio era total. Só interrompido por um galo louco sem noção das horas que cantava quando queria. Ouviam-se latidos no horizonte, e um muito próximo que lhes pareceu ser de um cão de guarda amestrado. Maruja começou mal. Se enroscou no colchão, fechou os olhos, e durante vários dias não tornou a abri-los a não ser o indispensável, tentando pensar com clareza. Não é que conseguisse dormir oito horas seguidas, mal dormia meia hora, e ao despertar se encontrava outra vez com a angústia que a acossava na realidade. Era um medo permanente: a sensação física de um cordão quente no estômago, sempre a ponto de arrebentar e se tornar pânico. Maruja rodava o filme inteiro de sua vida para se agarrar às boas lembranças, mas sempre as lembranças ingratas terminavam por se impor.

Numa das três viagens que Maruja fizera de Jacarta para a Colômbia, Luis Carlos Galán havia pedido durante um almoço particular que ela o ajudasse na direção de sua próxima campanha presidencial. Maruja havia sido sua assessora de imagem numa campanha anterior, tinha viajado com sua irmã Gloria pelo país inteiro, haviam celebrado triunfos, superado derrotas e escapado de riscos, e portanto a oferta era lógica. Maruja sentiu-se justificada e compensada. Mas no final do almoço notou em Galán um gesto indefinido, uma luz sobrenatural: a clarividência instantânea e certeira de que iriam matá-lo. Foi algo tão revelador que Maruja convenceu o marido a regressar para a Colômbia, apesar dos avisos que o general Maza Márquez lhe deu, sem nenhuma explicação, sobre os riscos de morte que o esperavam. Oito dias antes do regresso eles foram acordados em Jacarta pela notícia de que Galán havia sido assassinado.

Aquela experiência deixou nela uma propensão depressiva que se tornou mais aguda com o sequestro. Não encontrava onde se agarrar para escapar à ideia de que também ela estava sendo acossada por um perigo mortal. Negava-se a falar ou a comer. A indolência de Beatriz e a brutalidade dos encapuzados a incomodavam, e não suportava a submissão de Marina e sua identificação com o regime dos sequestradores. Parecia um carcereiro a mais, que chamava sua atenção quando ela roncava, quando tossia dormindo, quando se movia mais do que o indispensável. Maruja punha um copo num lugar e Marina se apressava a retirá-lo, assustada: "Cuidado!" E o deixava em outro lugar. Maruja a enfrentava com um desdém enorme. "Não se preocupe — dizia. — Não é a senhora quem manda aqui." Para cúmulo dos males, os vigias viviam preocupados porque Beatriz passava os dias escrevendo detalhes do cativeiro para contá-los ao marido e aos filhos quando fosse libertada. Também fizera uma longa lista de tudo o que lhe parecia abominável no quarto, e teve que desistir quando não achou nada que não fosse abominável. Os guardas ouviram dizer pelo rádio que Beatriz era fisioterapeuta e confundiram isso com psicoterapeuta, e por isso proibiram que ela escrevesse com medo de que estivesse elaborando um método científico para enlouquecê-los.

A degradação de Marina era compreensível. A chegada das outras duas reféns deve ter sido para ela como uma intromissão insuportável num mundo que já havia feito seu, e só seu, depois de quase dois meses na antessala da morte. Sua relação com os guardas, que tinha chegado a ser muito profunda, se alterou por causa delas, e em menos de duas semanas tornou a cair nas dores terríveis e solidões intensas de outras épocas que havia conseguido superar.

Contudo, nenhuma noite pareceu a Maruja tão atroz como a primeira. Foi interminável e gelada. À uma da madrugada a temperatura em Bogotá — de acordo com o Instituto de Meteorologia — tinha oscilado entre 13 e 15 graus, e havia chuviscado no centro e para os lados do aeroporto. Maruja foi vencida pelo cansaço. Começou a roncar assim que dormiu, mas a cada instante era despertada por sua tosse de fumante, persistente e indômita, agravada pela umidade das paredes que soltavam um orvalho de gelo ao amanhecer. Cada vez que tossia ou roncava, os vigias davam com o calcanhar em sua cabeça. Marina os apoiava por um temor incontrolável, e ameaçava Maruja dizendo que iriam amarrá-la no colchão para que não se mexesse tanto, ou amordaçá-la para que não roncasse.

Marina fez Beatriz ouvir no rádio os noticiários do amanhecer. Foi um erro. Na primeira entrevista com Yamid Amat, da Caracol Radio, o doutor Pedro Guerrero soltou uma rajada de insultos e desafios contra os sequestradores. Desafiou-os a se portarem como homens e mostrarem a cara. Beatriz teve uma crise de pavor, convencida de que aqueles insultos desabariam sobre elas.

Dois dias depois, um chefe bem-vestido, com um corpanzil empacotado em um metro e noventa, abriu a porta com um chute e entrou no quarto feito um vendaval. Seu terno impecável de lã tropical, seus mocassins italianos e sua gravata de seda amarela batiam de frente com seus modos rupestres. Soltou dois ou três impropérios contra os guardas, e cismou com o mais tímido, que era chamado de Lamparina pelos companheiros. "Me disseram que você é muito nervoso — disse —, e quero avisar que aqui quem é nervoso, morre." Depois dirigiu-se a Maruja sem a menor consideração:

— Fiquei sabendo que ontem à noite a senhora incomodou muito, que fez barulho, que tosse.

Maruja respondeu com uma calma exemplar, que poderia ser confundida com desprezo.

— Ronco quando durmo e não percebo — disse. — Não posso impedir a minha tosse porque o quarto é gelado e as paredes largam água de madrugada.

O homem não estava para queixas.

— E a senhora acha que pode fazer o que quiser? — gritou. — Pois se tornar a roncar ou a tossir de noite vamos estourar sua cabeça com um tiro.

Depois dirigiu-se também a Beatriz.

— Se não for a de vocês, vai ser a cabeça dos seus filhos ou dos seus maridos. Conhecemos todo mundo e sabemos onde encontrar qualquer um.

— Faça o que quiser — disse Maruja. — Não posso impedir o meu ronco. Se quiser, pode me matar.

Estava sendo sincera, e com o tempo iria perceber que estava certa. O trato duro desde o primeiro dia fazia parte dos métodos dos sequestradores para desmoralizar os reféns. Beatriz, por sua vez, ainda impressionada pela raiva do marido no rádio, foi menos altiva.

— Por que vocês têm que meter nossos filhos no assunto? Eles não têm nada a ver com isso — disse ela à beira das lágrimas. — O senhor não tem filhos?

Ele respondeu que sim, talvez enternecido, mas Beatriz tinha perdido a batalha: as lágrimas não a deixaram prosseguir. Maruja, mais calma, disse ao chefe que se quisessem mesmo chegar a algum acordo, que falassem com seu marido.

Pensou que o encapuzado tinha seguido o conselho porque no domingo reapareceu diferente. Levou os jornais do dia com declarações de Alberto Villamizar para conseguir um bom acordo com os sequestradores. Eles, ao parecer, começavam a agir de um modo diferente. O chefe, pelo menos, estava tão condescendente que pediu às reféns uma lista das coisas indispensáveis: sabonetes, escovas e pasta de dentes, cigarros, creme para a pele e alguns livros. Parte do pedido chegou no mesmo dia, mas alguns dos livros só foram recebidos quatro meses mais tarde. Com o tempo foram acumulando todo tipo de santinhos do Menino Jesus e de Maria Auxiliadora, que os diferentes vigias levavam para elas ou lhes deixavam de lembrança quando se despediam ou voltavam de suas folgas. Após dez dias, já tinham uma rotina doméstica. Os sapatos eram guardados debaixo da cama, e era tanta a umidade do quarto que de vez em quando precisavam tirá-los para o quintal para que secassem. Só podiam caminhar vestindo umas meias de homem que tinham recebido no primeiro dia, de lã grossa e cores diferentes, e usavam dois pares ao mesmo tempo para que ninguém ouvisse seus passos. A roupa que usavam na noite do sequestro tinha sido tomada, e receberam uniformes de ginástica — um cor de cinza e outro cor-de-rosa —, com os quais viviam e dormiam, e dois jogos de roupa de baixo, que lavavam no chuveiro. No começo dormiam vestidas. Mais tarde, quando receberam camisolas, as vestiam por cima dos uniformes nas noites muito frias. Também receberam uma sacola para guardar seus escassos bens pessoais: o uniforme de reserva e as meias limpas, as mudas de roupa de baixo, os absorventes, os remédios, os objetos de toucador.

Havia um único banheiro para as três e para os quatro guardiães. Elas tinham que usar o banheiro com a porta fechada mas sem trancar, e não podiam demorar mais do que dez minutos no chuveiro, mesmo quando tivessem que lavar a roupa. Podiam fumar todos os cigarros que recebiam, o que dava mais de um maço por dia para Maruja, e mais ainda para Marina. No quarto havia um televisor e um rádio portátil para que as reféns ouvissem notícias ou os vigias ouvissem música. As informações da manhã eram acompanhadas em volume baixo, quase às escondidas, e em compensação os guardas escutavam sua música de festa num volume alto que podia aumentar de acordo com seu humor.

A televisão era ligada às nove da manhã para ver os programas educativos, e dois ou três outros programas além dos noticiários do meio-dia. A sessão mais longa ia das quatro da tarde às onze da noite. O televisor permanecia ligado, como nos quartos das crianças, mesmo que ninguém estivesse vendo. As reféns, por seu lado, escutavam os noticiários com uma atenção milimétrica para tentar descobrir recados secretos de suas famílias. Nunca souberam, é claro, quantas dessas mensagens elas deixaram escapar, ou quantas frases inocentes foram confundidas com recados de esperança.

Alberto Villamizar apareceu oito vezes nos diversos noticiários de televisão durante os dois primeiros dias, com a certeza de que por algum deles sua voz chegaria às sequestradas. Quase todos os filhos de Maruja, além disso, eram gente da imprensa. Alguns tinham programas de televisão com horários fixos, e os utilizavam para manter uma comunicação que supunham ser unilateral e talvez inútil, mas ainda assim insistiam.

O primeiro deles, na quarta-feira seguinte, foi o programa que Alexandra fez a seu regresso de La Guajira. O psiquiatra Jaime Gaviria, colega do marido de Beatriz e velho amigo da família, deu uma série de instruções sábias para manter os ânimos em espaços fechados. Maruja e Beatriz, que conheciam o doutor Gaviria, compreenderam o sentido do programa e prestaram atenção em seus ensinamentos.

Este foi o primeiro de uma série de oito programas que Alexandra preparou usando como base uma longa conversa com o doutor Gaviria sobre a psicologia dos sequestrados. A primeira providência era escolher os temas que agradassem a Maruja e a Beatriz, e misturar neles recados pessoais que só elas pudessem decifrar. Alexandra decidiu então levar toda semana um personagem preparado para responder a perguntas intencionais que sem dúvida suscitariam nas reféns associações imediatas. A surpresa foi que muitos espectadores desprevenidos perceberam que pelo menos alguma coisa estranha estava metida na inocência das perguntas.

Não longe dali — dentro da mesma cidade — as condições de Francisco Santos em seu quarto de cativo eram tão abomináveis como as de Maruja e Beatriz, mas não tão severas. Uma explicação possível é que existiria contra elas, além do utilitarismo político do sequestro, um propósito de vingança. É quase certo, além disso, que os vigias de Maruja e de Pacho pertencessem a grupos diferentes. Embora fosse apenas por motivo de segurança, eles agiam em separado e sem nenhuma comunicação entre si. Mas ainda nisso havia diferenças incompreensíveis. Os de Pacho eram mais familiares, autônomos e complacentes, e menos cuidadosos com sua identidade. A pior condição de Pacho é que dormia acorrentado à grade da cama com uma corrente metálica forrada de fita isolante para evitar ulcerações. O pior de Maruja e Beatriz era que sequer tinham uma cama onde ser amarradas.

Pacho recebeu os jornais com pontualidade desde o primeiro dia. Em geral, os relatos sobre seu sequestro na imprensa escrita eram tão desinformados e aleatórios que faziam seus sequestradores se contorcerem de tanto rir. Seu horário já estava bem-definido quando sequestraram Maruja e Beatriz. Passava a noite em claro e dormia mais ou menos às onze da manhã. Via televisão, sozinho ou com seus guardiães, ou conversava com eles sobre as notícias do dia e, em especial, os jogos de futebol. Lia até cansar e ainda lhe sobravam nervos para jogar baralho ou xadrez. Sua cama era confortável, e dormiu bem desde a primeira noite até contrair uma sarna urticante e um ardor nos olhos, que desapareceram assim que lavou os lençóis de algodão e fez uma faxina geral no quarto. Nunca se preocuparam de que alguém de fora visse a luz acesa, porque as janelas estavam fechadas com tábuas.

Em outubro surgiu uma ilusão imprevista, a ordem de que ele se preparasse para mandar à família uma prova de que estava vivo. Teve que fazer um esforço supremo para manter o controle. Pediu um bule de café forte e dois maços de cigarros, e começou a redigir a mensagem tal como lhe saía da alma, sem corrigir nenhuma vírgula. Gravou-a numa minicassete, que os estafetas preferiam às normais, porque eram mais fáceis de serem escondidas. Falou o mais devagar que pôde e tratou de afinar a dicção e assumir uma atitude que não delatasse as sombras de sua alma. Ao final gravou as manchetes principais de *El Tiempo* daquele dia, como prova da data em que mandou a mensagem. Ficou satisfeito, sobretudo com a primeira frase: "Todas as pessoas que me conhecem sabem como esta mensagem é difícil para mim." No entanto, quando leu o texto publicado, já frio, teve a impressão de que tinha enfiado o pescoço na forca, pela frase final, na qual pedia ao presidente que fizesse o que fosse possível pela libertação dos jornalistas. "Mas isso — advertia — sem passar por cima das leis e dos preceitos constitucionais, o que é benéfico não apenas para o país mas para a liberdade de imprensa que hoje está sequestrada." A depressão se agravou alguns dias depois quando sequestraram Maruja e Beatriz, porque entendeu aquilo como um sinal de que as coisas seriam longas e complicadas. Esse foi o primeiro embrião de um plano de fuga que iria se converter em uma obsessão irresistível.

As condições de Diana e sua equipe — quinhentos quilômetros ao norte de Bogotá e a três meses do sequestro — eram diferentes das dos outros reféns, pois duas mulheres e dois homens cativos ao mesmo tempo significavam problemas muito complexos de logística e segurança. No cárcere de Maruja e Beatriz, o que surpreendia era a falta absoluta de indulgência. No de Pacho Santos, a familiaridade e o desenfado dos guardiães da mesma geração que ele. No grupo de Diana reinava um ambiente de improvisação que mantinha sequestrados e sequestradores num estado de alarma e incerteza, com uma instabilidade que contaminava tudo e aumentava o nervosismo de todos.

O sequestro de Diana se diferenciou também por seu caráter errático. Durante o longo cativeiro os reféns foram mudados sem explicações pelo menos vinte vezes, perto e dentro de Medellín, para casas de estilos e categorias diferentes e condições desiguais. Esta mobilidade era possível talvez porque seus sequestradores, ao contrário dos de Bogotá, estavam em seu meio natural, que controlavam por completo, e mantinham contato direto com seus superiores.

Os reféns não estiveram juntos em uma mesma casa a não ser em duas ocasiões e por poucas horas. No começo formaram dois grupos: Richard, Orlando e Hero Buss em uma casa, Diana, Azucena e Juan Vitta em outra, próxima. Algumas mudanças tinham sido desajeitadas e imprevistas, a qualquer hora e sem tempo para juntar suas coisas em função de um iminente assalto da polícia, e quase sempre a pé por subidas escarpadas e patinando na lama debaixo de aguaceiros intermináveis. Diana era uma mulher forte e decidida, mas aquelas caminhadas impiedosas e humilhantes, nas condições físicas e morais do cativeiro, superavam muito a sua resistência. Outras mudanças foram feitas com uma naturalidade espantosa pelas ruas de Medellín, em táxis comuns e driblando barreiras e patrulhas da polícia. O mais duro para todos durante as primeiras semanas era estar sequestrados sem que ninguém soubesse. Viam televisão, escutavam rádio e liam os jornais, mas não houve uma só notícia sobre sua desaparição até o dia 14 de setembro, quando o noticiário *Criptón* informou sem dar a fonte que eles não estavam em missão jornalística com a guerrilha, mas sequestrados pelos Extraditáveis. Iriam se passar várias semanas antes que os Extraditáveis emitissem um reconhecimento formal do sequestro.

O responsável pelo grupo de Diana era um provinciano inteligente e afável, a quem todos chamavam de dom Pacho, sem sobrenome e sem indicação alguma. Tinha uns trinta anos, mas um aspecto repousado de homem mais velho. Sua presença tinha a virtude imediata de resolver os problemas pendentes da vida cotidiana e semear esperanças para o futuro. Levava para as reféns presentes, livros, balas, fitas de música, e informações sobre a guerra e a atualidade nacional.

No entanto, suas aparições eram ocasionais e delegava mal a autoridade. Os guardiães e estafetas eram na verdade caóticos, nunca estavam mascarados, usavam apelidos de histórias em quadrinhos e levavam para os reféns — de uma casa a outra — recados orais ou escritos que pelo menos serviam de consolo. Desde a primeira semana compraram os agasalhos de ginástica, os objetos de asseio e higiene pessoal, e jornais locais. Diana e Azucena jogavam cartas com eles e muitas vezes ajudaram a fazer a lista de compras do mercado. Um deles disse uma frase que Azucena registrou, assombrada, entre suas anotações: "Não se preocupem com dinheiro, temos de sobra." No começo os vigias viviam na maior desordem, escutavam música a todo volume, comiam sem horário e andavam pela casa de cueca. Mas Diana assumiu uma liderança que pôs as coisas no lugar. Obrigou-os a vestir roupa decente, diminuir o volume da música que perturbava o sono de todos e botou para fora do quarto um vigia que pretendia dormir num colchão estendido ao lado de sua cama.

Azucena, com seus vinte e oito anos, era tranquila e romântica, e não conseguia viver sem o marido depois de quatro anos aprendendo a viver com ele. Sofria tempestades de ciúmes imaginários e escrevia para o marido cartas de amor mesmo sabendo que ele nunca as receberia. Desde a primeira semana do sequestro fez anotações diárias de um grande frescor e utilidade para escrever seu livro. Trabalhava no noticiário de Diana fazia anos e sua relação com ela não tinha ido além do trabalho, mas se identificaram no infortúnio. Liam os jornais juntas, conversavam até o amanhecer e tentavam dormir até a hora do almoço. Diana era uma conversadora compulsiva e Azucena aprendia com ela lições de vida que nunca tinham sido ensinadas na escola.

Os membros da equipe lembram de Diana como uma companheira inteligente, alegre e cheia de vida, e uma sagaz analista política. Em suas horas de desalento, tornou-os participantes de seu sentimento de culpa por havê-los comprometido naquela aventura imprevisível. "Não me importa o que acontecerá comigo — disse —, mas se acontecer alguma coisa com vocês nunca mais poderei viver em paz." Juan Vitta, com quem tinha uma amizade antiga, a preocupava por sua saúde ruim. Ele era um dos que tinham se oposto à viagem com mais energia e maiores razões, e no entanto havia se juntado ao grupo assim que saiu do hospital depois de um pré-infarto sério. Diana não esqueceu. No primeiro domingo do sequestro entrou em seu quarto chorando e perguntou-lhe se ele a odiava por não ter seguido seus conselhos. Juan Vitta respondeu com toda franqueza. Sim: havia odiado Diana com todo coração assim que souberam que estavam em poder dos Extraditáveis, mas tinha acabado aceitando o sequestro como um destino inevitável. O rancor dos primeiros dias tinha se transformado também para ele num sentimento de culpa, por não ter sido capaz de dissuadi-la.

Hero Buss, Richard Becerra e Orlando Acevedo tinham naquele momento menos motivos de sobressaltos numa casa vizinha. Haviam encontrado nos armários uma quantidade insólita de roupas de homem, ainda em seus embrulhos originais e com as etiquetas das grandes marcas europeias. Os guardiães contaram que Pablo Escobar tinha aquelas mudas de emergência em várias casas de segurança. "Aproveitem, rapazes, e peçam o que quiserem — brincavam. — Demora um pouco, por causa do transporte, mas em doze horas podemos atender qualquer pedido." As quantidades de comida e bebida que a princípio levavam para eles em lombo de mula parecia coisa de loucos. Hero Buss disse que nenhum alemão poderia viver sem cerveja, e na viagem seguinte trouxeram três caixas para ele. "Era um ambiente leve", disse Hero Buss em seu espanhol perfeito. Por aqueles dias convenceu um vigia a tirar um retrato dos três sequestrados descascando batatas para o almoço. Mais tarde, quando as fotos foram proibidas em outra casa, conseguiu esconder uma câmera automática em cima do guarda-roupa, e com ela fez uma boa série de *slides* coloridos de Juan Vitta e dele mesmo.

Jogavam baralho, dominó, xadrez, mas os reféns não podiam competir com suas apostas irracionais e suas tramoias de prestidigitação. Todos eram jovens. O mais novo deles podia ter uns quinze anos e estava orgulhoso por já ter ganhado um prêmio de estreante num concurso de assassinatos de policiais, a dois milhões por cabeça. Tinham tal desprezo pelo dinheiro que Richard Becerra vendeu-lhe de saída um par de óculos escuros e uns coletes de fotógrafo por um preço que dava para comprar cinco novos.

De vez em quando, nas noites de frio, os vigias fumavam maconha e brincavam com suas armas. Duas vezes deixaram escapar tiros. Um dos tiros atravessou a porta do banheiro e acertou o joelho de um vigia. Quando ouviram pelo rádio um chamado do papa João Paulo II pela libertação dos sequestrados, um dos guardiães gritou:

— E o que esse filho da puta tem de se meter nessa história?

Um outro saltou indignado pelo insulto e os reféns tiveram que interferir para que não se enfrentassem a bala. A não ser nesta vez, Hero Buss e Richard não levavam nada disso muito a sério, para não arruinar de vez seu humor. Orlando, por seu lado, pensava que estava sobrando no grupo e encabeçava por direito próprio a lista de execuções.

Naquela altura os reféns tinham sido separados em três grupos e em três casas diferentes: Richard e Orlando em uma, Hero Buss e Juan Vitta em outra, e Diana e Azucena em outra. Os dois primeiros foram levados de táxi, na frente de todo mundo, pelo tráfego endiabrado do centro comercial enquanto eram procurados por todos os serviços de segurança de Medellín. Foram instalados numa casa em obras e num mesmo dormitório que mais parecia um calabouço de dois metros por dois, com um banheiro sujo e sem luz, vigiado por quatro guardiães. Para dormir só havia dois colchões jogados no chão. Num quarto contíguo, sempre fechado, havia outro refém pelo qual estavam pedindo — segundo contaram os guardiães — um resgate multimilionário. Era um mulato corpulento com uma corrente de ouro maciço no pescoço, mantido com as mãos amarradas e num isolamento absoluto.

A casa ampla e confortável para onde levaram Diana e Azucena para a maior parte do cativeiro parecia ser a residência particular de um chefe grande. Comiam na mesa familiar, participavam de conversas privadas, ouviam discos da moda. Entre eles Rocío Durcal e Juan Manuel Serrat, de acordo com as anotações de Azucena. Foi nessa casa que Diana viu um programa de televisão filmado em seu apartamento de Bogotá, e então lembrou que tinha deixado as chaves do guarda-roupa escondidas em algum lugar, mas não conseguiu lembrar com exatidão se era atrás das fitas de música ou do televisor do quarto. Também percebeu que tinha esquecido de trancar o cofre pela pressa com que saiu pela última vez rumo à viagem da desgraça. "Tomara que ninguém tenha ido xeretar", escreveu numa carta para a mãe. Poucos dias depois, num programa de televisão com aparência casual, recebeu uma resposta tranquilizadora.

A vida familiar não parecia alterada pela presença das sequestradas. Chegavam senhoras desconhecidas que as tratavam como parentes e davam medalhas e estampas de santos milagrosos que iam ajudá-las a sair. Chegavam famílias inteiras com crianças e cachorros, que ficavam perambulando pelos quartos. O ruim era a impiedade do clima. Nas poucas vezes em que o sol esquentava não podiam sair para aproveitá-lo porque sempre havia homens trabalhando. Ou, talvez, vigias disfarçados de pedreiros. Diana e Azucena tiraram retratos recíprocos, cada uma em sua cama, e ainda não dava para notar nenhuma mudança física. Em outro, que tiraram de Diana três meses mais tarde, estava enrugada e envelhecida.

No dia 19 de setembro, quando ficou sabendo dos sequestros de Marina Montoya e Francisco Santos, Diana compreendeu — sem os elementos de informação existentes lá fora — que seu caso não era um ato isolado, como pensou no começo, mas uma operação política de enormes projeções no futuro para pressionar os termos da rendição dos Extraditáveis. Dom Pacho confirmou isso: havia uma lista seleta de jornalistas e personalidades que seriam sequestradas à medida que isso fosse necessário para os interesses dos sequestradores. Foi então que decidiu fazer um diário, não tanto para narrar seus dias mas para registrar seus estados de ânimo e suas apreciações dos fatos. De tudo: histórias do cativeiro, análises políticas, observações humanas, diálogos sem resposta com sua família ou com Deus, a Virgem e o Menino Jesus. Várias vezes fez transcrições completas de orações — entre elas o Pai-Nosso e a Ave-Maria — como uma forma original e talvez mais profunda de rezar por escrito.

É evidente que Diana não pensava num texto para ser publicado, e sim em um memorando político e humano que a própria dinâmica dos fatos converteu numa dilacerante conversa consigo mesma. Escreveu-o em sua caligrafia redonda e grande, de presença nítida mas difícil de decifrar, que preenchia por completo as linhas do caderno escolar. No começo escrevia escondida durante as horas da madrugada, mas quando os guardiães a descobriram, passaram a fornecer papel e lápis suficientes para mantê-la ocupada enquanto eles dormiam.

A primeira anotação foi feita no dia 27 de setembro, uma semana depois do sequestro de Marina e Pacho, e dizia: "Desde a quarta-feira 19, dia em que esteve aqui o responsável por esta operação, passaram-se tantas coisas que não tenho fôlego." Ela se perguntava por que seu sequestro não havia sido reivindicado por seus autores, e respondeu a si mesma que talvez fosse para poder assassiná-los sem escândalo público caso eles não servissem aos seus propósitos. "Entendo assim e o horror me invade", escreveu. Preocupava-se mais pelo estado de seus companheiros do que pelo seu próprio estado ou pelas notícias de qualquer fonte que lhe permitissem tirar conclusões sobre a situação. Sempre foi uma católica praticante, como toda a sua família, em especial sua mãe, e sua devoção ia-se fazendo mais intensa e profunda com o passar do tempo, até atingir estados de misticismo. Rogava a Deus e à Virgem por tudo o que tivesse alguma coisa a ver com a sua vida, inclusive por Pablo Escobar. "Talvez ele necessite mais da tua ajuda", escreveu ela a Deus em seu diário. "Sei de teu impulso de fazê-lo ver o bem para que evite mais dor, e te peço por ele para que entenda a nossa situação."

O mais difícil para todos, sem dúvida, foi aprender a conviver com os guardiães. Os de Maruja e Beatriz eram quatro jovens sem nenhuma formação, brutais e instáveis, que se revezavam de dois em dois a cada doze horas, sentados no chão e com as metralhadoras preparadas. Todos com camiseta de propaganda comercial, tênis e bermudas, que às vezes eram calças recortadas por eles mesmos com tesoura de jardim. Um dos dois que entravam às seis da manhã continuava dormindo até as nove enquanto o outro vigiava, mas quase sempre os dois caíam no sono ao mesmo tempo. Maruja e Beatriz haviam pensado que se um comando da polícia assaltasse a casa naquela hora os guardiães não teriam tempo de acordar.

A condição comum era o fatalismo absoluto. Sabiam que iam morrer jovens, aceitavam esse fato, e só se importavam em viver o momento. As desculpas que davam a si mesmos pelo seu ofício abominável era ajudar a família, comprar boa roupa, ter motocicletas — e velar pela felicidade da mãe, que adoravam acima de tudo e por quem estavam dispostos a morrer. Viviam aferrados ao mesmo Menino Jesus e à mesma Maria Auxiliadora de seus sequestrados. Rezavam todos os dias para implorar a proteção e a misericórdia deles, com uma devoção pervertida, pois ofereciam despachos e sacrifícios para que ajudassem no êxito de seus crimes. Depois de sua devoção pelos santos, tinham devoção pelo Rohypnol, um tranquilizante que lhes permitia cometer na vida real as proezas do cinema. "Misturado com uma cerveja dá logo uma onda legal — explicava um vigia. — Então alguém me empresta um trezoitão e eu roubo um carro para passear. O gostinho é a cara de terror deles quando entregam as chaves." Odiavam todo o resto: os políticos, o governo, o Estado, a justiça, a polícia, a sociedade inteira. A vida, diziam, era uma merda.

No começo foi impossível distingui-los, porque a única coisa que se via deles era a máscara, e todos pareciam iguais. Ou seja: um só. O tempo mostrou que a máscara esconde o rosto mas não o caráter. E assim conseguiram individualizá-los. Cada máscara tinha uma identidade diferente, um modo de ser próprio, uma voz irrenunciável. E ainda mais: tinha um coração. Mesmo sem desejar, acabaram compartilhando com eles a solidão do cativeiro. Jogavam cartas e dominó, ajudavam-se entre si na solução das palavras cruzadas e dos jogos de adivinhação das revistas velhas.

Marina era submissa às leis dos carcereiros, mas não era imparcial. Gostava de uns e detestava outros, levava e trazia entre eles comentários maliciosos de pura estirpe maternal, e terminava criando umas confusões internas que punham em perigo a harmonia do quarto. Mas obrigava todos a rezarem o rosário, e todos rezavam.

Entre os vigias do primeiro mês havia um que padecia de uma demência súbita e recorrente. Era chamado de Barrabás. Adorava Marina e lhe fazia carícias e birras. Em compensação, desde o primeiro dia foi um inimigo feroz de Maruja. De repente enlouquecia, chutava o televisor e avançava dando cabeçadas na parede.

O vigia mais estranho, sombrio e calado, era muito magro e de quase dois metros de estatura, e punha por cima da máscara outro capuz de agasalho azul-marinho, como um frade louco. E era chamado assim: Monge. Permanecia um longo tempo agachado e em transe. Devia ser dos mais antigos, pois Marina o conhecia muito bem e lhe dedicava seus cuidados. Quando ele voltava de seus descansos trazia presentes para Marina, como um crucifixo de plástico que ela usava pendurado no pescoço com a mesma fita ordinária com que o recebeu. Só ela tinha visto a sua cara, pois antes de que Maruja e Beatriz chegassem todos os guardiães andavam com o rosto descoberto e não faziam nada para ocultar a identidade. Marina interpretava esse fato como um indício de que não iria sair viva daquele claustro. Dizia que ele era um adolescente bonito, com os olhos mais belos que tinha visto, e Beatriz acreditava, porque as pestanas eram tão longas e curvas que saíam pelos furos da máscara. Era capaz do melhor e do pior. Foi ele quem descobriu que Beatriz usava uma correntinha com a medalha da Virgem Milagrosa.

— Aqui as correntinhas são proibidas — disse. — Você tem que me dar essa aí.

Beatriz se defendeu angustiada.

— Não pode me tomar esta correntinha — disse. — Seria de mau agouro, alguma coisa ruim aconteceria comigo.

Ele se contagiou por essa angústia. Explicou-lhe que as medalhas estavam proibidas porque podiam conter mecanismos eletrônicos para localizá-las a distância. Mas encontrou a solução:

— Vamos fazer uma coisa — propôs: — fique com a correntinha mas me entregue a medalha. Você vai me desculpar, mas nós recebemos essa ordem.

Lamparina, por sua vez, tinha a obsessão de que ia ser morto e sofria espasmos de terror. Ouvia ruídos fantásticos, inventou que tinha uma cicatriz tremenda na cara, talvez para confundir quem tentasse identificá-lo. Limpava com álcool as coisas que tocava para não deixar impressões digitais. Marina caçoava dele, mas não conseguia moderar seus delírios. De repente, despertava na metade da noite. "Escutem! — sussurrava apavorado. — A polícia está chegando!" Uma noite ele apagou o abajur, e Maruja deu uma batida brutal na porta do banheiro. Quase perdeu os sentidos. Ainda assim Lamparina brigou com ela, porque Maruja não sabia se mover na escuridão.

— Não enche — rebateu ela. — Isso aqui não é um filme de detetives.

Os guardiães também pareciam sequestrados. Não podiam se mover pelo resto da casa e dormiam durante suas horas de descanso em outro quarto, trancado com cadeado para que não fugissem. Todos eram antioquenhos rasos, mal conheciam Bogotá, e um deles contou que quando saíam do serviço, a cada vinte ou trinta dias, eram levados com os olhos vendados ou no porta-malas de um automóvel para não saberem onde estavam. Outro tinha medo de ser morto quando já não fosse necessário, para que levasse os segredos para o túmulo. Sem nenhuma regularidade apareciam chefes encapuzados e mais bem-vestidos, que recebiam relatórios e distribuíam instruções. Suas decisões eram imprevisíveis e as sequestradas e os guardiães, na mesma proporção, estavam à sua mercê.

O café da manhã das reféns chegava quando menos se esperava: café com leite e uma broa com uma salsicha em cima. Almoçavam feijão ou lentilha numa água cinzenta; pedacinhos de carne em poças de gordura, uma colher de arroz e um refrigerante. Tinham de comer sentadas no colchão, pois não havia nenhuma cadeira no quarto, e só de colher, pois garfos e facas estavam proibidos pelas normas de segurança. O jantar era improvisado com os feijões requentados e outras sobras do almoço.

Os guardiães diziam que o dono da casa, que todos chamavam de caseiro, ficava com a maior parte do orçamento. Era um quarentão robusto, de estatura média, cuja cara de fauno podia ser adivinhada pela sua dicção fanha e pelos olhos injetados e maldormidos que apareciam pelos furos do capuz. Vivia com uma mulher pequenina, gritona, esfarrapada e de dentes carcomidos. Se chamava Damaris e cantava ritmos populares — *salsa*, *vallenatos* e *bambucos* — durante o dia inteiro, a todo volume e com um ouvido de artilheiro, mas com tanto entusiasmo que era impossível não imaginá-la dançando sozinha com sua própria música pela casa afora.

Os pratos, os copos e os lençóis continuavam sendo usados sem lavar até que as reféns protestassem. Só se podia dar a descarga na privada quatro vezes por dia e o banheiro ficava trancado nos domingos em que a família saía, para evitar que a descarga alertasse os vizinhos. Os guardiães urinavam na pia ou no ralo do chuveiro. Damaris só tentava ocultar sua negligência quando se anunciava o helicóptero dos chefes, e fazia isso a toda, com técnicas de bombeiro, lavando pisos e paredes com o jato da mangueira. Via telenovelas todos os dias até uma da tarde, e a essa hora jogava na panela de pressão o que tivesse que cozinhar para o almoço — a carne, os legumes, as batatas, o feijão, tudo junto e remexido — e punha no fogo até que o apito soasse.

Suas frequentes brigas com o marido demonstravam um poder de raiva e uma imaginação para os xingamentos que às vezes atingiam picos de inspiração. Tinham duas meninas, de nove e sete anos, que iam a uma escola vizinha, e às vezes convidavam outras crianças para ver televisão ou brincar no quintal. A professora os visitava em alguns sábados, e outros amigos mais ruidosos chegavam a qualquer dia e improvisavam festas com música. Então fechavam a porta do quarto com cadeado e obrigavam as reféns a desligar o rádio, a ver televisão sem som e a não ir ao banheiro mesmo em casos de urgência.

No final de outubro, Diana Turbay observou que Azucena estava preocupada e triste. Havia passado dias sem falar e num ânimo de não dividir nada. Não era estranho: sua força de abstração não era nada comum, sobretudo quando lia, e mais ainda se o livro fosse a Bíblia. Mas seu mutismo de então coincidia com um humor assustadiço e uma palidez inusitada. Confessou a Diana que há duas semanas tinha o temor de estar grávida. Suas contas eram claras. Estava há mais de cinquenta dias em cativeiro, e duas falhas consecutivas. Diana deu um salto de alegria pela boa-nova — era uma reação típica nela — mas se solidarizou com o desassossego de Azucena.

Numa de suas primeiras visitas, dom Pacho havia feito às duas a promessa de que sairiam na primeira quinta-feira de outubro. Elas acharam que era verdade, porque houve mudanças notáveis: melhor tratamento, melhor comida, maior liberdade de movimentos. No entanto, sempre aparecia um pretexto para mudar a data. Depois da quinta-feira anunciada lhes disseram que seriam libertadas no dia 9 de dezembro para celebrar a eleição da Assembleia Nacional Constituinte. E assim prosseguiram com o Natal, o Ano-Novo, o dia dos Reis Magos ou o aniversário de alguém, num colar de adiamentos que mais parecia um conta-gotas de consolo.

Dom Pacho continuou visitando-as em novembro. Levou livros novos, jornais do dia, revistas atrasadas e caixas de chocolate. Falava com elas dos outros sequestrados. Quando Diana soube que não era prisioneira do padre Pérez, cismou de obter uma entrevista com Pablo Escobar, não tanto para publicar — se fosse o caso — mas para discutir com ele as condições de sua rendição. Dom Pacho respondeu no final de outubro que a solicitação tinha sido aprovada. Mas os noticiários do dia 7 de novembro deram o primeiro golpe mortal na ilusão: a transmissão do jogo de futebol entre o time de Medellín e o Nacional foi interrompida para dar a notícia do sequestro de Maruja Pachón e Beatriz Villamizar.

Juan Vitta e Hero Buss ouviram a notícia em seu cárcere, e acharam que era a pior possível. Também eles haviam chegado à conclusão de que não passavam de extras num filme de horror.

"Material de recheio", como dizia Juan Vitta. "Descartáveis", como lhes diziam os guardiães. Um deles, numa discussão acalorada, havia gritado a Hero Buss:

— Cale essa boca, aqui você não vale nem como convidado.

Juan Vitta sucumbiu à depressão, renunciou a comer, dormiu mal, perdeu o norte e optou pela solução compassiva de morrer de uma vez e não morrer milhões de vezes todos os dias. Estava pálido, com um dos braços dormente, tinha a respiração difícil e o sono sobressaltado. Seus únicos diálogos eram então com seus parentes mortos, que via em carne e osso ao redor da cama. Alarmado, Hero Buss deu um escândalo alemão. "Se Juan morrer aqui os responsáveis serão vocês", disse aos vigias. A advertência foi eficaz.

O médico que levaram para examiná-lo foi o doutor Conrado Prisco Lopera, irmão de David Ricardo e Armando Alberto Prisco Lopera — da famosa quadrilha dos Priscos —, que trabalhavam com Pablo Escobar desde seus inícios de traficante e eram apontados como os criadores do ofício de mercenário entre os adolescentes da região nordeste de Medellín. Dizia-se que dirigiam uma quadrilha de meninos assassinos encarregada dos trabalhos mais sujos, entre os quais a guarda dos sequestrados. Em compensação, o corpo médico considerava o doutor Conrado como um profissional honrado, e sua única sombra era ser ou ter sido o médico de cabeceira de Pablo Escobar. Chegou com a cara descoberta e surpreendeu Hero Buss com um cumprimento em bom alemão:

— *Hallo Hero, wie geht's uns.*

Foi uma visita providencial para Juan Vitta, não pelo diagnóstico — estresse agudo — mas por sua paixão de leitor. A única coisa que o médico receitou foi um xarope de boas leituras. O oposto das notícias políticas do doutor Prisco Lopera, que foram para os cativos como um veneno amargo.

O mal-estar de Diana agravou-se em novembro: intensa dor de cabeça, cólicas espasmódicas, depressão severa, mas não há indícios em seu diário de que o médico a tenha visitado. Pensou que talvez fosse uma depressão pela paralisia de sua situação, que ia se tornando mais incerta à medida que o ano se esgotava. "Aqui o tempo corre diferente do que estamos acostumados — escreveu. — Não há pressa para nada." Uma anotação dessa época revelou o pessimismo que a sufocava: "Consegui fazer uma revisão do que a minha vida foi até hoje: quantos amores, quanta imaturidade para tomar decisões importantes, quanto tempo gasto em coisas que não valeram a pena!" Sua profissão não teve um lugar especial nesse drástico exame de consciência: "Embora sejam cada vez mais firmes as minhas convicções sobre o que é e deve ser o exercício do jornalismo, não o vejo com clareza nem espaço." As dúvidas não poupavam nem sua própria revista, "que vi tão pobre não apenas comercialmente, mas também editorialmente". E sentenciou com pulso firme: "Falta a ela profundidade e análise."

Os dias de todos os reféns se consumiam então em esperar dom Pacho, cujas visitas sempre anunciadas e poucas vezes cumpridas eram a medida do tempo. Ouviam os aviõezinhos e helicópteros sobrevoando a casa, e tinham a impressão de que aquilo eram explorações de rotina. Em compensação, cada voo provocava a mobilização dos vigias, que surgiam com suas armas de guerra em posição de combate. Os reféns sabiam, por repetidos avisos, que em caso de ataque armado os guardiães começariam por matá-los.

Apesar de tudo novembro terminou com alguma esperança. Foram dissipadas as dúvidas que inquietavam Azucena Liévano: seus sintomas eram uma falsa gravidez, provocada talvez pela tensão nervosa. Mas não comemorou isso. Ao contrário: depois do susto inicial, a ideia de ter um filho havia se convertido numa ilusão que prometeu a si própria reviver assim que estivesse livre. Diana, por seu lado, via sinais de esperança em declarações dos Notáveis sobre as possibilidades de um acordo.

O resto de novembro havia sido de acomodação para Maruja e Beatriz. Cada uma forjou à sua maneira uma estratégia de sobrevivência. Beatriz, que é valente e geniosa, refugiou-se no consolo de minimizar a realidade. Suportou bem os primeiros dez dias, mas logo tomou consciência de que a situação era mais complexa e imprevisível e enfrentou a adversidade meio de viés. Maruja, que é analítica e fria mesmo contra seu otimismo quase irracional, havia percebido desde o primeiro momento que estava diante de uma realidade acima de seus recursos e que o sequestro seria longo e difícil. Escondeu-se dentro de si mesma como um caracol em sua concha, economizou energias, refletiu a fundo, até que se acostumou à ideia inevitável de que podia morrer. "Daqui não saímos vivas", disse a si mesma, e ela própria se surpreendeu de que aquela revelação fatalista tivesse um efeito contrário. A partir de então sentiu-se dona de si mesma, capaz de estar atenta a tudo e a todos e de conseguir por persuasão que a disciplina fosse menos rígida. Até a televisão tornou-se insuportável a partir da terceira semana de cativeiro, acabaram as palavras cruzadas e os poucos artigos legíveis das revistas de variedades que haviam encontrado no quarto, que talvez fossem restos de algum sequestro anterior. Mas mesmo em seus piores dias, e como sempre fez na vida real, Maruja se reservou umas duas horas diárias para a solidão absoluta.

Apesar de tudo, as primeiras notícias de dezembro indicavam que havia motivos para estarem esperançosas. Da mesma forma que Marina fazia seus vaticínios terríveis, Maruja começou a inventar jogos de otimismo. Marina se ligou muito rápido: um dos vigias havia levantado o polegar em sinal de aprovação, e isso queria dizer que as coisas iam bem. Uma vez Damaris não fez as compras, e isso foi interpretado como um sinal de que não precisavam daquilo porque iam ser soltas. Brincavam de imaginar como seriam libertadas e fixavam a data e a maneira. Como viviam nas trevas, imaginavam que seriam libertadas num dia de sol, e fariam a festa no terraço do apartamento de Maruja. "O que vocês querem comer?", perguntava Beatriz. Marina, cozinheira de boa mão, ditava um cardápio de rainhas. Começavam brincando e terminavam de verdade, se arrumavam para sair, umas pintavam as outras. No dia 9 de dezembro, que era uma das datas anunciadas para a libertação por causa da eleição da Assembleia Constituinte, se aprontaram, inclusive para a entrevista coletiva, cada uma com suas respostas preparadas. O dia passou com ansiedade, mas terminou sem amargura, pela segurança absoluta que Maruja tinha de que mais cedo ou mais tarde, sem a menor sombra de dúvida, seriam libertadas por seu marido.

4

Assim, o sequestro dos jornalistas foi uma reação à ideia que atormentava o presidente César Gaviria desde que era ministro de Virgilio Barco: como criar uma alternativa jurídica à guerra contra o terrorismo? Havia sido um tema central em sua campanha presidencial. Havia solicitado a questão em seu discurso de posse, com a distinção importante de que o terrorismo dos traficantes era um problema nacional, e podia ter uma solução nacional, enquanto o narcotráfico era internacional e só podia ter soluções internacionais. A prioridade era contra o narcoterrorismo, pois com as primeiras bombas a opinião pública pedia prisão para os narcoterroristas, com as seguintes pedia a extradição, mas a partir da quarta bomba começava a pedir que fossem indultados. Também neste sentido a extradição devia ser um instrumento de emergência para pressionar a rendição dos delinquentes, e Gaviria estava disposto a aplicá-la sem contemplações.

Nos primeiros dias depois de sua posse mal teve tempo de conversar com alguém sobre o assunto, acossado pela organização do governo e pela convocatória de uma Assembleia

Nacional Constituinte que fizesse a primeira reforma a fundo do Estado nos últimos cem anos. Rafael Pardo compartilhava a inquietação sobre o terrorismo desde o assassinato de Luis Carlos Galán. Mas ele também estava às voltas com os transtornos inaugurais. Vivia uma situação peculiar. Sua nomeação como conselheiro de Segurança e Ordem Pública tinha sido uma das primeiras, em um palácio de governo sacudido pelos ímpetos renovadores de um dos presidentes mais jovens deste século, devorador de poesia e admirador dos Beatles, e com ideias de transformações profundas que ele próprio tinha batizado com um nome modesto: *A Reviravolta*. Pardo andava no meio daquele vendaval com uma pasta de papéis que levava para todos os lados, e se ajeitava para trabalhar onde podia. Sua filha Laura pensava que ele tinha ficado sem emprego porque não tinha hora para sair nem para chegar em casa. Na verdade, aquela informalidade forçada pelas circunstâncias estava muito de acordo com o modo de ser de Rafael Pardo, que mais parecia um poeta lírico do que um funcionário de Estado. Tinha trinta e oito anos. Sua formação acadêmica era evidente e bem sustentada: terminou o secundário no Ginásio Moderno de Bogotá, formou-se como economista pela Universidade de los Andes, na qual também foi professor de economia e pesquisador durante nove anos, fez a pós-graduação em Planificação no Instituto de Estudos Sociais de Haia, na Holanda. Além do mais, era um leitor um tanto delirante de tudo que é livro que encontrasse em seu caminho, e em especial de duas especialidades distantes: poesia e segurança. Naquele tempo só tinha quatro gravatas, que havia ganhado de presente em quatro Natais anteriores, e não as usava por prazer: levava as gravatas no bolso, para casos de emergência. Combinava calças com paletós sem levar em conta jeitos ou estilos, punha por distração uma meia de uma cor e outra de outra, e sempre que podia andava em mangas de camisa porque não via diferença entre frio e calor. Suas orgias maiores eram partidas de pôquer com sua filha Laura até as duas da madrugada, em silêncio absoluto e com feijões em lugar de dinheiro. Claudia, sua bela e paciente esposa, se exasperava porque ele andava feito sonâmbulo pela casa, sem saber onde estavam os copos ou como se fechava uma porta ou se tirava gelo da geladeira, e tinha a faculdade quase mágica de não tomar conhecimento das coisas que não suportava. Apesar disso, sua qualidade mais estranha era uma impavidez de estátua que não deixava o mínimo resquício para imaginar o que estava pensando, e um talento inclemente para resolver uma conversa com quatro palavras ou pôr um ponto final numa discussão frenética com um monossílabo lapidar.

No entanto, seus companheiros de estudos e de trabalho não entendiam seu desprestígio doméstico, pois o conheciam como um trabalhador inteligente, organizado e de uma serenidade arrepiante, cujo ar distraído mais parecia um artifício para despistar. Era irascível com os problemas fáceis e de uma grande paciência com as causas perdidas, e tinha um caráter firme, um tanto moderado por um sentido do humor imperturbável e astuto. O presidente Virgilio Barco deve ter reconhecido o lado útil de seu hermetismo e de seu gosto pelos mistérios, pois encarregou-o das negociações com a guerrilha e dos programas de reabilitação nas zonas de conflito, e nessa função conseguiu os acordos de paz com o M-19. O presidente Gaviria, que competia com ele nos segredos de Estado e nos silêncios insondáveis, jogou em seus ombros os problemas da segurança e da ordem pública, num dos países mais inseguros e subvertidos do mundo. Pardo tomou posse com seu escritório inteiro dentro de uma pasta de executivo, e durante mais duas semanas precisou pedir licença para usar o banheiro ou o telefone de gabinetes alheios. Mas o presidente o consultava a cada instante sobre qualquer tema e o escutava com uma atenção premonitória nas reuniões difíceis. Uma tarde os dois ficaram sozinhos no gabinete, e o presidente perguntou:

— Diga uma coisa, Rafael. Você não fica preocupado com a ideia de que um desses tipos pode se entregar de repente à justiça, e a gente não tem nenhuma acusação para metê-lo na cadeia?

Era a essência do problema: os terroristas acossados pela polícia não tomavam a decisão de se entregar porque não tinham garantias para a sua segurança pessoal nem a de seus familiares. O Estado, por seu lado, não tinha provas para condená-los, se os capturasse. A ideia era encontrar uma fórmula jurídica para que aceitassem confessar seus delitos em troca de uma garantia do Estado de segurança para eles e para suas famílias. Rafael Pardo havia pensado no problema como encarregado da paz no governo anterior, e ainda tinha umas anotações bagunçadas na pasta quando Gaviria fez a pergunta. Eram, na verdade, um princípio de solução: quem se entregasse à justiça teria uma diminuição na pena se confessasse um delito que permitisse processá-lo, e outra diminuição extra pela entrega de bens e dinheiro ao Estado. Era só isso, mas o presidente vislumbrou muito além, pois coincidia com sua ideia de uma estratégia que não fosse de guerra nem de paz, mas de justiça, e que tirasse os argumentos do terrorismo sem renunciar à ameaça indispensável da extradição.

O presidente Gaviria levou a proposta ao seu ministro da Justiça, Jaime Giraldo Ángel. Ele compreendeu a ideia de imediato, pois também vinha pensando há tempos numa maneira de tornar jurídico o problema do narcotráfico. Além disso, os dois eram partidários da extradição de colombianos como um instrumento para forçar a rendição.

Giraldo Ángel, com seu ar de sábio distraído, sua precisão verbal e sua habilidade de micreiro prematuro, acabou de arredondar a fórmula com ideias próprias e outras já estabelecidas no Código Penal. Entre um sábado e um domingo redigiu o primeiro rascunho em seu computador portátil de repórter, e na primeira hora da segunda-feira mostrou-o ao presidente, ainda com as correções e emendas feitas a mão. O título escrito a tinta no cabeçalho era um embrião histórico: *Submissão à justiça*.

Gaviria é muito meticuloso com seus projetos, e não os levava ao Conselho de Ministros antes de ter certeza de que seriam aprovados. Assim, examinou a fundo o rascunho com Giraldo Ángel e Rafael Pardo, que não é advogado, mas cujas poucas palavras costumam ser certeiras. Depois mandou a versão mais avançada ao Conselho de Segurança, onde Giraldo Ángel encontrou os apoios do general Óscar Botero, ministro da Defesa, e do diretor de Instrução Criminal, Carlos Mejía Escobar, um jurista jovem e eficiente que seria o encarregado de usar o decreto na vida real. O general Maza Márquez não se opôs ao projeto, embora considerasse que na luta contra o cartel de Medellín era inútil qualquer outra fórmula que não fosse a guerra. "Este país não tem jeito — costumava dizer — enquanto Escobar não estiver morto." Pois estava convencido de que Escobar só se entregaria para continuar traficando da cadeia, sob a proteção do governo.

O projeto foi apresentado ao Conselho de Ministros com a ressalva de que não se tratava de propor uma negociação com o terrorismo para esconjurar uma desgraça da humanidade cujos primeiros responsáveis eram os países consumidores. Ao contrário: tratava-se de dar maior utilidade jurídica à extradição na luta contra o narcotráfico, ao incluir a não extradição como prêmio maior num pacote de incentivos e garantias para os que se entregassem à justiça.

Uma das discussões cruciais foi a data-limite para os delitos que os juízes deveriam levar em consideração. Isto queria dizer que não seria amparado nenhum delito cometido depois da data do decreto. O secretário-geral da presidência, Fabio Villegas, que foi o opositor mais lúcido à data-limite, tinha um argumento forte: ao cumprir-se o prazo para os delitos perdoáveis, o governo ficaria sem política. No entanto, a maioria concordou com o presidente em que no momento não deveriam ir mais longe com o prazo fixo, pelo risco certo de que se convertesse numa patente de corso para que os delinquentes continuassem delinquindo até que decidissem se entregar.

Para preservar o governo de qualquer suspeita de negociação ilegal ou indigna, Gaviria e Giraldo decidiram não receber nenhum emissário direto dos Extraditáveis durante os processos, nem negociar com eles ou com ninguém qualquer caso de lei. Ou seja, não discutir nada de princípios, só assuntos operacionais. O diretor nacional de Instrução Criminal — que não depende do poder executivo nem é nomeado por ele — seria o encarregado oficial de qualquer contato com os Extraditáveis ou seus representantes legais. Toda comunicação seria por escrito, e desta forma ficaria registrada.

O projeto do decreto foi discutido com uma diligência febril e um sigilo nada comum na Colômbia, e foi aprovado no dia 5 de setembro de 1990. Este foi o decreto de Estado de Sítio 2047: quem se entregasse e confessasse delitos podia obter como benefício principal a não extradição; quem além da confissão colaborasse com a justiça, teria uma redução na pena de até um terço pela entrega e confissão, e de até um sexto pela colaboração com a justiça pela delação. No total: até a metade da pena imposta por um ou por todos os delitos pelos quais tivesse sido solicitada a extradição. Era a justiça em sua expressão mais simples e pura: a forca e o garrote. O mesmo Conselho de Ministros que assinou o decreto rejeitou três extradições e aprovou três, como uma notificação pública de que o novo governo só renunciava à extradição como um benefício principal do decreto.

Na realidade, mais que um decreto solto, era uma política presidencial bem-definida para a luta contra o terrorismo em geral, não apenas contra o dos traficantes de drogas mas também contra outros casos de delinquência comum. O general Maza Márquez não expressou nos Conselhos de Segurança o que pensava de verdade sobre o decreto, mas anos mais tarde — em sua campanha eleitoral para a presidência da república — atacou-o sem misericórdia como "uma falácia deste tempo". "Com ele se maltrata a majestade da justiça — escreveu então — e joga-se fora a respeitabilidade histórica do direito penal."

O caminho foi longo e complexo. Os Extraditáveis — já conhecidos no mundo como uma razão social de Pablo Escobar — repudiaram o decreto de imediato, embora tenham deixado portas entreabertas para continuar lutando por muito mais. A razão principal era que ele não dizia de uma maneira indiscutível que não seriam extraditados. Pretendiam também ser considerados delinquentes políticos e em consequência receber o mesmo tratamento dado aos guerrilheiros do M-19, que haviam sido indultados e reconhecidos como partido político. Um de seus membros era ministro da Saúde, e todos participavam da campanha para a Assembleia Nacional Constituinte. Outra das preocupações dos Extraditáveis era um cárcere seguro onde estivessem a salvo de seus inimigos e garantias de vida para suas famílias e sequazes.

Falou-se que o governo havia feito o decreto como concessão aos traficantes pela pressão dos sequestros. Na verdade, o projeto estava em processo desde antes do sequestro de Diana, e já tinha sido proclamado quando os Extraditáveis avançaram mais uma peça com os sequestros quase simultâneos de Francisco Santos e Marina Montoya. Mais tarde, quando oito reféns não bastaram para obter o que queriam, sequestraram Maruja Pachón e Beatriz Villamizar. Aí tinham o número mágico: nove jornalistas. E além disso — condenada de antemão — a irmã de um político fugitivo da justiça privada de Escobar. De certo modo, antes que o decreto demonstrasse sua eficácia, o presidente Gaviria começava a ser vítima de seu próprio invento.

Diana Turbay Quintero tinha, como seu pai, um sentido intenso e apaixonado do poder e uma vocação de liderança que determinaram sua vida. Cresceu entre os grandes nomes da política, e era difícil que a partir de então não fosse essa a sua perspectiva do mundo. "Diana era um homem de Estado — disse uma amiga que a compreendeu e amou. — E a maior preocupação de sua vida era uma obstinada vontade de serviço ao país." Mas o poder — como o amor — tem dois gumes: exercemos e padecemos. Ao mesmo tempo que gera um estado de levitação pura, gera também seu avesso: a busca de uma felicidade irresistível e fugidia, só comparável à busca de um amor idealizado, que se anseia mas se teme, se persegue mas não se alcança. Diana sofria isso com uma voracidade insaciável de saber tudo, de estar a par de tudo, de descobrir o porquê e o como das coisas e a razão de sua vida. Alguns que conviveram com ela e a amaram de perto perceberam isso nas incertezas de seu coração, e pensam que muito poucas vezes ela foi feliz.

Não é possível saber — sem ter perguntado a ela — qual dos gumes do poder lhe causou as piores feridas. Ela deve ter sentido isso em carne viva quando foi secretária particular e braço direito de seu pai, aos vinte e oito anos, e esteve entre os ventos cruzados do poder. Seus amigos — incontáveis — disseram que era uma das pessoas mais inteligentes que conheceram, que tinha um grau de informação insuspeitável, uma capacidade analítica assombrosa e a faculdade divina de perceber até as terceiras intenções das pessoas. Seus inimigos dizem sem meias palavras que ela foi um germe de perturbação atrás do trono. Outros pensam, por seu lado, que ela descuidou de sua própria sorte pelo impulso de preservar a de seu pai acima de tudo e contra todos, e chegou a ser instrumento de áulicos e aduladores.

Havia nascido no dia 8 de março de 1950, sob o inclemente signo de Peixes, quando seu pai já estava na linha de espera para a presidência da república. Foi uma líder nata onde quer que tenha estado: no Colégio Andino de Bogotá, no Sacred Heart de Nova York, e na Universidad de Santo Tomás de Aquino, também em Bogotá, onde terminou o curso de direito sem esperar o diploma.

A chegada tardia ao jornalismo — que por sorte é o poder sem trono — deve ter sido para ela um reencontro com o melhor de si mesma. Fundou a revista *Hoy x Hoy* e o telejornal *Criptón* como um caminho mais direto para trabalhar pela paz. "Já não estou em idade de brigar com ninguém, nem tenho ânimo para arrumar encrencas — disse então. — Agora sou totalmente conciliadora." Tanto, que se sentou para conversar pela paz com Carlos Pizarro, o comandante do M-19, que havia lançado um foguete de guerra quase dentro do quarto onde o presidente Turbay estava. A amiga que contou a história diz, morrendo de rir: "Diana entendeu que aquilo era para ser feito ao estilo de um jogador de xadrez e não de um lutador de boxe aos murros contra o mundo."

Portanto, era natural que seu sequestro tivesse — além de sua carga humana — um peso político que o tornava difícil de lidar. O ex-presidente Turbay havia dito em público e em particular que não tinha notícia alguma dos Extraditáveis, porque isso lhe pareceu o mais prudente enquanto não se soubesse o que eles pretendiam, mas na verdade tinha recebido um recado pouco depois do sequestro de Francisco Santos. Comunicou isso a Hernando Santos assim que ele voltou da Itália, e convidou-o a ir à sua casa para planejar uma ação conjunta. Santos encontrou-o na penumbra de sua biblioteca imensa, abrumado pela certeza de que Diana e Francisco seriam executados. O que mais impressionou o visitante — como todos aqueles que viram Turbay naquela época — foi a dignidade com que enfrentava a desgraça.

A carta dirigida aos dois eram três folhas escritas a mão em letra de fôrma, sem assinatura e com uma introdução surpreendente: "Queiram receber de nós, os Extraditáveis, uma respeitosa saudação." A única coisa que não permitia duvidar da autenticidade da carta era seu estilo conciso, direto e sem equívocos, próprio de Pablo Escobar. Começava por assumir o sequestro dos jornalistas, os quais, segundo a carta, se encontravam "em bom estado de saúde e nas boas condições de cativeiro que podem ser consideradas normais nestes casos". O resto era um memorial de ataques pelos atropelos da polícia. No final, apresentavam três pontos irrenunciáveis para a libertação dos reféns: suspensão total das operações militares contra eles em Medellín e Bogotá, retirada do Corpo de Elite, que era a unidade especial da polícia contra o narcotráfico; destituição de seu comandante e de mais vinte oficiais, que eram apontados como autores das torturas e do assassinato de uns quatrocentos jovens da região nordeste de Medellín. Se não fossem atendidas essas condições, os Extraditáveis iniciariam uma guerra de extermínio, com atentados a dinamite nas grandes cidades e assassinatos de juízes, políticos e jornalistas. A conclusão era simples: "Se vier um golpe de Estado, bem-vindo. Já não temos muito a perder."

A resposta escrita e sem diálogos prévios devia ser entregue três dias depois no Hotel Intercontinental de Medellín, onde haveria um quarto reservado em nome de Hernando Santos. Os intermediários para os contatos seguintes seriam indicados pelos próprios Extraditáveis. Santos adotou a decisão de Turbay de não divulgar essa mensagem nem nenhuma outra seguinte enquanto não tivessem uma notícia consistente. "Não podemos nos prestar a levar recados ao presidente — concluiu Turbay — nem de ir além do que o decoro nos permita."

Turbay propôs a Santos que cada um escrevesse, em separado, uma resposta, e que depois as fundissem numa carta comum. Assim fizeram. O resultado, em essência, foi uma declaração formal de que não tinham nenhum poder para interferir nos assuntos do governo, mas estavam dispostos a divulgar qualquer violação das leis ou dos direitos humanos que os Extraditáveis denunciassem com provas terminantes. Quanto às operações da polícia, lembravam que não tinham faculdade alguma para impedi-las, nem podiam pretender que se destituísse sem provas os vinte oficiais acusados, nem escrever editoriais contra uma situação que ignoravam.

Aldo Buenaventura, tabelião público, taurófilo febril desde os seus anos remotos no Liceo Nacional de Zipaquirá, velho amigo de Hernando Santos e de sua absoluta confiança, levou a carta de resposta. Mal acabara de ocupar o quarto 308, reservado no Hotel Intercontinental, quando o telefone tocou.

— O senhor é o sr. Santos?
— Não — respondeu Aldo —, mas venho da parte dele.
— Trouxe a encomenda?

A voz soava com tanta propriedade que Aldo se perguntou se não seria Pablo Escobar ao vivo e em pessoa, e respondeu que sim. Dois jovens com trajes e modos de executivos subiram ao quarto. Aldo entregou-lhes a carta. Eles apertaram sua mão num gesto de cortesia e foram embora.

Em menos de uma semana Turbay e Santos receberam a visita do advogado antioquenho Guido Parra Montoya com uma nova carta dos Extraditáveis. Parra não era um desconhecido nos meios políticos de Bogotá, mas sempre parecia vir das sombras. Tinha quarenta e oito anos, havia estado duas vezes na Câmara de Deputados como suplente de dois liberais e uma vez como titular pela Alianza Nacional Popular (Anapo), que deu origem ao M-19. Foi assessor do escritório jurídico da presidência da república no governo de Carlos Lleras Restrepo. Em Medellín, onde exerceu o direito desde a sua juventude, foi preso no dia 10 de maio de 1990 por suspeita de cumplicidade com o terrorismo e libertado duas semanas depois por falta de provas. Apesar deste e de outros tropeços, era considerado um jurista experiente e um bom negociador.

No entanto, como enviado confidencial dos Extraditáveis parecia difícil imaginar alguém menos indicado para passar despercebido. Era um homem desses que levam a sério as condecorações. Usava ternos cinza-prata, que eram o uniforme dos executivos da época, com camisas berrantes e gravatas juvenis com laços grandes à moda italiana. Tinha maneiras cerimoniosas e uma retórica ribombante, e era, mais que afável, obsequioso. Condição suicida quando se quer servir ao mesmo tempo a dois senhores. Na presença de um ex-presidente liberal e do diretor do jornal mais importante do país, sua eloquência transbordou. "Ilustre doutor Turbay, meu distinto doutor Santos, disponham de mim para o que quiserem", disse, e incorreu num desses descuidos que poderiam custar-lhe a vida:

— Sou o advogado de Pablo Escobar.

Hernando pegou o erro no ar.

— Quer dizer que é dele a carta que nos trouxe?

— Não — remediou Guido Parra sem pestanejar: — é dos Extraditáveis, mas a resposta dos senhores deve ser para Escobar, porque ele pode influir nas negociações.

A diferenciação era importante, porque Escobar não deixava rastros para a justiça. Nas cartas que podiam comprometê-lo, como nas de negociações de sequestros, a escrita era disfarçada com letras de fôrma e essas vinham assinadas pelos Extraditáveis ou com qualquer nome próprio: Manuel, Gabriel, Antonio. Mas naquelas em que se erguia como acusador, usava a sua caligrafia natural e um tanto pueril, e além de assinar com seu próprio nome e rubricar, arrematava com a impressão digital do seu polegar. No tempo dos sequestros de jornalistas teria sido razoável pôr em dúvida a sua própria existência. Era possível que os Extraditáveis não passassem de um pseudônimo dele, mas também era possível o contrário: talvez o nome e a identidade de Pablo Escobar não fossem mais que uma representação dos Extraditáveis.

Guido Parra parecia estar sempre preparado para ir além daquilo que os Extraditáveis propunham por escrito. Mas era preciso ler com uma lupa. O que na realidade buscava para seus clientes era um tratamento político similar ao das guerrilhas. Além disso, defendia de modo frontal a internacionalização do problema dos narcóticos, com a proposta de apelar para a participação das Nações Unidas. Mas diante da negativa rotunda de Santos e de Turbay, propôs diversas fórmulas alternativas. Assim iniciou-se um processo tão longo quanto estéril, que terminaria num beco sem saída.

Santos e Turbay tiveram contato pessoal com o presidente da república desde o segundo comunicado. Gaviria recebeu-os às oito e meia da noite na saleta da biblioteca privada. Estava mais sereno que de costume, e com desejo de conhecer notícias novas dos reféns. Turbay e Santos lhe informaram das duas cartas de ida e volta e da mediação de Guido Parra.

— Péssimo enviado — disse o presidente. — Muito inteligente, bom advogado, porém extremamente perigoso. Mas tem apoio total de Escobar.

Leu as cartas com a força de concentração que impressionava a todos: como se ficasse invisível. Quando terminou, seus comentários estavam prontos e completos, e com as conjecturas pertinentes às quais não sobrava uma palavra. Contou a eles que nenhum serviço de inteligência tinha a menor ideia de onde os reféns poderiam estar. Assim, a única novidade para o presidente foi a confirmação de que estavam em poder de Pablo Escobar.

Naquela noite Gaviria deu uma prova de sua habilidade de pôr tudo em dúvida antes de adotar uma determinação final. Acreditava na possibilidade de que as cartas fossem falsas, de que Guido Parra estivesse fazendo um jogo alheio, e mesmo de que tudo fosse uma jogada de alguém que não tinha nada a ver com Escobar. Seus interlocutores saíram menos animados do que quando entraram, pois, pelo visto, o presidente considerava o caso um grave problema de Estado com muito pouca margem para os sentimentos pessoais.

Uma dificuldade principal para um acordo era que Escobar ia mudando as condições segundo a evolução de seus problemas, para alongar os sequestros e obter vantagens adicionais e imprevistas, enquanto a Assembleia Constituinte se pronunciava sobre a extradição, e talvez sobre o indulto. Isso nunca ficou claro na correspondência astuta que Escobar mantinha com as famílias dos sequestrados. Mas sim na muito secreta que ele mantinha com Guido Parra para instruí-lo sobre o movimento estratégico e as perspectivas a longo prazo da negociação. "É bom que você transmita todas as inquietações a Santos para que esta história não se enrole ainda mais — dizia em uma carta. — Isso porque tem que estar escrito e decretado que não nos extraditarão em nenhum caso, por nenhum delito e a nenhum país." Também exigia mais precisão no requisito da confissão para a entrega. Outros dois pontos primordiais eram a vigilância no cárcere especial e a segurança de suas famílias e seus sequazes.

A amizade de Hernando Santos com o ex-presidente Turbay, que havia se baseado sempre em um alicerce político, tornou-se então pessoal e profunda. Podiam permanecer muitas horas sentados um diante do outro em absoluto silêncio. Não se passava um dia sem que trocassem por telefone impressões íntimas, suposições secretas, dados novos. Chegaram a elaborar um código cifrado para as notícias confidenciais.

Não deve ter sido fácil. Hernando Santos é um homem de responsabilidades descomunais, que com uma só palavra poderia salvar ou destruir uma vida. É emocional, de nervos crispados, e com uma consciência tribal que pesa muito em suas determinações. Quem conviveu com ele durante o sequestro de seu filho temeu que não sobrevivesse à aflição. Não comeu, não dormiu uma noite completa, manteve-se sempre com o telefone ao alcance da mão, e saltava em cima dele ao primeiro toque. Durante aqueles meses dolorosos teve muito poucos momentos sociais, submeteu-se a um programa de ajuda psiquiátrica para resistir à morte do filho, que acreditava inevitável, e viveu recluído em seu escritório ou em seus aposentos, entregue ao exame de sua estupenda coleção de selos e de cartas chamuscadas em acidentes aéreos. Sua esposa, Elena Calderón, mãe de seus sete filhos, tinha morrido sete anos antes, e ele estava realmente sozinho. Seus problemas de coração e da vista se agravaram, e não fazia nenhum esforço para reprimir o pranto. Seu mérito exemplar em circunstâncias tão dramáticas foi manter o jornal à margem da sua tragédia pessoal.

Um de seus apoios essenciais naquela época amarga foi a força de sua nora Maria Victoria. A lembrança que lhe ficou dos dias imediatos ao sequestro era o de sua casa invadida por parentes e amigos de seu marido tomando uísque e café estendidos pelos tapetes até bem tarde da noite. Falavam sempre da mesma coisa, enquanto o impacto do sequestro e da própria imagem do sequestrado iam se tornando cada vez mais tênues. Quando Hernando regressou da Itália foi direto à casa de Maria Victoria e a cumprimentou com uma emoção que terminou de derrubá-la, mas quando precisou tratar de algo confidencial sobre o sequestro pediu-lhe que o deixasse sozinho com os homens. Maria Victoria, que é de caráter forte e reflexões maduras, tomou consciência de ter sido sempre uma figura marginal numa família de homens. Chorou um dia inteiro, mas saiu fortalecida com a determinação de ter sua identidade e seu lugar na casa. Hernando não apenas entendeu suas razões, mas recriminou-se por seus próprios descuidos — e encontrou nela o melhor apoio para suas penas. A partir de então mantiveram um vínculo de confiança invencível, fosse por contato direto, por telefone, por escrito, por algum intermediário ou até por telepatia, pois mesmo nos conselhos de família mais intrincados bastava uma troca de olhares para saber o que pensavam e o que deviam dizer. Ela teve ideias muito boas, entre outras a de publicar no jornal notas editoriais para compartilhar com Pacho notícias divertidas da vida familiar.

As vítimas menos recordadas foram Liliana Rojas Arias — esposa do cinegrafista Orlando Acevedo — e Martha Lupe Rojas — mãe de Richard Becerra. Embora não fossem amigas próximas, nem parentes — apesar do sobrenome —, o sequestro as tornou inseparáveis. "Não tanto pela dor — disse Liliana — mas para fazer companhia uma à outra."

Liliana estava amamentando Erick Yesid, seu filho de um ano e meio, quando lhe avisaram do noticiário *Criptón* que a equipe inteira de Diana Turbay havia sido sequestrada. Tinha vinte e quatro anos, havia se casado fazia três, e morava no segundo andar da casa de seus sogros, no bairro de San Andrés, no sul de Bogotá. "É uma moça tão alegre — disse uma amiga — que não merecia uma notícia tão ruim." E além de alegre, original, pois quando se restabeleceu do primeiro impacto colocou o menino na frente do televisor na hora dos noticiários para que visse o pai, e continuou fazendo isso sem falta até o fim do sequestro.

Tanto ela como Martha Lupe foram avisadas de que o noticiário iria continuar a ajudá-las, e quando o menino de Liliana ficou doente os responsáveis pelo programa se encarregaram de todas as despesas. Nydia Quintero também telefonou para as duas, para tentar transmitir-lhes uma tranquilidade que ela mesma nunca teve. Prometeu-lhes que qualquer encaminhamento que fizesse junto ao governo não seria apenas por sua filha e sim pela equipe inteira, e que repassaria a elas toda informação que tivesse dos sequestrados. E foi o que fez.

Martha Lupe vivia com suas duas filhas, que tinham então catorze e onze anos, e dependia de Richard. Quando ele partiu com o grupo de Diana avisou que era uma viagem de três dias, e por isso depois da primeira semana ela começou a se inquietar. Não acredita que tenha sido uma premonição, disse, mas a verdade é que telefonava para o noticiário a qualquer hora, até que lhe deram a notícia de que algo estranho havia acontecido. Pouco depois tornou-se público que o grupo havia sido sequestrado. A partir de então deixou o rádio ligado o dia inteiro à espera do regresso, e telefonou para a redação do telejornal toda vez que seu coração indicou que deveria fazê-lo. Estava inquieta com a ideia de que seu filho era o menos valioso dos sequestrados. "Mas não podia fazer nada além de chorar e rezar", diz. Nydia Quintero convenceu-a de que podia fazer muitas outras coisas pela libertação. Convidava-a para os seus atos cívicos e religiosos, e inculcou-lhe seu espírito de luta. Liliana achava a mesma coisa a respeito de Orlando, e isso a encerrou num dilema: ele podia ser o último executado por ter menor valor, ou o primeiro, porque poderia provocar a mesma comoção pública mas com menos consequências para os sequestradores. Este pensamento a lançou num pranto irresistível que se prolongou durante todo o sequestro. "Todas as noites, depois de deitar o bebê, eu me sentava para chorar no terraço, olhando a porta para vê-lo chegar", disse. "E continuei assim durante noites e noites, até que tornei a vê-lo."

Em meados de outubro o doutor Turbay passou por telefone um de seus recados cifrados a Hernando Santos em seu código pessoal. "Tenho uns jornais muito bons, se você tiver interesse na questão dos touros. Se quiser, posso mandá-los até aí." Hernando entendeu que era uma novidade importante sobre os sequestrados. Tratava-se de uma fita cassete que chegara à casa do doutor Turbay, despachada por correio em Montería, com uma prova de sobrevivência de Diana e de seus companheiros, que a família havia pedido com insistência fazia várias semanas. A voz era inconfundível: *Papai, é difícil enviar uma mensagem nestas condições mas depois de pedir muito nos deram permissão.* Só uma frase dava pistas para ações futuras: *Vemos e ouvimos notícias permanentemente.*

O doutor Turbay decidiu mostrar a mensagem ao presidente e tratar de obter algum indício novo. Gaviria recebeu-os logo ao final de suas tarefas do dia, sempre na biblioteca da ala residencial do palácio, e estava relaxado e com uma loquacidade pouco frequente. Fechou a porta, serviu uísque e se permitiu algumas confidências políticas. O processo da entrega parecia estancado pela teimosia dos Extraditáveis, e o presidente estava disposto a desencalhá-lo com alguns esclarecimentos jurídicos no decreto original. Havia trabalhado naquilo a tarde inteira, e confiava que se resolveria naquela mesma noite. No dia seguinte, prometeu, daria aos dois a boa notícia.

No outro dia voltaram, de acordo com o combinado, e encontraram um homem diferente, desconfiado e sombrio, com quem iniciaram desde a primeira frase uma conversa sem futuro. "É um momento muito difícil — disse Gaviria. — Quis ajudá-los e trabalhei nisso dentro do possível, mas está chegando o momento em que não vou poder fazer mais nada." Estava claro que algo essencial havia mudado em seu ânimo. Turbay percebeu isso no mesmo instante, e não haviam se passado dez minutos quando ele se levantou da poltrona com uma calma solene. "Presidente — disse Turbay sem uma sombra de ressentimento. — O senhor está agindo como deve, e nós como pais de família. Eu entendo isso e lhe peço que não faça nada que possa lhe criar algum problema como chefe de Estado." E concluiu apontando para a poltrona presidencial.

— Se eu estivesse sentado ali faria a mesma coisa.

Gaviria se levantou com uma palidez impressionante e despediu-se dos dois no elevador. Um ajudante de ordens desceu com eles e abriu a porta do automóvel na entrada da ala residencial. Ninguém falou, até que saíram à boca da noite de um outubro chuvoso e triste. O fragor do trânsito na avenida chegava a eles em surdina através dos vidros blindados do automóvel.

— Por este lado, não há nada que possa ser feito — suspirou Turbay depois de uma longa meditação. — Entre ontem à noite e hoje aconteceu alguma coisa que ele não pode nos contar.

Aquela dramática reunião com o presidente determinou que dona Nydia Quintero aparecesse em primeiro plano. Tinha sido casada com o ex-presidente Turbay Ayala, seu tio, com quem teve quatro filhos, entre eles Diana, a mais velha. Sete anos antes do sequestro, o seu casamento com o ex-presidente havia sido anulado pela Santa Sé, e ela casou-se em segundas núpcias com o deputado liberal Gustavo Balcázar Monzón. Por sua experiência como primeira-dama conhecia os limites formais de um ex-presidente, sobretudo em suas relações com um antecessor. "A única coisa que precisava ser feita — disse Nydia — era mostrar ao presidente Gaviria sua obrigação e suas responsabilidades." E foi isso que ela tentou, mesmo sem muitas ilusões.

Sua atividade pública, ainda antes de que o sequestro fosse oficializado, atingiu proporções incríveis. Havia organizado a ocupação dos noticiários de rádio e televisão em todo o país por grupos de crianças que liam um apelo para que os reféns fossem libertados. No dia 19 de outubro, "Dia da Reconciliação Nacional", ela conseguiu que houvesse missas ao meio-dia nas cidades e municípios para rogar pela concórdia entre os colombianos. Em Bogotá o ato aconteceu na praça Bolívar, e na mesma hora houve manifestações de paz com lenços brancos em numerosos bairros e acendeu-se uma tocha que se manteria acesa até o regresso dos reféns sãos e salvos. Por gestão dela os noticiários da televisão iniciavam suas transmissões com as fotos de todos os sequestrados, fazia-se a conta dos dias de cativeiro e iam retirando os retratos correspondentes à medida que eram libertados. Também por iniciativa dela era feito um chamado pela libertação dos reféns no começo dos jogos de futebol em todo o país. A miss Colômbia de 1990, Maribel Gutiérrez, iniciou seu discurso de agradecimento apelando pela libertação dos sequestrados.

Nydia ia às reuniões familiares dos outros sequestrados, escutava os advogados, fazia contatos secretos através da fundação *Solidaridad por Colombia*, que preside há vinte anos, e durante quase todo o tempo sentiu-se dando voltas ao redor de nada. Aquilo era demais para seu caráter decidido e apaixonado, e de uma sensibilidade quase clarividente. Ficou pendente das gestões de todos até perceber que estavam num beco sem saída. Nem Turbay nem Hernando Santos, nem ninguém de tanto peso poderia pressionar o presidente para que negociasse com os sequestradores. Esta certeza lhe pareceu definitiva quando o doutor Turbay contou do fracasso de sua última visita ao presidente. Então tomou a determinação de agir por conta própria, e abriu uma segunda frente de negociações para buscar o caminho da libertação de sua filha pelo caminho mais curto.

Naqueles dias a fundação *Solidaridad por Colombia* recebeu em seu escritório de Medellín um telefonema anônimo de alguém que dizia ter notícias diretas de Diana. Contou que um ex-colega que estava num sítio vizinho a Medellín tinha colocado no cesto de verduras um papelzinho, dizendo que Diana estava lá. E que os guardiães dos sequestrados se afogavam em cerveja até rodar pelo chão enquanto viam futebol, sem nenhuma possibilidade de reação diante de uma operação de resgate. Para maior segurança oferecia mandar um croqui do sítio. Era um recado tão convincente que Nydia viajou a Medellín para respondê-lo. "Pedi ao informante — disse ela — que não comentasse a informação com ninguém, e mostrei a ele o perigo para a minha filha e mesmo para os seus guardiães se alguém tentasse um resgate."

A notícia de que Diana estava em Medellín lhe sugeriu a ideia de fazer uma visita a Martha Nieves e Angelita Ochoa, irmãs de Jorge Luis, Fabio e Juan David Ochoa, acusados de tráfico de drogas e enriquecimento ilícito e conhecidos como amigos pessoais de Pablo Escobar. "Eu ia com o desejo veemente de que me ajudassem no contato com Escobar", disse Nydia anos depois, evocando aqueles dias amargos. As irmãs Ochoa falaram dos atropelos que suas famílias haviam padecido nas mãos da polícia, escutaram sua história com interesse e mostraram compaixão pelo seu caso, mas também disseram que não podiam fazer nada em relação a Pablo Escobar.

Martha Nieves sabia o que era um sequestro. Ela mesma havia sido sequestrada pelo M-19 em 1981, para pedir à sua família um resgate de muitos zeros. Escobar reagiu com a criação de um grupo brutal — Morte aos Sequestradores (MAS) — que conseguiu sua libertação após três meses de guerra sangrenta contra o M-19. Sua irmã Angelita também se considerava vítima da violência policial, e as duas fizeram uma contagem exaustiva dos abusos da polícia, das violações de domicílio, dos incontáveis atentados aos direitos humanos.

Nydia não perdeu o ímpeto de continuar lutando. Em última instância, pediu que pelo menos levassem uma carta a Escobar. Havia mandado uma primeira por intermédio de Guido Parra, mas não obteve resposta. As irmãs Ochoa negaram-se a enviar outra, pelo risco de que Escobar viesse a acusá-las mais tarde de terem causado algum prejuízo a ele. No entanto, no final da visita estavam sensibilizadas pela veemência de Nydia, que regressou a Bogotá com a certeza de ter deixado uma porta entreaberta em dois sentidos: em um, para a libertação de sua filha, e em outro, para a entrega pacífica à justiça dos três irmãos Ochoa. Por isso lhe pareceu oportuno informar em pessoa ao presidente sobre seus passos.

Foi recebida no ato. Nydia foi direto ao assunto com as queixas das irmãs Ochoa em relação ao comportamento da polícia. O presidente deixou-a falar, enquanto fazia algumas perguntas soltas, mas todas muito pertinentes. Seu propósito evidente era não dar às acusações a transcendência que Nydia estava dando. Quanto ao caso em si, Nydia queria três coisas: que libertassem os sequestrados, que o presidente tomasse as rédeas para impedir uma operação de resgate que poderia ser funesta, e que ampliasse o prazo para a entrega dos Extraditáveis. A única certeza que o presidente lhe deu foi que nem no caso de Diana nem no de qualquer outro sequestrado seria tentado um resgate sem a autorização das famílias.

— Esta é a nossa política — disse ele.

Mesmo assim, Nydia se perguntava se o presidente teria tomado as precauções suficientes para que ninguém tentasse alguma coisa sem a sua autorização.

Menos de um mês depois Nydia tornou a conversar com as irmãs Ochoa, na casa de uma amiga comum. Visitou também uma cunhada de Pablo Escobar, que lhe falou de forma extensa sobre os atropelos de que ela e seus irmãos eram vítimas. Nydia levava uma carta para Escobar, em duas folhas e meia de papel tamanho ofício, quase sem margens, com uma caligrafia florida e um estilo correto e expressivo após muitos rascunhos. Seu propósito atinado era chegar ao coração de Escobar. Começava por dizer que não se dirigia ao combatente capaz de qualquer coisa para alcançar seus objetivos, mas a Pablo, o homem, "esse ser sensível que adora a mãe e daria sua própria vida por ela, que tem esposa e pequenos filhos inocentes e indefesos a quem deseja proteger". Ela entendia que Escobar havia apelado para o sequestro de jornalistas com a intenção de chamar a atenção da opinião pública em favor de sua causa, mas considerava que já havia conseguido isso de sobra. Em consequência — concluía a carta — "mostre-se como o ser humano que é e, num ato grande e humanitário que o mundo entenderá, devolva os nossos sequestrados".

A cunhada de Escobar parecia emocionada de verdade enquanto lia a carta. "Tenha a certeza absoluta de que esta carta vai comovê-lo muitíssimo — disse como para si mesma, numa pausa. — Tudo que a senhora está fazendo o comove e isso redundará a favor de sua filha." Por fim dobrou outra vez a carta, colocou-a no envelope e ela mesma fechou.

— Vá tranquila — disse para Nydia com uma sinceridade que não deixava dúvidas. — Pablo receberá esta carta hoje mesmo.

Naquela noite Nydia regressou a Bogotá com esperança nos resultados da carta e decidida a pedir ao presidente aquilo que o doutor Turbay não havia se atrevido: uma pausa nas operações policiais enquanto se negociava a libertação dos presos. Pediu, e Gaviria respondeu sem preâmbulos que não podia dar essa ordem. "Uma coisa era oferecermos uma política de justiça como alternativa — disse mais tarde. — Mas a suspensão das operações não teria servido para libertar os sequestrados, e sim para que não perseguíssemos Escobar."

Nydia sentiu que estava na presença de um homem de pedra que não se importava com a vida de sua filha. Teve que reprimir uma onda de raiva enquanto o presidente explicava que a questão da força pública não era negociável, que a força pública não precisava pedir licença para agir e que ele não podia ordenar que ela não agisse dentro dos limites da lei. A visita foi um desastre.

Diante da inutilidade de suas conversações com o presidente da república, Turbay e Santos haviam decidido bater em outras portas, e não lhes ocorreu outra melhor que a dos Notáveis. Este grupo era formado pelos ex-presidentes Alfonso López Michelsen e Misael Pastrana, pelo parlamentar Diego Montaña Cuéllar e pelo cardeal Mario Revollo Bravo, arcebispo de Bogotá. Em outubro os familiares dos sequestrados se reuniram com eles na casa de Hernando Santos. Começaram por contar as reuniões com o presidente Gaviria. Delas, a única coisa que de verdade interessou a López Michelsen foi a possibilidade de reformar o decreto com detalhes jurídicos para abrir novas portas à política de submissão. "É preciso entrar firmes", disse ele. Pastrana mostrou-se partidário de buscar fórmulas para pressionar a entrega. Mas com que armas? Hernando Santos recordou a Montaña Cuéllar que ele podia mobilizar a seu favor a força da guerrilha.

Após um intercâmbio longo e bem-informado, López Michelsen chegou à primeira conclusão. "Vamos seguir o jogo dos Extraditáveis", disse. E propôs, em consequência, fazer uma carta pública para que se soubesse que os Notáveis tinham assumido o posto de porta-vozes das famílias dos sequestrados. Todos concordaram em que a carta fosse redigida por López Michelsen.

Dois dias mais tarde a primeira versão estava pronta e foi lida em uma nova reunião, à qual compareceu Guido Parra em companhia de outro advogado de Escobar. Nesse documento era exposta pela primeira vez a tese de que o narcotráfico podia ser considerado um delito coletivo, de caráter *sui generis*, que apontava um caminho inédito para a negociação. Guido Parra deu um salto.

— Um delito *sui generis* — exclamou maravilhado. — Isso é genial!

A partir dali elaborou o conceito à sua maneira, como um privilégio celestial na fronteira nebulosa entre o delito comum e o delito político, que tornava possível o sonho de que os Extraditáveis tivessem o mesmo tratamento político dado às guerrilhas. Na primeira leitura cada um deu sua contribuição. No final, um dos advogados de Escobar solicitou que os Notáveis conseguissem uma carta de Gaviria que garantisse a vida de Escobar de modo expresso e inequívoco.

— Lamento — disse Hernando Santos, escandalizado pelo pedido —, mas nisso eu não me meto.

— Muitíssimo menos eu — disse Turbay.

López Michelsen negou-se de modo enérgico. O advogado pediu então que lhe conseguissem uma entrevista com o presidente para que ele lhes desse de palavra a garantia para Escobar.

— Não tratamos esse assunto aqui — concluiu López.

Antes de que os Notáveis se reunissem para redigir o rascunho de sua declaração, Pablo Escobar já estava informado das suas intenções mais recônditas. Só assim se explica que tivesse dado orientações extremas a Guido Parra numa carta aflitiva. "Dou autonomia para você procurar a forma de que os Notáveis o convidem para uma troca de ideias", havia escrito. E em seguida enumerou uma série de decisões já tomadas pelos Extraditáveis para se antecipar a qualquer iniciativa diferente.

A carta dos Notáveis estava pronta em vinte e quatro horas, com uma novidade importante em relação às iniciativas anteriores. "Nossos bons ofícios adquiriram uma nova dimensão, que não se circunscreve a um resgate ocasional e sim à maneira de alcançar a paz global para todos os colombianos." Era uma definição nova que só podia aumentar as esperanças. O presidente Gaviria achou que estava bem, mas considerou pertinente estabelecer uma separação de águas para evitar qualquer equívoco sobre a posição oficial e instruiu o ministro da Justiça para que emitisse uma advertência de que a política de submissão à lei era a única do governo para a rendição dos terroristas.

Escobar não gostou de uma única linha. Assim que leu os jornais no dia 11 de outubro, mandou uma resposta furibunda a Guido Parra para que ele fizesse circular nos salões de Bogotá. "A carta dos Notáveis é quase cínica — dizia ele. — Que soltemos logo os reféns porque o governo está demorando a estudar o nosso caso. Será que estão pensando que nós vamos nos deixar enganar de novo?" A posição dos Extraditáveis, dizia, era a mesma da primeira mensagem. "Não havia por que mudar, já que não obtivemos respostas positivas às solicitações da primeira carta. Isto é um negócio e não um jogo para saber quem é mais esperto e quem é mais bobo."

A verdade é que naquele momento Escobar estava vários anos-luz à frente dos Notáveis. Sua pretensão de então é que o governo designasse um território próprio e seguro — um acampamento-cárcere, como ele dizia — igual ao que o M-19 obteve enquanto terminavam os trâmites da rendição. Fazia mais de uma semana que havia mandado uma carta detalhada para Guido Parra sobre o cárcere especial que queria para si. Dizia que o lugar perfeito, a doze quilômetros de Medellín, era uma fazenda sua registrada em nome de um testa de ferro e que o município de Envigado podia arrendar para transformar em cárcere. "Como isto requer gastos, os Extraditáveis pagariam uma mensalidade de acordo com os custos", dizia mais adiante. E terminava com um palavrório assombroso: "Estou dizendo tudo isso porque desejo que você procure o prefeito de Envigado em meu nome e explique a ideia. Mas quero que lhe diga para mandar uma carta pública ao ministro da Justiça dizendo que ele pensa que os Extraditáveis não recorreram ao 2047 porque temem pela sua segurança, e que o município de

Envigado, como uma contribuição para a paz do povo da Colômbia, está capacitado para organizar um cárcere especial que ofereça proteção e segurança à vida de quem se entregar. Fale com ele cara a cara e com clareza, para que falem com Gaviria e proponham o acampamento." O propósito declarado na carta era obrigar o ministro da Justiça a responder de público. "Eu sei que isso será uma bomba", dizia a carta de Escobar. E terminava com o maior atrevimento: "Com isso vamos chegando ao que queremos."

No entanto, o ministro rejeitou a oferta nos termos em que estava apresentada e Escobar se viu obrigado a baixar o tom em outra carta, na qual pela primeira vez oferecia mais do que exigia. Em troca do acampamento-cárcere prometia resolver os conflitos entre os diferentes cartéis, bandos e grupos, assegurar a rendição de mais de uma centena de traficantes arrependidos e abrir enfim uma brecha definitiva para a paz. "Não estamos pedindo indulto, nem diálogo, nem nada do que eles dizem que não podem dar", dizia. Era uma oferta simples de rendição, "enquanto todo mundo neste país está pedindo diálogo e tratamento político". Desprezou até o que lhe era mais caro: "Eu não tenho problemas com a extradição, pois sei que se chegam a me pegar vivo me matam, como fizeram com todos os outros."

Sua tática de então era cobrar com favores enormes o correio dos sequestrados. "Diga ao senhor Santos — dizia em outra carta — que se quiser provas da sobrevivência de Francisco, que publique primeiro o relatório da America's Watch, uma entrevista com Juan Méndez, seu diretor, e um relatório sobre os massacres, as torturas e os desaparecimentos em Medellín." Mas naquela altura Hernando Santos já havia aprendido a lidar com a situação. Percebia que aquele ir e vir de propostas e contrapropostas lhe estava causando um grande desgaste, mas também em seus adversários. Entre eles, Guido Parra, que no final de outubro estava num estado de nervos difícil de se resistir. Sua resposta a Escobar foi de que não publicaria nem uma linha nem tornaria a receber seu emissário enquanto não tivesse uma prova definitiva de que seu filho estava vivo. Alfonso López Michelsen apoiou-o com a ameaça de renunciar ao grupo dos Notáveis.

Aquilo foi eficaz. Ao final de duas semanas Guido Parra telefonou de alguma pensão de beira de estrada para Hernando Santos. "Estou indo de carro com minha mulher, e chego na sua casa às onze — disse. — Levo a sobremesa mais deliciosa, o senhor não tem ideia de quanto eu apreciei e de quanto o senhor irá apreciar." O coração de Hernando disparou pensando que Guido estaria trazendo Francisco. Mas era só sua voz gravada num minicassete. Precisaram de mais de duas horas para ouvir a fita, porque não tinham o gravador apropriado, até que alguém descobriu que podiam escutar na secretária eletrônica.

Pacho Santos poderia ser bom em muitos ofícios, menos no de professor de dicção. Quer falar na mesma velocidade de seu pensamento, e suas ideias são atropeladas e simultâneas. A surpresa daquela noite foi o contrário. Falou devagar, com voz impostada e uma construção perfeita. Na realidade eram duas mensagens — uma para a família e outra para o presidente — que havia gravado na semana anterior.

A astúcia dos sequestradores de que Pacho gravasse as manchetes do jornal como prova da data de gravação foi um erro que Escobar não deve ter perdoado. Ao redator policial de *El Tiempo,* Luis Cañón, em compensação, deu a oportunidade de se exibir com um golpe de grande jornalismo.

— Ele está em Bogotá — disse.

Na realidade, a edição que Pacho havia lido tinha uma manchete de última hora que só entrara na edição local, cuja circulação estava limitada ao norte da cidade. A informação era ouro em pó, e teria sido decisiva se Hernando Santos não fosse contrário a um resgate armado.

Foi um instante de ressurreição para ele, sobretudo porque o conteúdo da mensagem lhe deu a certeza de que o filho cativo aprovava seu comportamento em relação ao sequestro. Além do mais, na família sempre se teve a impressão de que Pacho era o mais vulnerável dos irmãos por seu temperamento fogoso e seu espírito instável, e ninguém podia imaginar que estivesse em seu melhor juízo e com tanto domínio de si após sessenta dias de cativeiro.

Hernando convocou a família inteira à sua casa e fez com que escutassem a mensagem até a luz do amanhecer. Só Guido sucumbiu em seus tormentos. Chorou. Hernando aproximou-se para animá-lo, e no suor de sua camisa empapada reconheceu o cheiro do pânico.

— Quem vai me matar não é a polícia — disse Guido Parra através das lágrimas. — Vai ser Pablo Escobar, porque eu sei demais.

Maria Victoria não se comoveu. Achava que Parra brincava com os sentimentos de Hernando, explorava sua debilidade e concedia uma coisa por um lado para arrancar mais pelo outro. Guido Parra deve ter percebido em algum momento da noite que ela pensava assim, porque disse a Hernando: "Essa mulher é como uma pedra de gelo."

Assim estavam as coisas no dia 7 de novembro, quando sequestraram Maruja e Beatriz. Os Notáveis perderam o rumo. No dia 22 de novembro — tal como tinha anunciado — Diego Montaña Cuéllar propôs aos seus companheiros a liquidação do grupo, e eles entregaram ao presidente, em sessão solene, suas conclusões sobre as petições dos Extraditáveis.

Se o presidente Gaviria esperava que o decreto de submissão provocasse uma rendição maciça e imediata dos narcotraficantes, deve ter se decepcionado. Mas isso não ocorreu. As reações da imprensa, dos meios políticos, de juristas importantes, e mesmo algumas das propostas dos advogados dos Extraditáveis, deixaram claro que o decreto 2047 precisava ser reformado. Para começar, ficava aberta demais a possibilidade de que qualquer juiz interpretasse à sua maneira o tratamento da extradição. Outra falha era que as provas decisivas contra os narcotraficantes estavam no exterior, mas toda a cooperação com os Estados Unidos tinha-se tornado crítica, e os prazos para obtê-las eram demasiado estreitos. A solução — que não estava no decreto — era aumentar os prazos e atribuir à presidência da república a responsabilidade de ser o interlocutor para trazer as provas ao país.

Tampouco Alberto Villamizar havia encontrado no decreto o apoio decisivo que esperava. Até aquele momento, seus intercâmbios com Santos e Turbay e suas primeiras reuniões com os advogados de Pablo Escobar haviam permitido que ele formasse uma ideia global da situação. Sua impressão à primeira vista foi de que o decreto de submissão, correto mas deficiente, deixava muito pouca margem de ação para libertar as sequestradas. Enquanto isso, o tempo passava sem qualquer notícias delas e sem uma ínfima prova de que estavam vivas. Sua única oportunidade para se comunicar tinha sido uma carta enviada por intermédio de Guido Parra, na qual dava às duas o otimismo e a certeza de que ele não tornaria a fazer nada a não ser trabalhar para libertá-las. "Eu sei que sua situação é terrível, mas fique tranquila", escreveu a Maruja.

A verdade é que Villamizar estava nas trevas. Havia esgotado todas as portas, e seu único ponto de apoio no longo novembro era a promessa de Rafael Pardo de que o presidente estava pensando num decreto complementar e de aclaração ao 2047. "Isso já está pronto", dizia. Rafael Pardo passava pela sua casa quase todas as tardes e o mantinha informado de suas atividades, mas ele mesmo não estava muito certo de como continuar. Sua conclusão a partir das lentas conversas com Santos e Turbay era de que as negociações estavam encalhadas. Não acreditava em Guido Parra. Conhecia-o desde suas andanças pelo Congresso, e achava que era oportunista e nebuloso. No entanto, boa ou má, era sua única carta, e decidiu apostar nela até o fim. Não havia outra saída e o tempo se encurtava.

Por solicitação dele, o ex-presidente Turbay e Hernando Santos convocaram Guido Parra, com a condição de que também estivesse presente o doutor Santiago Uribe, outro advogado de Escobar com uma boa reputação de seriedade. Guido Parra iniciou a conversa com suas habituais frases altissonantes, mas Villamizar obrigou-o a pôr os pés na terra logo de saída, num passe de toureiro.

— Não me venha falando merda — disse. — Vamos ao que interessa. O senhor está com tudo atolado por ficar pedindo babaquices enquanto aqui só existe um assunto: simplesmente esses caras têm que se entregar e confessar algum delito pelo qual possam pegar doze anos de cadeia. É o que diz a lei e ponto final. Em troca disso, ganham uma redução na pena e garantem as suas vidas. O resto é pura baboseira sua.

Guido Parra não teve nenhum problema em entrar no mesmo tom.

— Veja só, meu caro doutor — disse ele —, o que está acontecendo é que o governo diz que não vai extraditá-los, todo mundo diz, mas onde é que o decreto diz isso expressamente?

Villamizar concordou. Se o governo estava dizendo que não ia extraditar, já que este era o sentido da lei, a tarefa era então convencer o governo a corrigir as ambiguidades. O resto — as interpretações maneirosas do delito *sui generis*, ou a negativa a confessar, ou a imoralidade da delação — eram apenas recursos retóricos de Guido Parra. Pois estava claro que para os Extraditáveis — como seu próprio nome indicava — a única exigência real e peremptória naquele momento era a de não serem extraditados. Portanto, não lhe pareceu impossível obter essa definição para o decreto. Mas antes exigiu de Guido Parra a mesma franqueza e determinação que os Extraditáveis exigiam. Quis saber, em primeiro lugar, até que ponto Parra estava autorizado a negociar, e, segundo, quanto tempo depois de refeito o decreto os reféns seriam libertados. Guido Parra foi formal.

— Vinte e quatro horas mais tarde, estão fora — disse.
— Todos, é claro — disse Villamizar.
— Todos.

5

Um mês depois do sequestro de Maruja e de Beatriz o regime absurdo do cativeiro tinha sido rompido. Já não pediam licença para se levantar, e cada uma servia o próprio café ou mudava o canal de televisão. O que se dizia dentro do quarto continuava sendo em sussurros mas os movimentos tinham-se tornado mais espontâneos. Maruja não precisava sufocar-se com o travesseiro para tossir, embora tomasse precauções mínimas para que não fosse ouvida lá fora. O almoço e o jantar continuavam iguais, com o mesmo feijão, as mesmas lentilhas, as mesmas pelancas de carne ressecada e uma sopa ordinária de pacote.

Os guardiães falavam muito entre eles sem outra precaução além dos sussurros. Trocavam entre si notícias sangrentas, de quanto tinham ganhado por caçar policiais nas noites de Medellín, de suas proezas de macho e de seus dramas de amor. Maruja tinha conseguido convencê-los de que no caso de um resgate armado o mais realista é que as protegessem para assegurar pelo menos um tratamento digno e um julgamento compassivo. No começo pareciam indiferentes, pois eram fatalistas irredimíveis, mas a tática de abrandamento conseguiu que não mantivessem suas cativas na mira do fuzil enquanto elas dormiam e escondessem as armas enroladas com um saco de estopa atrás do televisor. Essa dependência recíproca, e o sofrimento comum, terminaram impondo às relações alguns vislumbres de humanidade.

Maruja, pelo seu temperamento, não retinha nada que pudesse magoá-la. Descarregava em cima dos vigias, que tinham sido feitos para brigar, e os encarava com uma determinação arrepiante: "Me mata." Algumas vezes descarregou em Marina, cuja complacência com os guardiães a indignava, e cujas fantasias apocalípticas a tiravam do sério. Às vezes erguia a vista, sem motivo algum, e fazia um comentário desmoralizante ou um julgamento sinistro.

— Atrás desse quintal existe uma oficina de automóveis dos mercenários — disse uma vez. — Eles estão todos lá, dia e noite, armados de carabinas, prontos para nos matar.

O tropeço mais grave, porém, ocorreu na tarde em que Marina soltou seus impropérios habituais contra os jornalistas, porque não a mencionaram num programa de televisão sobre os sequestrados.

— São todos uns filhos da puta — disse ela.

Maruja saltou para enfrentá-la.

— Essa não — replicou enfurecida. — Mais respeito.

Marina não retrucou e mais tarde, num instante de sossego, pediu desculpas. Na verdade, estava num mundo à parte. Tinha uns sessenta e quatro anos e havia sido de uma beleza notável, com uns belos olhos negros e grandes e uma cabeleira prateada que conservava seu brilho mesmo na desgraça. Era puro osso. Quando Beatriz e Maruja chegaram, ela estava há quase dois meses sem falar com ninguém além dos vigias e precisou de tempo e trabalho para assimilá-las. O medo havia feito estragos nela: perdera vinte quilos e seu moral estava no chão. Era um fantasma.

Tinha-se casado muito jovem com um fisioterapeuta muito bem qualificado no mundo esportivo, corpulento e de grande coração, que a amou sem reservas e com quem teve quatro filhas e três filhos. Era ela quem levava as rédeas em tudo, na sua casa e em algumas alheias, pois sentia-se obrigada a cuidar dos problemas de uma numerosa família antioquenha. Era como uma segunda mãe para todos, tanto por sua autoridade como por seus cuidados, mas também cuidava de qualquer estranho que tocasse o seu coração.

Mais por sua independência indomável do que por necessidade, vendia automóveis e seguros de vida — e parecia capaz de vender tudo que quisesse, só porque queria ter seu próprio dinheiro para gastar. No entanto, quem a conheceu de perto sentia pena ao ver que uma mulher com tantas virtudes naturais estivesse ao mesmo tempo sob o signo da desgraça. Seu marido ficou incapacitado durante quase vinte anos por tratamentos psiquiátricos, dois irmãos haviam morrido num terrível acidente de trânsito, outro foi fulminado por um infarto, outro esmagado pelo poste de um sinal de trânsito num acidente confuso, e outro com vocação de andarilho desapareceu para sempre.

Sua situação de sequestrada era insolúvel. Ela mesma compartilhava a ideia generalizada de que só havia sido sequestrada para que tivessem um refém de peso que pudesse ser assassinado sem frustrar as negociações da rendição. Mas o fato de estar há sessenta dias cativa talvez lhe permitisse pensar que seus verdugos vislumbrassem a possibilidade de obter algum benefício em troca de sua vida.

Chamava a atenção, porém, que mesmo em seus piores momentos ela passasse longas horas ensimesmada no cuidado meticuloso das unhas de suas mãos e de seus pés. Lixava, polia, pintava com esmalte de cor natural, de maneira que pareciam ser unhas de uma mulher mais jovem. Dedicava idêntica atenção a depilar as sobrancelhas e as pernas. Uma vez superados os obstáculos iniciais, Maruja e Beatriz a ajudavam. Aprenderam a lidar com ela. Com Beatriz mantinha conversas intermináveis sobre pessoas de quem gostavam ou não, num cochichar interminável que exasperava até os vigias. Maruja tentava consolá-la. As duas sofriam pelo fato de serem as únicas que sabiam que ela estava viva, além dos carcereiros, e não poderem contar a ninguém.

Um dos poucos alívios dessa época foi o regresso surpreendente do chefe mascarado que as havia visitado no primeiro dia. Voltou alegre e otimista, com a notícia de que poderiam ser libertadas antes do dia 9 de dezembro, data prevista para a eleição da Assembleia Constituinte. A notícia teve um significado muito especial para Maruja, pois aquele era o dia de seu aniversário e a ideia de passá-lo em família deu-lhe um júbilo prematuro. Mas foi uma ilusão efêmera: uma semana depois, o mesmo chefe disse que não só elas não seriam libertadas no dia 9 de dezembro, mas também que o sequestro ia ser longo: nem Natal, nem Ano-Novo. Foi um golpe duro para as duas. Maruja sofreu um princípio de flebite que lhe causava fortes dores nas pernas. Beatriz teve uma crise de asfixia e sua úlcera gástrica sangrou. Certa noite, enlouquecida pela dor, suplicou a Lamparina que abrisse uma exceção nas regras do cativeiro e a deixasse ir ao banheiro naquela hora. Ele autorizou depois de pensar muito, com a advertência de que corria um grave risco. Mas foi inútil. Beatriz prosseguiu com um choramingo de cão ferido, sentindo-se morrer, até que Lamparina teve piedade e conseguiu com o caseiro uma dose de *buscapina* para ela.

Apesar dos esforços que tinham feito até ali, as reféns não tinham indícios confiáveis de onde se encontravam. Pelo temor dos guardiães de que fossem ouvidas pelos vizinhos e pelos ruídos e vozes que chegavam do exterior, achavam que era um setor urbano. O galo louco que cantava a qualquer hora do dia ou da noite podia ser uma confirmação disso, porque os galos presos nos andares altos costumam perder o sentido do tempo. Com frequência ouviam diferentes vozes que gritavam de bem perto um mesmo nome: "Rafael." Os aviões de voo curto passavam rasantes e o helicóptero continuava chegando tão perto que elas sentiam que estava quase em cima da casa. Marina insistia na versão nunca provada do alto oficial do exército que controlava o andamento do sequestro. Para Maruja e Beatriz era uma fantasia a mais, porém cada vez que o helicóptero chegava as normas militares do cativeiro recuperavam seu rigor: a casa em ordem feito um quartel, a porta fechada por dentro com tranca e por fora com cadeado; os sussurros, as armas sempre preparadas, a comida um pouco menos infame.

Os quatro guardiães que tinham estado com elas desde o primeiro dia foram substituídos por outros quatro no começo de dezembro. Entre eles, um diferente e estranho, que parecia tirado de um filme truculento. Era chamado de Gorila, e na verdade parecia mesmo: enorme, com uma fortaleza de gladiador e a pele negra retinta, coberta de pelos crespos. Sua voz era tão estentórea que não conseguia dominá-la para sussurrar, e ninguém se atreveu a exigir isso dele. Em vez das bermudas de todos usava um *short* ajustado de ginasta. Tinha o gorro-máscara e uma camiseta apertada que mostrava o torso perfeito com a medalha do Menino Jesus no pescoço, uns belos braços com uma fitinha brasileira da sorte no pulso e as mãos enormes em que a linha do destino parecia gravada a fogo vivo nas palmas descoloridas. Mal cabia no quarto, e cada vez que se movia deixava em seu caminho um rastro de desordem. Para as reféns, que tinham aprendido a lidar com os anteriores, foi uma troca ruim. Sobretudo para Beatriz, que ganhou o seu ódio de imediato.

Naqueles dias, o signo comum dos guardiães, como o das reféns, era o aborrecimento. Como prelúdio das alegrias do Natal, os donos da casa fizeram uma novena com um pároco amigo, inocente ou cúmplice. Rezaram, cantaram cantigas natalinas em coro, distribuíram doces às crianças e brindaram com o vinho de maçã que era a bebida oficial da família. No final exorcizaram a casa com água benta. Precisaram de tanta que a transportavam em galões de gasolina. Quando o sacerdote foi embora, a mulher entrou no quarto e borrifou o televisor, os colchões, as paredes. As três reféns, tomadas pela surpresa, não souberam o que fazer. "É água benta — dizia a mulher enquanto borrifava com a mão. — Ajuda nos proteger para que não aconteça nada." Os guardiães se persignaram, caíram de joelhos e receberam o jorro purificador com uma unção angelical.

Esse espírito de reza e farra, tão próprio dos antioquenhos, não amainou em nenhum momento de dezembro. Tanto, que Maruja havia tomado precauções para que os sequestradores não soubessem que dia 9 era seu aniversário: cinquenta e três primaveras. Beatriz havia-se comprometido a guardar segredo, mas os carcereiros ficaram sabendo por um programa especial de televisão que os filhos de Maruja lhe dedicaram na véspera.

Os guardiães não ocultavam a emoção de sentir-se de alguma forma dentro da intimidade do programa. "Dona Maruja — dizia um deles —, como o doutor Villamizar é jovem, como está bem, como gosta da senhora." Esperavam que Maruja lhes apresentasse a alguma de suas filhas, para sair com elas. Seja como for, ver aquele programa no cativeiro era como estar mortos e ver a vida de lá do outro mundo sem participar dela e sem que os vivos soubessem. No dia seguinte, às onze da manhã e sem nenhum aviso, o caseiro e a mulher entraram no quarto com uma garrafa de sidra, copos para todos e uma torta que parecia coberta de pasta de dentes. Cumprimentaram Maruja com grandes manifestações de afeto e cantaram para ela o *Parabéns pra você* em coro com os guardiães. Todos comeram e beberam, e deixaram Maruja em um conflito de sentimentos cruzados.

Juan Vitta acordou no dia 26 de novembro com a notícia de que seria libertado por causa de seu mau estado de saúde. Ficou paralisado de terror, porque logo naqueles dias sentia-se melhor que nunca, e pensou que aquilo era um truque barato para entregar o primeiro cadáver à opinião pública. Portanto, quando o vigia anunciou, horas depois, que se preparasse para ser libertado, teve um ataque de pânico. "Eu teria preferido morrer por conta própria — disse ele —, mas se meu destino era aquele, eu precisava assumi-lo." Mandaram que se barbeasse e vestisse roupa limpa, e ele fez isso com a certeza de que estava se vestindo para o seu próprio funeral. Deram-lhe instruções do que teria que fazer uma vez libertado, e sobretudo de como devia embrulhar as entrevistas para que a polícia não deduzisse pistas para tentar operações de resgate. Pouco depois de meio-dia, deram umas voltas de automóvel com ele pelos setores intrincados de Medellín e o soltaram sem cerimônias numa esquina.

Depois desta libertação tornaram a mudar Hero Buss para um bom bairro, em frente a uma escola de ginástica aeróbica para moças. O dono da casa era um mulato farrista e gastador. Sua mulher, de uns trinta e cinco anos e grávida de sete meses, enfeitava-se desde o café da manhã com joias caras e demasiado visíveis. Tinham um filho de poucos anos que vivia com a avó em outra casa, e seu quarto cheio de todo tipo de brinquedos mecânicos foi ocupado por Hero Buss. Pela maneira com que foi adotado pela família, ele se preparou para um longo cativeiro.

Os donos da casa devem ter passado bem com aquele alemão feito aqueles dos filmes de Marlene Dietrich, com dois metros de altura por um de largura, adolescente aos cinquenta anos, com um sentido de humor à prova de credores e um espanhol refogado na gíria caribenha de sua mulher, Carmen Santiago. Tinha corrido riscos graves como correspondente de jornais e rádio alemães na América Latina, inclusive durante o regime militar do Chile, onde viveu uma noite em claro com a ameaça de ser fuzilado ao amanhecer. Portanto, tinha o couro bem curtido para poder desfrutar o lado folclórico de seu sequestro.

Não era para menos, numa casa onde de tanto em tanto chegava um emissário com alforjes cheios de notas para os gastos, e no entanto estavam sempre em apuros. É que os donos da casa se apressavam a gastar tudo em farras e bobagens, e em poucos dias não tinham nem o que comer. Nos fins de semana faziam festas e comilanças para irmãos, primos e amigos íntimos. As crianças ocupavam a casa. No primeiro dia se emocionaram ao reconhecer o gigante alemão, que tratavam como artista de telenovela de tanto aparecer na televisão. Pelo menos trinta pessoas alheias ao sequestro pediram-lhe fotos e autógrafos, comeram e até dançaram com ele com o rosto descoberto, naquela casa de loucos onde morou até o fim do cativeiro.

As dívidas acumuladas acabaram por enlouquecer os donos da casa, que precisaram empenhar o televisor, o videocassete, o toca-discos, o que fosse, para alimentar o sequestrado. As joias da mulher iam desaparecendo do pescoço, dos braços e das orelhas, até que não sobrou nada. Certa madrugada, o homem despertou Hero Buss pedindo dinheiro emprestado, porque as dores de parto da esposa o haviam surpreendido sem um centavo para pagar o hospital. Hero Buss emprestou-lhe seus últimos cinquenta mil pesos.

Foi libertado no dia 11 de dezembro, quinze dias depois de Juan Vitta. Haviam comprado para a ocasião um par de sapatos que não serviram, porque ele calçava quarenta e seis e o maior número que encontraram depois de muita busca era quarenta e quatro. Compraram uma calça e uma camiseta dois números menores porque ele havia emagrecido dezesseis quilos. Devolveram seu equipamento de fotografia e a maleta com suas cadernetas de anotações escondidas no forro e lhe pagaram os cinquenta mil pesos do parto e os outros quinze mil que ele havia emprestado antes para repor o dinheiro que o casal tinha roubado das compras. Ofereceram muito mais dinheiro, mas a única coisa que ele pediu foi que conseguissem uma entrevista com Pablo Escobar. Nunca responderam.

A quadrilha que o acompanhou nos últimos dias tirou-o da casa num automóvel particular, e após muitas voltas para despistar pelos melhores bairros de Medellín o deixaram com seu equipamento a meio quarteirão do jornal *El Colombiano*, com um comunicado no qual os Extraditáveis reconheciam sua luta em defesa dos direitos humanos na Colômbia e em vários países da América Latina, e reafirmavam a disposição de se acolherem à política de submissão sem outras condições além das garantias judiciais de segurança para eles e suas famílias.

Jornalista até o fim, Hero Buss deu sua máquina fotográfica ao primeiro pedestre que passou e lhe pediu que fizesse a foto de sua libertação.

Diana e Azucena ficaram sabendo daquilo pelo rádio, e seus vigias disseram que elas seriam as próximas. Mas já haviam dito tantas vezes que elas não acreditavam mais. Para o caso de que só uma delas fosse libertada, cada uma escreveu uma carta para a família, para mandá-la com a que saísse. Nada aconteceu desde então, nada tornaram a saber até dois dias depois — o amanhecer de 13 de dezembro —, quando Diana foi despertada por sussurros e movimentos estranhos na casa. O palpite de que iam libertá-las fez com que pulasse da cama. Alertou Azucena, e antes de que alguém anunciasse qualquer coisa começaram a preparar a bagagem.

Tanto Diana em seu diário como Azucena no seu contaram aquele instante dramático. Diana estava no chuveiro quando um dos vigias anunciou a Azucena sem nenhuma cerimônia que se preparasse para ir embora. Só ela. No livro que publicaria pouco depois, Azucena relatou a cena com uma simplicidade admirável.

"Fui até o quarto e vesti a roupa preparada para o regresso que estava separada na cadeira enquanto dona Diana continuava no banho. Quando saiu e me viu se deteve, olhou para mim e disse:

— Vamos embora, Azu?

Seus olhos brilhavam e esperavam uma resposta ansiosa. Eu não conseguia dizer nada. Abaixei a cabeça, respirei fundo e disse:

— Não. Eu vou sozinha.

— Fico contente — disse Diana. — Eu sabia que ia ser assim."

Diana anotou em seu diário: "Senti uma agulhada no coração, mas disse que ficava contente por ela, que fosse embora sossegada." Entregou a Azucena a carta para Nydia que tinha escrito para o caso de que não a libertassem. Nessa carta ela pedia que celebrasse o Natal com seus filhos. Como Azucena chorava, abraçou-a para tranquilizá-la. Depois acompanhou-a até o automóvel e ali se abraçaram outra vez. Azucena virou-se para olhar Diana através do vidro, e Diana acenou um adeus com a mão.

Uma hora mais tarde, no automóvel que a levava ao aeroporto de Medellín para viajar a Bogotá, Azucena ouviu que um jornalista de uma rádio perguntava ao seu marido o que ele estava fazendo quando soube da libertação. Ele respondeu a verdade:

— Estava escrevendo um poema para Azucena.

Assim se cumpriu para os dois o sonho de estarem juntos no dia 16 de dezembro para comemorar seus quatro anos de casados.

Richard e Orlando, por sua vez, cansados de dormir no chão de um calabouço pestilento, convenceram seus guardas a conseguirem outro quarto. Foram passados ao dormitório onde estivera antes o mulato algemado, do qual não haviam tornado a ter notícia. Descobriram com horror que o colchão tinha grandes manchas de sangue recente que podiam muito bem ser de torturas lentas ou de punhaladas súbitas.

Pela televisão e pelo rádio haviam sabido das libertações. Seus guardiães disseram que eles seriam os próximos. No dia 17 de dezembro, muito cedo, um chefe que eles conheciam como El Viejo — e que era o mesmo dom Pacho responsável por Diana — entrou no quarto de Orlando sem bater.

— Vista-se de maneira decente porque você está indo embora — disse.

Mal pôde fazer a barba e se vestir, e não teve tempo de avisar Richard, na mesma casa. Entregaram a ele um comunicado para os jornais, uns óculos de grau muito alto, e El Viejo, sozinho, deu com ele as voltas rituais pelos diferentes bairros de Medellín e o deixou com cinco mil pesos para o táxi numa pracinha que ele não identificou, porque conhecia a cidade muito mal. Eram nove da manhã de uma segunda-feira fresca e diáfana. Orlando não podia acreditar: até aquele momento — enquanto fazia sinais inúteis para os táxis ocupados — estava convencido de que para os seus sequestradores seria mais barato matá-lo do que correr o risco de soltá-lo vivo. Do primeiro telefone que encontrou ligou para a esposa.

Liliana estava dando banho no bebê e correu para atender com as mãos ensaboadas. Ouviu uma voz estranha e tranquila.

— Sou eu, meu bem.

Ela pensou que alguém estava de gozação com ela e quase ia desligando quando reconheceu a voz. "Ai, meu Deus!", gritou. Orlando tinha tanta pressa que só conseguiu dizer que ainda estava em Medellín e que de tarde chegaria a Bogotá. Liliana não teve um instante de sossego pelo resto do dia, com a preocupação por não ter reconhecido a voz do marido. Juan Vitta havia dito quando o libertaram que Orlando estava tão mudado por causa do cativeiro que não era fácil reconhecê-lo, mas ela nunca pensou que a mudança chegasse até a voz. Sua comoção foi ainda maior naquela tarde, no aeroporto, quando abriu caminho através do tropel de jornalistas e não reconheceu o homem que a beijou. Mas era Orlando após quatro meses de cativeiro, gordo, pálido e com um bigode áspero e retinto. Ambos, cada um por seu lado, haviam decidido ter um segundo filho assim que se encontrassem. "Mas havia tanta gente por perto que naquela noite não conseguimos", disse Liliana morrendo de rir. "No dia seguinte também não, por causa do susto." Mas recuperaram bem as horas perdidas: nove meses depois do terceiro dia tiveram outro menino, e no ano seguinte um par de gêmeos.

A sequência de libertações — que foi um sopro de otimismo para os outros reféns e suas famílias — acabou de convencer Pacho Santos de que não havia nenhum indício razoável de que algo avançasse a seu favor. Pensava que Pablo Escobar não tinha feito outra coisa além de se livrar do estorvo das cartas menores para pressionar a favor do indulto e da não extradição na Constituinte, e ficou com três ases: a filha de um ex-presidente, o filho do diretor do jornal mais importante do país e a cunhada de Luis Carlos Galán. Beatriz e Marina, porém, sentiram renascer a esperança, embora Maruja tenha preferido não se enganar com interpretações apressadas. Seu ânimo andava decaído, e a proximidade do Natal acabou de prostrá-la. Detestava as festas obrigatórias. Nunca fez presépios ou árvores de Natal, nem distribuiu presentes e cartões, e nada a deprimia tanto como as comemorações fúnebres da noite de Natal, quando todo mundo canta porque está triste ou chora porque está feliz. O caseiro e sua mulher prepararam uma ceia abominável. Beatriz e Maruja fizeram um esforço para participar, mas Maruja tomou dois barbitúricos arrasadores e acordou sem remorsos.

Na quarta-feira seguinte o programa semanal de Alexandra foi dedicado à noite de Natal na casa de Nydia, com a família Turbay completa ao redor do ex-presidente; com familiares de Beatriz, e Alberto Villamizar. As crianças estavam em primeiro plano: os dois filhos de Diana e o neto de Maruja — filho de Alexandra. Maruja chorou de emoção, pois a última vez que o havia visto ele mal balbuciava algumas palavras e agora já era capaz de se expressar. Villamizar explicou ao final, com voz pausada e muitos detalhes, o andamento e a situação de suas gestões. Maruja resumiu o programa com uma frase justa: "Foi tudo muito lindo e tremendo."

A mensagem de Villamizar levantou o ânimo de Marina Montoya. Ela se humanizou de repente e revelou a grandeza de seu coração. Com um sentido político até então desconhecido começou a ouvir e interpretar as notícias com grande interesse. Uma análise dos decretos levou-a à conclusão de que as possibilidades de serem libertadas eram maiores que nunca. Sua saúde começou a melhorar, a ponto de chegar a menosprezar as leis do cativeiro e falar com sua voz natural, bela e bem timbrada.

A do dia 31 de dezembro foi sua grande noite. Damaris levou o café da manhã com a notícia de que celebrariam o Ano-Novo com uma festa completa, com sidra e um pernil de porco. Maruja pensou que aquela seria a noite mais triste de sua vida, pela primeira vez longe de sua família, e caiu na depressão. Beatriz acabou de desmoronar. O ânimo das duas dava para qualquer coisa, menos para festas. Marina, porém, recebeu a notícia com alvoroço e não economizou argumentos para animá-las. E animar até os vigias.

— Precisamos ser justas — disse a Maruja e Beatriz. — Eles também estão longe de suas famílias, e nós temos que fazer para eles um Ano-Novo o mais agradável possível.

Haviam dado a ela três camisolas na noite em que a sequestraram, mas só tinha usado uma e guardado as outras em sua sacola pessoal. Mais tarde, quando trouxeram Maruja e Beatriz, as três usavam agasalhos de ginástica como uniforme de prisão, e os lavavam a cada quinze dias.

Ninguém tornou a se lembrar das camisolas até a tarde do dia 31 de dezembro, quando Marina deu um passo adiante em seu entusiasmo. "Quero propor uma coisa a vocês — disse: — eu tenho aqui três camisolas, e vamos vesti-las para que tudo dê certo no ano que vem." E perguntou a Maruja:

— Vamos ver, filhota, que cor você quer?

Maruja disse que tanto fazia. Marina decidiu que o verde ficaria melhor. Deu a Beatriz a cor-de-rosa e reservou a branca para si. Depois tirou da bolsa uma caixinha de cosméticos e propôs que uma maquiasse a outra. "Para ficarmos bonitas esta noite", disse. Maruja, que já achava que com as camisolas era fantasia suficiente, recusou com um humor azedo.

— Para mim, vestir a camisola basta — disse. — Mas ficar aqui pintada feito uma louca, neste estado? Não, Marina, de jeito nenhum.

Marina sacudiu os ombros.

— Pois eu vou.

Como não tinham espelho, ela deu a Beatriz os utensílios de beleza e sentou-se na cama para ser maquiada. Beatriz trabalhou a fundo e com bom gosto, à luz do abajur: um toque de carmim para dissimular a palidez mortal da pele, os lábios intensos, a sombra das pálpebras. Ambas se surpreenderam de como aquela mulher que havia sido célebre por seu encanto pessoal e sua formosura ainda podia ser bela. Beatriz se conformou com o rabo de cavalo e seu ar de colegial.

Naquela noite Marina exibiu sua graça irresistível de antioquenha. Os guardiães a imitaram, e cada um disse o que quis com a voz que Deus lhe deu. A não ser o caseiro, que mesmo no alto-mar da bebedeira continuava falando em sussurros. Lamparina, valente pela bebida, atreveu-se a dar de presente a Beatriz uma loção masculina. "Para que estejam bem perfumadas com os milhões de abraços que vão ganhar no dia em que forem soltas", disse. O grosso do caseiro não deixou escapar e disse que aquilo era um presente de amor reprimido. Foi um novo terror entre os muitos de Beatriz.

Além das sequestradas, estavam o caseiro e sua mulher, e os quatro guardas de plantão. Beatriz não podia suportar o nó que tinha na garganta. Maruja sentia-se nostálgica e envergonhada, mas mesmo assim não conseguia dissimular a admiração que Marina lhe causava, esplêndida, rejuvenescida pela maquiagem, com a camisola branca, a cabeleira nevada, a voz deliciosa. Era inconcebível que estivesse feliz, mas conseguiu que todos acreditassem nisso.

Fazia piadas com os guardiães que erguiam as máscaras para beber. Às vezes, desesperados pelo calor, pediam às reféns que virassem de costas para poder respirar. À meia-noite em ponto, quando explodiram as sirenes dos bombeiros e os sinos das igrejas, todos estavam apertados no quarto, sentados na cama, no colchão, suando num calor de fornalha. Na televisão explodiu o hino nacional. Então Maruja se levantou, ordenou a todos que ficassem de pé para cantar o hino com ela. No final ergueu o copo de sidra e brindou pela paz na Colômbia. A festa terminou meia hora depois, quando acabaram as garrafas e na travessa só restavam o osso pelado do pernil e as sobras da salada de batata.

O grupo que veio para a troca de guarda foi saudado pelas reféns com um suspiro de alívio, pois eram os mesmos que as haviam recebido na noite do sequestro e elas já sabiam como lidar com eles. Sobretudo Maruja, cuja saúde a mantinha de ânimo decaído. No começo o terror se transformava em dores erráticas por todo o corpo, que a obrigavam a assumir posturas involuntárias. Mais tarde, porém, tornaram-se concretas pelo regime desumano imposto pelos vigias. A princípios de dezembro proibiram que fosse ao banheiro durante um dia inteiro como castigo pela sua rebeldia, e quando lhe permitiram ir foi impossível fazer qualquer coisa. Foi o princípio de uma cistite persistente e, mais tarde, de uma hemorragia que durou até o final do cativeiro.

Marina, que tinha aprendido com o marido a fazer massagens em atletas, empenhou-se em restaurá-la com suas forças exíguas. Ainda lhe restava o bom ânimo do Ano-Novo. Continuava otimista, contava piadas: vivia. A aparição de seu nome e de sua fotografia numa campanha de televisão a favor dos sequestrados devolveu-lhe as esperanças e a alegria. Sentiu-se outra vez quem era, e que existia, que estava ali. Aparecia sempre na primeira etapa da campanha, até um dia em que deixou de aparecer, sem maiores explicações. Nem Maruja nem Beatriz tiveram coragem para dizer a ela que talvez tenha sido apagada da lista porque ninguém acreditava que estivesse viva.

Para Beatriz o dia 31 de dezembro era importante porque ela mesma tinha fixado aquele dia como prazo máximo para ser solta. A desilusão derrubou-a a ponto de suas companheiras de prisão não saberem o que fazer com ela. Chegou um momento em que Maruja não podia encará-la porque perdia o controle e desandava a chorar, e chegaram a se ignorar uma à outra dentro de um espaço não muito maior que um banheiro. A situação tornou-se insustentável.

A distração mais duradoura para as três reféns durante as horas intermináveis de depois do banho era fazer massagens lentas nas pernas com o creme umidificador que seus carcereiros forneciam em quantidades suficientes para que não enlouquecessem. Um dia Beatriz percebeu que o creme estava acabando.

— E quando o creme acabar — perguntou —, o que vamos fazer?

— Pois pediremos mais — respondeu Maruja com uma ênfase ácida. E ressaltou com mais acidez ainda: — Senão, a gente vê. Certo?

— Não me responda desse jeito! — gritou Beatriz numa súbita explosão de raiva. — Comigo não, porque estou aqui por sua culpa!

Foi a explosão inevitável. Num instante ela disse tudo o que havia guardado em tantos dias de tensões reprimidas e noites de horror. O surpreendente era que não tivesse acontecido antes e com mais força. Beatriz se mantinha à margem de tudo, vivia refreada e engolia os rancores sem saboreá-los. O menos grave que podia acontecer, é claro, era que uma simples frase dita ao acaso agitasse mais cedo ou mais tarde a agressividade reprimida pelo terror. Mas o vigia de plantão pensava de modo diferente, e diante do temor de uma briga séria ameaçou trancar Beatriz e Maruja em quartos separados.

As duas se alarmaram, pois o medo das agressões sexuais mantinha-se vivo. Estavam convencidas de que enquanto estivessem juntas seria difícil que os guardiães tentassem uma violação, e por isso a ideia de que as separassem foi sempre a mais temida. Além disso, os guardiães estavam sempre em duplas, nem sempre combinavam, e pareciam vigiar-se entre si como uma precaução de ordem interna para evitar incidentes graves com as reféns.

Mas a repressão dos vigias criava um ambiente insalubre no quarto. Os da turma de dezembro tinham levado um videocassete e passavam filmes de violência com uma forte carga erótica, e de vez em quando alguns pornográficos. O quarto ficava por alguns momentos saturado de uma tensão insuportável. Além disso, quando as reféns iam ao banheiro tinham que deixar a porta entreaberta, e em mais de uma ocasião surpreenderam o vigia espiando. Um deles, teimando em prender a porta com a mão para que não se fechasse enquanto elas usavam o banheiro, esteve a ponto de perder os dedos quando Beatriz — de propósito — fechou-a com uma batida. Outro espetáculo incômodo foi um casal de vigias homossexuais que chegou no segundo rodízio e ficavam em estado de excitação perpétua com tudo que é tipo de travessuras perversas. A vigilância excessiva de Lamparina ao mínimo gesto de Beatriz, o presente do perfume, a impertinência do caseiro eram fatores de perturbação.

As histórias que eles trocavam entre si sobre violações de desconhecidas, suas perversões eróticas, seus prazeres sádicos, terminavam por tornar o ambiente estranho.

A pedido de Maruja e Marina, o caseiro chamou um médico para Beatriz no dia 12 de janeiro, antes da meia-noite. Era um homem jovem, bem-vestido e mais bem-educado, com uma máscara de seda amarela que combinava com sua roupa. É difícil acreditar na seriedade de um médico encapuzado, mas aquele mostrou logo de saída que conhecia bem seu ofício. Tinha uma segurança tranquilizante. Usava uma maleta de couro fino, grande como uma mala de viagem, com o fonendoscópio, o tensiômetro, um eletrocardiógrafo que funcionava a pilha, um laboratório portátil para análise em domicílio e outros recursos para emergências. Examinou a fundo as três reféns, fez análises de urina e sangue no laboratório portátil.

Enquanto as examinava, o médico disse a Maruja em segredo: "Eu me sinto a pessoa mais envergonhada do mundo por precisar examinar a senhora nesta situação. Quero dizer que estou aqui à força. Fui muito amigo e partidário do doutor Luis Carlos Galán, e votei nele. A senhora não merece este sofrimento, mas tente superá-lo. A serenidade faz bem à saúde." Maruja apreciou suas explicações, mas não conseguiu superar o assombro pela sua elasticidade moral. Ele repetiu o mesmo discurso para Beatriz.

O diagnóstico para ambas foi um estresse severo e um princípio de desnutrição, e mandou enriquecer e balancear a dieta. Encontrou em Maruja problemas circulatórios e uma infecção vesical que merecia cuidados, e prescreveu-lhe um tratamento à base de Vasotón, diuréticos e calmantes. Para Beatriz receitou sedante para distrair a úlcera gástrica. E para Marina — que ele já havia examinado antes —, limitou-se a aconselhar que se preocupasse mais com a própria saúde, mas não a encontrou muito receptiva. Ordenou que as três andassem a bom passo pelo menos uma hora por dia.

A partir de então deram a cada uma delas uma caixa de vinte comprimidos de tranquilizante para tomar um pela manhã, outro ao meio-dia e outro antes de dormir. Em caso extremo podiam trocá-lo por um barbitúrico fulminante que lhes permitia escapar de muitos horrores do cativeiro. Bastava um quarto de cada comprimido para cair sem sentidos antes de contar até quatro.

A partir da uma daquela madrugada começaram a caminhar pelo quintal escuro com os assustados vigias que as mantinham sob a mira de suas metralhadoras destravadas. Ficaram tontas na primeira volta, sobretudo Maruja, que precisou agarrar-se nas paredes para não cair. Com a ajuda dos guardas, e às vezes com Damaris, terminaram se acostumando. Após duas semanas Maruja chegou a dar até mil voltas contadas com passo rápido: dois quilômetros. O estado de ânimo de todas melhorou, e com ele a concórdia doméstica.

O quintal foi o único lugar da casa, além do quarto, que elas conheceram. Estava nas trevas enquanto duravam os passeios, mas nas noites claras dava para ver uma lavanderia grande e meio em ruínas, com roupa pendurada em arames para secar e uma grande desordem de caixotes quebrados e trastes em desuso. Sobre a marquise da lavanderia havia um segundo andar com uma janela clausurada e os vidros empoeirados tapados com cortinas de jornais. As sequestradas achavam que ali dormiam os guardas que não estavam de plantão. Havia uma porta para a cozinha, outra para o quarto das sequestradas, e um portão de tábuas velhas que não chegava até o chão. Era o portão do mundo. Mais tarde compreenderiam que dava para um pasto aprazível onde vagavam cordeiros e galinhas espalhadas. Parecia muito fácil abri-lo e fugir, mas era guardado por um pastor-alemão de aspecto insubornável. No entanto, Maruja tornou-se amiga do cão, a ponto de ele não latir quando ela se aproximava para acariciá-lo.

Diana ficou sozinha quando libertaram Azucena. Via televisão, ouvia rádio, às vezes lia a imprensa, e com mais interesse que nunca, mas conhecer as notícias sem ter com quem comentar era a única coisa pior que desconhecê-las. O tratamento dos vigias parecia bom, e ela reconhecia o esforço que faziam para agradá-la. "Não quero e nem é fácil descobrir o que sinto a cada minuto: a dor, a angústia e os dias de terror que passei", escreveu em seu diário. De fato, ela temia pela sua vida, sobretudo pelo medo inesgotável de um resgate armado. A notícia de sua libertação se reduziu a uma frase insidiosa: "Está quase." O que a aterrorizava era a ideia de que aquela fosse uma tática infinita à espera de que a Assembleia Constituinte se instalasse e tomasse determinações concretas sobre a extradição e o indulto. Dom Pacho, que antes demorava longas horas com ela, e discutia, e informava bem, ficou cada vez mais distante. Sem explicação alguma, não tornaram a levar jornais. As notícias, e até as telenovelas, adquiriram o ritmo do país paralisado pelo êxodo do Ano-Novo.

Durante mais de um mês ela foi distraída com a promessa de que veria Pablo Escobar em pessoa. Ensaiou sua atitude, seus argumentos, seu tom, certa de que seria capaz de entabular uma negociação com ele. Mas a demora eterna a havia levado a extremos inconcebíveis de pessimismo.

Dentro daquele horror sua imagem tutelar foi a de sua mãe, de quem herdou talvez o temperamento apaixonado, a fé inquebrantável e o sonho fugidio da felicidade. As duas tinham uma virtude de comunicação recíproca que se revelou nos meses obscuros do sequestro como um milagre de clarividência.

Cada palavra de Nydia no rádio ou na televisão, cada gesto seu ou a ênfase menos pensada transmitiam a Diana recados imaginários nas trevas do cativeiro. "Sempre a senti como se fosse meu anjo da guarda", escreveu. Tinha certeza de que em meio a tantas frustrações o êxito final seria o da devoção e da força de sua mãe. Alentada por essa certeza, concebeu o sonho de que seria libertada na noite de Natal.

Esse sonho a manteve alerta durante a festa que os donos da casa fizeram para ela na véspera, com churrasco, discos de salsa, aguardente, pólvora e balões coloridos. Diana interpretou tudo aquilo como uma despedida. E mais: deixara pronta sobre a cama a maleta que havia preparado em novembro para não perder tempo quando viessem buscá-la. A noite era gelada e o vento uivava entre as árvores como uma manada de lobos, mas ela interpretava isso como um augúrio de tempos melhores. Enquanto davam os presentes às crianças, pensava nos seus, e se consolou com a esperança de estar com eles na noite seguinte. O sonho pareceu menos improvável porque seus carcereiros lhe deram de presente uma jaqueta de couro forrada por dentro, talvez escolhida de propósito para que suportasse bem o temporal. Estava certa de que sua mãe a havia esperado para jantar, como todos os anos, e que havia posto a coroa de ramos de pinheiro na porta com um letreiro para ela: *Bem-vinda*. E tinha sido assim, de fato. Diana continuou tão certa de sua libertação que esperou até que se apagassem no horizonte as últimas migalhas da festa e amanhecesse uma nova manhã de incertezas.

Na quarta-feira seguinte estava sozinha na frente da televisão, rastreando canais, e de repente reconheceu na tela o filho pequeno de Alexandra Uribe. Era o programa *Enfoque* dedicado ao Natal. Sua surpresa foi maior quando descobriu que era a Noite Feliz que ela havia pedido à sua mãe na carta que Azucena levou. Estavam a família de Maruja e de Beatriz, e a família Turbay completa: os dois meninos de Diana, os irmãos, e seu pai no centro, grande e abatido. "Nós não estávamos de ânimo para festas — disse Nydia. — No entanto, decidi cumprir com os desejos de Diana e em uma hora armei a árvore de Natal e o presépio dentro da lareira." Apesar da boa vontade de todos em não deixar para os sequestrados uma lembrança triste, foi mais uma cerimônia de luto que de celebração. Mas Nydia tinha tanta certeza de que Diana seria libertada naquela noite que pôs na porta o enfeite natalino com o letreiro dourado: *Bem-vinda*. "Confesso minha dor por não ter chegado nesse dia para estar com todos — escreveu Diana em seu diário. — Mas aquilo me alentou muito, me senti próxima a todos, me deu alegria vê-los reunidos." Encantou-se com a maturidade de Maria Carolina, preocupou-se com o retraimento de Miguelito, e lembrou com alarma que ele ainda não tinha sido batizado; entristeceu-se com a tristeza de seu pai e se comoveu com a mãe, que pôs um presente para ela no presépio e a saudação de boas-vindas na porta.

Em vez de se desmoralizar pela desilusão do Natal, Diana teve uma reação de rebeldia contra o governo. Em algum momento tinha-se manifestado quase entusiasta do decreto 2047, no qual se fundamentavam as ilusões de novembro. As gestões de Guido Parra a alentavam, e também a diligência dos Notáveis, as expectativas da Assembleia Constituinte, as possibilidades de ajustes na política de submissão. Mas a frustração do Natal fez saltar os diques de sua compreensão. Perguntou-se escandalizada por que o governo não encontrava alguma possibilidade de diálogo que não fosse determinada pela pressão absurda dos sequestros. Deixou bem claro que sempre foi consciente da dificuldade de agir sob chantagem. "Nisso, eu sou linha Turbay — escreveu — mas creio que com o passar do tempo as coisas aconteceram ao contrário." Não entendia a passividade do governo diante do que ela achava ser um deboche dos sequestradores. Não entendia por que não os convocava à rendição com maior energia, se havia fixado uma política para eles e tinha satisfeito algumas petições razoáveis. "Na medida em que não sejam exigidos — escreveu em seu diário —, eles mesmos se sentem mais cômodos tomando as coisas com calma e sabendo que têm em seu poder a arma de pressão mais importante." Achava que as mediações tinham-se convertido num jogo de xadrez no qual cada um movia suas peças até ver quem dava o xeque-mate. "Mas que ficha serei eu?", perguntou-se. E respondeu com evasivas: "Não paro de pensar que somos descartáveis." No grupo dos Notáveis — já extinto — deu um tiro de misericórdia: "Começaram com uma tarefa eminentemente humanitária e acabaram prestando um serviço aos Extraditáveis."

Um dos vigias da turma que estava por sair no final de janeiro entrou no quarto de Pacho Santos.
— Esta droga se fodeu — disse a ele. — Vão matar reféns.
Segundo dizia, seria uma represália pela morte dos Prisco. O comunicado estava pronto e sairia nas próximas horas. Matariam primeiro Marina Montoya e depois um a cada três dias, nesta ordem: Richard Becerra, Beatriz, Maruja e Diana.
— O último será o senhor — concluiu o guardião, à maneira de consolo. — Mas não se preocupe, que este governo não aguenta mais de dois mortos.
Pacho, apavorado, fez suas contas de acordo com os dados do vigia: restavam-lhe dezoito dias de vida. Então decidiu escrever à sua esposa e aos filhos, sem rascunho, uma carta de seis páginas inteiras de caderno escolar, com sua caligrafia de minúsculas separadas, como letras de fôrma, porém mais

legíveis que de costume, e com o pulso firme e a consciência de que não era apenas uma carta de adeus, mas seu testamento.

"Só desejo que este drama, não importa qual seja o final, acabe o mais rápido possível para que todos possamos ter enfim paz", começava. Sua gratidão maior ia para Maria Victoria — dizia —, com quem havia crescido como homem, como cidadão e como pai, e a única coisa que lamentava era ter dado maior importância ao seu ofício de jornalista que à vida doméstica. "Com esse remorso entro na tumba", escreveu. Quanto aos seus filhos recém-nascidos, o que o tranquilizava era a certeza de que ficavam nas melhores mãos. "Fale de mim com eles quando possam entender de maneira total o que aconteceu e assim possam assimilar sem dramatismo as dores desnecessárias da minha morte." Ao seu pai, agradecia tudo o que havia feito por ele em vida e só pedia "que deixe tudo arrumado antes de vir se unir comigo para poupar os meus filhos das grandes dores de cabeça nessa rapina que se avizinha". Desta forma entrou num ponto que considerava "aborrecido mas fundamental" para o futuro: a solvência de seus filhos e a unidade familiar dentro de *El Tiempo*. A primeira coisa dependia em grande parte dos seguros de vida que o jornal havia comprado em nome de sua esposa e seus filhos. "Peço que você exija tudo o que nos ofereceram — dizia —, pois nada mais justo que meus sacrifícios pelo jornal não sejam em vão." Quanto ao futuro profissional, comercial ou político do jornal, sua única preocupação eram as rivalidades e divergências internas, consciente de que as grandes famílias não têm lutas pequenas. "Seria muito triste que depois deste sacrifício *El Tiempo* acabe dividido ou em outras mãos." A carta terminava com um último reconhecimento a Mariavê pela lembrança dos bons tempos que viveram juntos.

O guardião recebeu-a comovido.

— Fique tranquilo, meu velho — disse —, eu me encarrego de que a carta chegue.

A verdade era que não lhe restavam então os dezoito dias calculados, e sim umas poucas horas. Era o primeiro da lista, e a ordem de assassinato havia sido dada no dia anterior. Martha Nieves Ochoa ficou sabendo disso na última hora por uma casualidade afortunada — através de terceiros — e mandou uma súplica de perdão a Pablo Escobar, convencida de que aquela morte terminaria de incendiar o país. Nunca soube se ele a recebeu, mas o fato é que a ordem contra Pacho Santos jamais foi dada, e em seu lugar veio outra, irrevogável, contra Marina Montoya.

Marina parecia ter pressentido isso desde princípios de janeiro. Por razões que nunca explicou, tinha decidido fazer as caminhadas acompanhada pelo Monge, seu velho amigo, que havia regressado na primeira equipe do ano. Caminhavam uma hora assim que terminava a televisão, e depois Maruja e Beatriz saíam com seus vigias. Numa dessas noites Marina regressou muito assustada, porque vira um homem vestido de negro e com uma máscara negra, que a olhava da lavanderia, na escuridão. Maruja e Beatriz pensaram que devia ser mais uma de suas alucinações recorrentes e não deram importância. Confirmaram essa impressão naquela mesma noite, pois não havia nenhuma luz para ver um homem de negro nas trevas da lavanderia. Se fosse verdade, além disso, deveria se tratar de alguém muito conhecido na casa para não alarmar o pastor-alemão, que se espantava com sua própria sombra. O Monge disse que devia ser uma aparição que só ela via.

No entanto, duas ou três noites depois Marina regressou do passeio num verdadeiro estado de pânico. O homem tinha voltado, sempre de negro absoluto, e a havia observado durante um longo tempo com uma atenção pavorosa, sem se importar que ela também olhasse para ele. Ao contrário das anteriores, aquela era uma noite de lua cheia e o pátio estava iluminado por um verde fantástico. Marina contou aquilo na frente do Monge, que a desmentiu, mas com razões tão arrevesadas que Maruja e Beatriz não souberam o que pensar. Desde então Marina não tornou a caminhar. As dúvidas entre suas fantasias e a realidade eram tão impressionantes que Maruja sofreu uma alucinação real na noite em que abriu os olhos e viu o Monge à luz do abajur, acocorado como sempre, e sua máscara se transformara numa caveira. A impressão de Maruja foi ainda maior porque relacionou a visão com o aniversário da morte da sua mãe, que seria no dia 23 de janeiro.

Marina passou o fim de semana na cama, prostrada por uma velha dor na coluna que já parecia esquecida. Voltou ao humor turvo dos primeiros dias. Como não podia se valer sozinha, Maruja e Beatriz ficaram a seu serviço. Iam com ela ao banheiro, quase carregada. Davam-lhe comida, e água na boca, e acomodavam um travesseiro em suas costas para que da cama pudesse ver televisão. Não paravam de mimá-la, gostavam dela de verdade, mas nunca se sentiram tão desprezadas.

— Vejam como estou doente, e vocês nem me ajudam — dizia Marina para as duas. — Eu, que tanto ajudei vocês.

Às vezes só conseguia aumentar o justo sentimento de abandono que a atormentava. Na realidade, os únicos alívios de Marina naquelas crises de crepúsculo eram as rezas fervorosas que murmurava sem trégua durante horas e o cuidado com suas unhas. Após vários dias, cansada de tudo, estendeu-se exausta na cama e suspirou:

— Bem, seja o que Deus quiser.

Na tarde do dia 22 o *Doutor* dos primeiros dias as visitou. Conversou em segredo com os guardiães e ouviu com atenção os comentários de Maruja e Beatriz sobre a saúde de Marina. Ao final sentou-se para conversar com ela na beira da cama. Deve ter sido algo sério e confidencial, pois os sussurros dos dois foram tão tênues que ninguém decifrou uma só palavra. O *Doutor* saiu do quarto com humor melhor do que quando chegou, e prometeu retornar logo.

Marina ficou na cama, deprimida. Chorava a cada tanto. Maruja tentou animá-la, e ela agradecia com gestos para não interromper suas orações e quase sempre correspondia com afeto, apertando a mão de Maruja com sua mão hirta. Beatriz, com quem tinha uma relação mais cálida, era tratada com o mesmo carinho. O único hábito que a manteve viva foi o de lixar as unhas.

Às dez e meia da noite do dia 23, quarta-feira, elas estavam começando a ver na televisão o programa *Enfoque*, pendentes de qualquer palavra diferente, de qualquer brincadeira familiar, do gesto menos pensado, de mudanças sutis na letra de uma canção que pudessem esconder mensagens em código. Mas não deu tempo. Mal iniciada a abertura musical, a porta se abriu numa hora insólita e o Monge entrou, embora não estivesse de plantão naquela noite.

— Viemos buscar a avó, que vai para outro sítio — disse.

Disse aquilo como se fosse um convite dominical. Marina ficou paralisada na cama como se estivesse talhada em mármore, com uma palidez intensa, até nos lábios, e o cabelo arrepiado. O Monge então se dirigiu a ela com seu afeto de neto.

— Apanhe suas coisas, vovó — disse ele. — Temos cinco minutos.

Quis ajudá-la a se levantar. Marina abriu a boca para dizer alguma coisa mas não conseguiu. Levantou-se sem ajuda, apanhou a sacola com suas coisas pessoais e saiu para o banheiro com uma leveza de sonâmbula que não parecia pisar o solo. Maruja encarou o Monge com a voz impávida.

— Vão matá-la?

O Monge se crispou.

— Essas coisas ninguém pergunta — disse. Mas recuperou-se em seguida: — Eu já disse que vai para um lugar melhor. Palavra.

Maruja tentou impedir, a qualquer custo, que a levassem. Como não havia ali nenhum chefe, coisa insólita numa decisão tão importante, pediu que chamassem alguém para discutir a questão com ela. Mas a discussão foi interrompida por outro guarda que entrou para tirar dali o rádio e a televisão. Desligou-os da tomada sem maiores explicações, e o último brilho da festa desvaneceu no quarto. Maruja pediu que pelo menos deixassem o programa terminar. Beatriz se mostrou ainda mais agressiva, mas foi inútil. Levaram o rádio e o televisor, e disseram a Marina que viriam buscá-la em cinco minutos. Maruja e Beatriz, sozinhas no quarto, não sabiam em que acreditar, nem em quem, nem até que ponto aquela decisão inescrutável fazia parte de seus destinos.

Marina demorou no banheiro muito mais que cinco minutos. Voltou para o quarto com o agasalho rosado completo, as meias marrons de homem e os sapatos que usava no dia do sequestro. O uniforme de ginástica estava limpo e bem passado. Os sapatos tinham o verdor da umidade e pareciam grandes demais, porque os pés haviam diminuído dois números em quatro meses de sofrimento. Marina continuava descolorida e empapada de um suor glacial, mas ainda lhe restava uma pitada de ilusão.

— Vai ver, eles me soltem! — disse.

Sem terem combinado nada, Maruja e Beatriz decidiram que fosse qual fosse o destino de Marina, o mais cristão era enganá-la.

— Claro que vão — disse Beatriz.

— É isso mesmo — disse Maruja com seu primeiro sorriso radiante. — Que maravilha!

A reação de Marina foi surpreendente. Perguntou às duas num tom entre brincadeira e seriedade que recados queriam mandar para as famílias. Elas improvisaram da melhor maneira que puderam. Marina, rindo um pouco de si mesma, pediu a Beatriz que lhe emprestasse a loção masculina que Lamparina tinha dado a ela de presente de Ano-Novo. Beatriz emprestou, e Marina perfumou atrás das orelhas com uma elegância legítima, arrumou-se sem espelho com leves toques dos dedos na formosa cabeleira de neves murchas, e afinal parecia disposta para ser livre e feliz.

Na realidade, estava à beira de um desmaio. Pediu um cigarro a Maruja e sentou-se para fumar na cama enquanto iam buscá-la. Fumou devagar, com grandes tragadas de angústia, enquanto repassava milímetro a milímetro a miséria daquele antro no qual não encontrou um instante de piedade, e no qual não lhe concederam no final nem mesmo a dignidade de morrer em sua cama.

Beatriz, para não chorar, repetiu-lhe a sério o recado para sua família: "Se tiver oportunidade de ver meu marido e meus filhos, diga a eles que estou bem e que os amo muito." Mas Marina já não era deste mundo.

— Não me peça isso — respondeu sem olhar para ela. — Eu sei que nunca terei essa oportunidade.

Maruja levou para Marina um copo d'água com dois barbitúricos que seriam suficientes para que ela dormisse três dias. Precisou dar a água, porque Marina não conseguia fazer a boca coincidir com o copo por causa do tremor de suas mãos. E então viu o fundo dos seus olhos radiantes, e isso foi suficiente para perceber que Marina não enganava nem a si mesma. Sabia muito bem quem era, quanto deviam por ela e para onde a levavam, e se entrara no jogo das últimas amigas que lhe restaram na vida tinha sido também por compaixão.

Deram a ela uma máscara nova, de lã rosada, que combinava com a roupa de ginástica. Antes de enfiá-la despediu-se de Maruja com um abraço e um beijo. Maruja deu-lhe a bênção e disse: "Fique tranquila." Despediu-se de Beatriz com outro abraço e outro beijo, e disse: "Que Deus te abençoe." Beatriz, fiel a si mesma até o último instante, se manteve na ilusão.

— Que bom que você vai ver a sua família — disse a ela.

Marina entregou-se aos guardiães sem uma lágrima. Puseram nela a máscara ao contrário, com os buracos dos olhos e da boca na nuca, para que não pudesse ver. O Monge pegou-a pelas duas mãos e tirou-a da casa caminhando para trás. Marina deixou-se levar com passos seguros. O outro guardião fechou a porta por fora.

Maruja e Beatriz ficaram imóveis diante da porta trancada, sem saber por onde retomar a vida, até ouvirem os motores na garagem e seu rumor se desvanecer no horizonte. Só então entenderam que haviam levado embora o televisor e o rádio para que elas não conhecessem o final da noite.

6

No amanhecer do dia seguinte, quinta-feira 24, o cadáver de Marina Montoya foi encontrado em um terreno baldio ao norte de Bogotá. Estava quase sentada no capim ainda úmido por uma forte garoa matutina, recostada contra a cerca de arame farpado e com os braços em cruz. O juiz 78 de instrução criminal que fez o levantamento descreveu-a como uma mulher de uns sessenta anos, com uma espessa cabeleira prateada, vestida com um uniforme de ginástica cor-de-rosa e meias marrons de homem. Debaixo do uniforme tinha um escapulário com uma cruz de plástico. Alguém que havia chegado antes da justiça tinha roubado seus sapatos.

O cadáver estava com a cabeça coberta por um capuz endurecido pelo sangue seco, colocado ao contrário, com os buracos da boca e dos olhos na nuca, e quase estraçalhado pelos orifícios de entrada e saída de seis tiros disparados a não mais de cinquenta centímetros, pois haviam deixado tatuagens no pano e na pele. As feridas estavam distribuídas pelo crânio e no lado esquerdo da cara, além de uma muito nítida, como um tiro de misericórdia, na testa. No entanto, só foram encontradas cinco cápsulas de nove milímetros junto ao corpo empapado pelo capim silvestre. A equipe técnica da polícia judicial já havia tirado cinco jogos de impressões digitais.

Alguns estudantes do colégio San Carlos, que fica na calçada em frente, tinham circulado por ali com outros curiosos. Entre os que presenciaram os procedimentos com o corpo encontrava-se uma vendedora de flores do Cemitério do Norte, que havia madrugado para matricular a filha numa escola vizinha. O cadáver a impressionou pela boa qualidade da roupa íntima, pela forma e o cuidado das mãos e o ar distinto que se notava apesar do rosto crivado de balas. Naquela tarde, a distribuidora de flores que a abastecia em sua barraca no Cemitério do Norte — a cinco quilômetros de distância — encontrou-a com uma forte dor de cabeça e num estado de depressão alarmante.

— Você não imagina como foi triste ver aquela senhora jogada no capim, coitada — disse a florista. — Precisava só ver a sua roupa íntima, seu jeito de grande dama, seu cabelo branco, as mãos tão finas e com as unhas tão bem-cuidadas.

A distribuidora, alarmada pela sua prostração, deu a ela um analgésico para a dor de cabeça, aconselhou-a a não pensar em coisas tristes e, sobretudo, a não sofrer por problemas alheios. Nem uma nem outra perceberiam até uma semana mais tarde que haviam vivido um episódio inverossímil. Pois a distribuidora era Marta de Pérez, a esposa de Luis Guillermo Pérez, filho de Marina.

O Instituto Médico-Legal recebeu o corpo às cinco e meia da tarde da quinta-feira, e o deixaram no depósito até o dia seguinte, pois não fazem autópsia durante a noite nos mortos com mais de uma bala. Ali esperavam, para identificação e necropsia, dois outros cadáveres de homens recolhidos na rua durante a manhã. No curso da noite chegaram outros dois, de homens adultos, também encontrados à intempérie, e o de um menino de cinco anos.

A doutora Patricia Álvarez, que fez a autópsia de Marina Montoya a partir das sete e meia da manhã da sexta-feira, encontrou restos de alimentos reconhecíveis no estômago e deduziu que a morte havia ocorrido na madrugada da quinta-feira. Também ela ficou impressionada com a qualidade da roupa íntima e com as unhas polidas e pintadas. Chamou o doutor Pedro Morales, seu chefe, que fazia outra autópsia duas mesas adiante, e ele ajudou-a a descobrir outros sinais inequívocos da condição social do cadáver. Fizeram o registro dental e tiraram fotografias, radiografias e três outros pares de impressões digitais. Por último fizeram no cadáver uma prova de absorção atômica e não encontraram restos de psicofármacos, apesar dos dois barbitúricos que Maruja Pachón havia dado a Marina algumas horas antes da morte.

Cumpridos os trâmites primários mandaram o corpo para o Cemitério do Sul, onde três semanas antes havia sido aberta uma fossa comum para sepultar uns duzentos cadáveres. Ali ela foi enterrada junto aos outros quatro desconhecidos e ao menino.

Era evidente que naquele janeiro atroz o país havia chegado à pior situação concebível. Desde 1984, quando o ministro Rodrigo Lara Bonilla foi assassinado, tínhamos padecido todo tipo de fatos abomináveis, mas a situação não havia chegado ao fim, nem o pior havia ficado para trás. Todos os fatores de violência estavam desencadeados e mais agudos.

Entre os muitos fatos graves que haviam convulsionado o país, o narcoterrorismo se definiu como o mais virulento e impiedoso. Quatro candidatos presidenciais tinham sido assassinados antes da campanha de 1990. Carlos Pizarro, candidato do M-19, foi morto por um assassino solitário a bordo de um avião comercial, apesar de ter mudado quatro vezes suas reservas de voo, em segredo absoluto e com todo tipo de astúcias para despistar. O pré-candidato Ernesto Samper sobreviveu a uma rajada de onze tiros e chegou à presidência da república cinco anos mais tarde ainda com quatro projéteis dentro do corpo que faziam as portas magnéticas dos aeroportos disparar o alarme. Explodiram um automóvel com uma bomba de cinquenta quilos de dinamite na passagem do general Maza Márquez, e ele escapou de seu carro de baixa blindagem arrastando um de seus seguranças feridos. "De repente me senti voando na crista de uma onda", contou o general. Foi tal a comoção que ele precisou de ajuda psiquiátrica para recobrar o equilíbrio emocional. Ainda não havia terminado o tratamento, e sete meses depois, quando um caminhão com duas toneladas de dinamite desmantelou com uma explosão apocalíptica o enorme edifício do DAS, com um saldo de setenta mortos, setecentos e vinte feridos e estragos materiais incalculáveis. Os terroristas haviam esperado o momento exato em que o general entrasse no seu escritório, mas ele não sofreu um só arranhão no meio do cataclismo. Naquele mesmo ano, uma bomba destruiu um avião de passageiros cinco minutos depois da decolagem e causou cento e sete mortos, entre eles Andrés Escabí — cunhado de Pacho Santos —, e o tenor colombiano Gerardo Arellano. A versão generalizada foi de que o artefato era dirigido ao candidato César Gaviria. Erro sinistro, pois Gaviria jamais teve a intenção de viajar naquele avião. E mais: a segurança de sua campanha havia proibido que ele voasse em aviões de linhas regulares, e nas ocasiões em que quis fazê-lo teve que desistir diante do terror dos outros passageiros, que trataram de desembarcar para não correr o risco de voar com ele.

A verdade é que o país estava encerrado em um círculo infernal. Por um lado, os Extraditáveis se negavam a entregar-se ou a moderar a violência, porque a polícia não lhes dava trégua. Escobar havia denunciado por todos os meios que a polícia entrava a qualquer hora nas comunidades de Medellín, pegava dez menores ao acaso e os fuzilava sem maiores averiguações em botequins e descampados. Supunham que a maioria estava a serviço de Pablo Escobar, ou eram seus simpatizantes, ou iriam ser a qualquer momento pela razão ou pela força. Os terroristas não davam trégua nas matanças à traição de policiais nem nos atentados e sequestros. Por seu lado, os dois movimentos guerrilheiros mais antigos e fortes, o Exército de Libertação Nacional (ELN) e as Forças Armadas Revolucionárias (FARC), acabavam de responder com todo tipo de atos terroristas à primeira proposta de paz do governo de César Gaviria.

Um dos grupos mais afetados por aquela guerra cega foi o dos jornalistas, vítimas de assassinatos e sequestros, embora também de deserção por ameaças e corrupção. Entre setembro de 1983 e janeiro de 1991 foram assassinados pelos cartéis da droga vinte e seis jornalistas de diferentes órgãos do país. Guillermo Cano, diretor de *El Espectador*, o mais inerme dos homens, foi tocaiado e assassinado por dois pistoleiros na porta de seu jornal no dia 17 de dezembro de 1986. Estava dirigindo sua própria caminhonete e, apesar de ser um dos homens mais ameaçados do país por seus editoriais suicidas contra o comércio de drogas, negava-se a usar um automóvel blindado ou a ter uma escolta. Além disso, seus inimigos quiseram continuar matando-o depois de morto. Um busto erguido em sua memória foi dinamitado em Medellín. Meses depois, fizeram explodir um caminhão com trezentos quilos de dinamite que reduziram a escombros as máquinas do jornal.

Uma droga mais daninha que as mal chamadas em espanhol de heroicas se introduziu na cultura nacional: o dinheiro fácil. Prosperou a ideia de que a lei é o maior obstáculo para a felicidade, que aprender a ler e a escrever não serve para nada, que se vive melhor e com mais segurança como delinquente do que como pessoa de bem. Em síntese: o estado de perversão social próprio de toda guerra incipiente e intermitente.

O sequestro não era uma novidade na história recente da Colômbia. Nenhum dos quatro presidentes anteriores havia escapado à prova de um sequestro desestabilizador. E por certo, até onde se sabe, nenhum dos quatro havia cedido às exigências dos sequestradores. Em fevereiro de 1976, sob o governo de Alfonso López Michelsen, o M-19 havia sequestrado o presidente da Confederação de Trabalhadores da Colômbia, José Raquel Mercado. Ele foi julgado e condenado à morte pelos seus captores por traição à classe operária, e executado com dois tiros na nuca diante da negativa do governo em cumprir uma série de condições políticas.

Dezesseis membros de elite do mesmo movimento armado ocuparam a embaixada da República Dominicana em Bogotá enquanto era celebrada a sua festa nacional, no dia 27 de fevereiro de 1980, durante o governo de Julio César Turbay. Durante sessenta e um dias mantiveram como reféns quase todo o corpo diplomático credenciado na Colômbia, incluídos os embaixadores dos Estados Unidos, de Israel e do Vaticano. Exigiam um resgate de cinquenta milhões de dólares e a libertação de trezentos e onze de seus militantes detidos. O presidente Turbay negou-se a negociar, mas os reféns foram libertados no dia 28 de abril sem nenhuma condição expressa e os sequestradores saíram do país sob a proteção do governo de Cuba, solicitada pelo governo da Colômbia. Os sequestradores garantiram, em privado, que haviam recebido pelo resgate cinco milhões de dólares em dinheiro, arrecadados pela colônia judaica da Colômbia entre seus confrades do mundo inteiro.

No dia 7 de novembro de 1985, um comando do M-19 tomou o multitudinário edifício da Corte Suprema de Justiça durante sua hora de maior atividade, com a exigência de que o mais alto tribunal da república julgasse o presidente Belisario Betancur por não cumprir com sua promessa de paz. O presidente não negociou, e o exército resgatou o edifício à custa de sangue e fogo depois de dez horas, com um saldo indeterminado de desaparecidos e noventa e cinco mortos civis, entre eles nove magistrados da Corte Suprema de Justiça e seu presidente, Alfonso Reyes Echandía.

Por sua vez, o presidente Virgilio Barco, quase ao final de seu mandato, deixou mal resolvido o sequestro de Álvaro Diego Montoya, filho de seu secretário-geral. A fúria de Pablo Escobar explodiu sete meses mais tarde nas mãos de seu sucessor, César Gaviria, que iniciava seu governo com o problema maior de dez notáveis sequestrados.

No entanto, em seus primeiros cinco meses, Gaviria havia conseguido um ambiente menos turbulento para contornar a tormenta. Havia conseguido um acordo político para convocar uma Assembleia Constituinte, investida pela Corte Suprema de Justiça de poder suficiente para decidir sobre qualquer tema, sem limite algum. Incluídos, é claro, os mais quentes: a extradição de cidadãos nacionais e o indulto. Mas o problema de fundo, tanto para o governo como para o narcotráfico e as guerrilhas, era que enquanto a Colômbia não tivesse um sistema de justiça eficiente seria quase impossível articular uma política de paz que colocasse o Estado ao lado dos bons e deixasse do lado dos maus os delinquentes de qualquer coloração. Mas nada era simples naqueles dias, e muito menos informar sobre qualquer coisa com objetividade, nem era fácil educar as crianças e ensinar-lhes a diferença entre o bem e o mal.

A credibilidade do governo não se situava na altura de seus notáveis êxitos políticos, mas na baixeza de seus organismos de segurança, fustigados pela imprensa mundial e pelos organismos internacionais de direitos humanos. Em compensação, Pablo Escobar havia conseguido uma credibilidade que as guerrilhas jamais tiveram em seus melhores dias. As pessoas chegaram a crer mais nas mentiras dos Extraditáveis que nas verdades do governo.

No dia 14 de dezembro foi promulgado o decreto 3030, que modificou o 2047 e anulou todos os anteriores. Ele introduzia, entre outras novidades, a acumulação jurídica de penas. Ou seja: uma pessoa julgada por vários delitos, num mesmo julgamento ou em julgamentos posteriores, não veria somados os anos das diferentes penas, mas cumpriria apenas a pena mais longa. Também foi fixada uma série de procedimentos e prazos relacionados com a transferência de provas do exterior para processos na Colômbia. Mas se mantiveram firmes os dois grandes obstáculos para a rendição: as condições um tanto incertas para a não extradição e o prazo fixo para os delitos perdoáveis. Melhor dizendo: foram mantidas a rendição e a confissão como requisitos indispensáveis para a não extradição e para a redução das penas, mas sempre sujeitas a que os delitos houvessem sido cometidos antes do dia 5 de setembro de 1990. Pablo Escobar manifestou seu desacordo com uma mensagem enfurecida. Sua reação tinha dessa vez um motivo a mais, que ele se cuidou de não demonstrar em público: a aceleração do intercâmbio de provas com os Estados Unidos, que agilizava os processos de extradição.

Alberto Villamizar foi o mais surpreendido. Por seus contatos diários com Rafael Pardo, ele tinha motivos para esperar um decreto de utilização mais fácil. Pelo contrário, achou este mais duro que o primeiro. E não estava sozinho nessa ideia. O inconformismo era tão generalizado que desde o primeiro dia da promulgação do segundo decreto começou-se a pensar num terceiro.

Uma conjectura fácil sobre as razões que endureceram o 3030 era de que o setor mais radical do governo — diante da ofensiva dos comunicados conciliadores e das libertações gratuitas de quatro jornalistas — havia convencido o presidente de que Escobar estava encurralado. Quando, na realidade, nunca havia estado tão forte como naquele momento, com a pressão tremenda dos sequestros e a possibilidade de que a Assembleia Constituinte eliminasse a extradição e proclamasse o indulto.

Em compensação, os três irmãos Ochoa aceitaram de imediato a opção da rendição. Isto foi interpretado como uma fissura na cúpula do cartel. Só que, na verdade, o processo começara no primeiro decreto, em setembro, quando um conhecido senador antioquenho pediu a Rafael Pardo que recebesse uma pessoa que ele não explicou antes quem seria. Era Martha Nieves Ochoa, que iniciou com esse passo audaz os trâmites para a rendição de seus irmãos em intervalos de um mês. E assim aconteceu. Fabio, o menor, se entregou no dia 18 de dezembro; no dia 15 de janeiro, quando menos parecia possível, foi Jorge Luis; e no dia 16 de fevereiro se entregou Juan David. Cinco anos depois um grupo de jornalistas norte-americanos fez na prisão a pergunta a Jorge Luis, que deu uma resposta terminante: "Nós nos entregamos para salvar a nossa pele." Reconheceu que por trás disso estava a pressão irresistível das mulheres de sua família, que não tiveram paz até que os puseram a salvo no cárcere blindado de Itaguí, um subúrbio industrial de Medellín. Foi um ato familiar de confiança no governo, que até aquele momento teria podido extraditá-los pelo resto da vida aos Estados Unidos.

Dona Nydia Quintero, sempre atenta aos seus presságios, não menosprezou a importância da rendição dos Ochoa. Três dias depois da entrega de Fabio ela foi vê-lo na cadeia, com sua filha Maria Victoria e sua neta Maria Carolina, filha de Diana. Foi apanhada na casa onde estava hospedada por cinco membros da família Ochoa, fiéis ao protocolo tribal dos homens do campo: a mãe, Martha Nieves e outra irmã, e dois rapazes. Foi levada ao presídio de Itaguí, um edifício encouraçado, no fundo de uma ruela morro acima, enfeitada com as grinaldas de papel colorido de Natal.

Na cela da cadeia, além do jovem Fabio, estava o seu pai, Dom Fabio Ochoa, um patriarca de cento e cinquenta quilos e feições de menino aos setenta anos, criador de cavalos colombianos de trote fino e guia espiritual de uma vasta família de homens intrépidos e mulheres de rédeas firmes. Gostava de presidir as visitas da família sentado numa poltrona que era o seu trono, com o eterno chapéu de criador de cavalos e um jeito cerimonioso que combinava com sua fala lenta e arrastada e sua sabedoria popular. Ao seu lado, o filho, que é vivaz e brincalhão, mal interpôs uma palavra naquele dia enquanto seu pai falava.

Dom Fabio fez em primeiro lugar um elogio à valentia com que Nydia movia céus e terra para salvar Diana. A possibilidade de ajudá-la junto a Pablo Escobar foi formulada em uma retórica magistral: faria com o maior prazer o que pudesse, mas não acreditava que pudesse fazer alguma coisa. No final da visita o jovem Fabio pediu a Nydia o favor de explicar ao presidente a importância de aumentar o prazo no decreto de rendição. Nydia explicou que não poderia fazer isso, mas eles sim, com uma carta às autoridades competentes. Era sua maneira de não permitir que a usassem como leva e traz de recados diante do presidente. O jovem Fabio compreendeu e despediu-se dela com uma frase reconfortante: "Enquanto houver vida haverá esperança."

Ao regresso de Nydia a Bogotá, Azucena entregou-lhe a carta de Diana em que pedia que ela celebrasse o Natal com seus filhos, e Hero Buss insistiu por telefone que ela fosse a Cartagena com urgência para um encontro pessoal. O bom estado físico e moral em que encontrou o alemão depois de três meses de cativeiro tranquilizou um pouco Nydia em relação à saúde de sua filha. Hero Buss não via Diana desde a primeira semana do sequestro, mas entre os guardiães e o pessoal de serviço havia um intercâmbio constante de notícias que vazavam aos reféns, e ele sabia que Diana estava bem. Seu único risco grave e sempre iminente era o de um resgate armado. "A senhora não imagina o que é o perigo constante de que matem a gente — disse Hero Buss. — Não apenas porque a lei pode chegar, como dizem eles, mas porque estão sempre tão assustados que confundem até o menor ruído com uma operação policial." Seus únicos conselhos eram impedir a qualquer custo um resgate armado e conseguir que mudassem no decreto o prazo para a rendição.

No mesmo dia de seu regresso a Bogotá, Nydia expressou suas inquietações ao ministro de Justiça. Visitou o ministro da Defesa, general Óscar Botero, acompanhada por seu filho, o parlamentar Julio César Turbay Quintero, e pediu-lhe angustiada, em nome de todos os sequestrados, que usassem os serviços de inteligência e não as operações de resgate. Seu desgaste era vertiginoso e sua intuição de tragédia cada vez mais lúcida. Seu coração doía. Chorava a qualquer hora. Fez um esforço supremo para se dominar, mas as más notícias não lhe deram trégua. Ouviu pelo rádio uma mensagem dos Extraditáveis ameaçando jogar na frente do Palácio Presidencial os cadáveres dos sequestrados empacotados em sacos de estopa se não fossem modificados os termos do segundo decreto. Nydia telefonou ao presidente da república num estado de desespero mortal. Como o presidente estava no Conselho de Segurança, foi atendida por Rafael Pardo.

— Por favor pergunte ao presidente e aos membros do Conselho de Segurança se o que necessitam para mudar o decreto é que joguem na sua porta os sequestrados mortos e ensacados.

Estava nesse mesmo estado de exaltação horas depois, quando pediu ao presidente em pessoa que mudasse o prazo do decreto. Ele já tivera notícias de que Nydia se queixava de sua insensibilidade diante da dor alheia e fez um esforço para ser mais paciente e explícito. Explicou que o decreto 3030 acabava de ser promulgado e que o mínimo a fazer era dar a ele algum tempo para ver qual seria o resultado. Mas Nydia achava que os argumentos do presidente não passavam de justificativas para não fazer o que devia ter feito no momento oportuno.

— A mudança da data-limite não apenas é necessária para salvar a vida dos reféns — replicou Nydia, cansada de raciocínios — mas é a única coisa que falta para a rendição dos terroristas. Mexa nessa data, que eles devolvem Diana.

Gaviria não cedeu. Já estava convencido de que o prazo fixo era o maior obstáculo para a política de rendição, mas resistia a mudá-lo para que os Extraditáveis não conseguissem o que buscavam por meio dos sequestros. A Assembleia Constituinte ia se reunir nos próximos dias em meio a uma expectativa incerta, e não se podia permitir que por uma debilidade do governo fosse concedido um indulto ao narcotráfico. "A democracia não esteve em perigo pelos assassinatos de quatro candidatos presidenciais nem por algum sequestro — diria Gaviria mais tarde. — Só esteve de verdade naqueles momentos em que existiu a tentação, ou o risco, ou o rumor de que estava sendo incubada a possibilidade do indulto." Ou seja: o risco inconcebível de que sequestrassem também a consciência da Assembleia Constituinte. Gaviria já tinha decidido: se isso ocorresse, sua determinação serena e irrevogável era desmantelar a Constituinte.

Nydia já andava há algum tempo com a ideia de que o doutor Turbay fizesse alguma coisa que estremecesse o país em favor dos sequestrados: uma manifestação multitudinária em frente ao Palácio Presidencial, uma greve cívica, um protesto formal nas Nações Unidas. Mas o doutor Turbay a apaziguava. "Ele sempre foi assim, por sua responsabilidade e pela sua mesura — disse Nydia. — Mas eu sabia que por dentro estava morrendo de dor." Essa certeza, em lugar de aliviá-la, aumentava sua angústia. Foi então que tomou a decisão de escrever ao presidente da república uma carta particular "que o motivasse a agir no que ele sabia que era necessário".

O doutor Gustavo Balcázar, preocupado pela prostração de sua esposa Nydia, convenceu-a no dia 24 de janeiro a passar uns dias na sua casa de Tabio — a uma hora de carro na savana de Bogotá — para buscar alívio para a sua angústia. Não tinha estado lá desde o sequestro de sua filha, e por isso levou sua estatueta da Virgem e duas velas grandes de quinze dias, e tudo o que pudesse fazer falta para não se desconectar da realidade. Passou uma noite interminável na solidão gelada da savana, pedindo de joelhos à Virgem que protegesse Diana com uma cúpula de cristal invulnerável para que ninguém lhe faltasse ao respeito, para que não sentisse medo, para que as balas ricocheteassem. Às cinco da manhã, depois de um sono breve e infeliz, começou a escrever na mesa da sala de jantar a carta de sua alma para o presidente da república. O amanhecer surpreendeu-a rabiscando ideias fugitivas, chorando, rasgando rascunhos sem parar de chorar, passando os rascunhos a limpo num mar de lágrimas.

Ao contrário do que ela mesma havia previsto, estava escrevendo sua carta mais formal e drástica. "Não pretendo fazer um documento público — iniciou. — Quero chegar ao presidente do meu país e, com o respeito que merece, fazer-lhe algumas reflexões comedidas e uma súplica angustiada e razoável." Apesar da reiterada promessa presidencial de que nunca se tentaria uma operação policial para libertar Diana, Nydia deixou o registro escrito de uma súplica premonitória: "Sabe o país e sabem os senhores que se tropeçarem numa dessas batidas com os sequestrados, poderia se produzir uma horrível tragédia". Convencida de que os obstáculos do segundo decreto haviam interrompido o processo de libertações iniciado pelos Extraditáveis antes do Natal, Nydia alertou o presidente com um temor novo e lúcido: se o governo não tomasse alguma determinação imediata para remover esses obstáculos, os reféns corriam o risco de que o tema acabasse ficando nas mãos da Assembleia Constituinte. "Isto faria com que a aflição e a angústia, padecidas não apenas pelos familiares, mas pelo país inteiro, se prolongasse por mais intermináveis meses", escreveu. E concluiu com uma reverência elegante: "Pelas minhas convicções, pelo respeito que lhe tenho como Primeiro Magistrado da Nação, eu seria incapaz de sugerir-lhe alguma iniciativa da minha própria lavra, mas me sinto inclinada a suplicar-lhe que em defesa de vidas inocentes não desestime o perigo que representa o fator tempo." Uma vez terminada e transcrita em boa letra, eram duas folhas e um quarto de outra, tamanho ofício. Nydia deixou um recado na secretaria particular da presidência para que lhe indicassem aonde deveria mandá-las.

Naquela mesma manhã precipitou-se a tempestade com a notícia de que tinham sido mortos os cabeças da quadrilha dos Priscos: os irmãos David Ricardo e Armando Alberto Prisco Lopera, acusados dos sete magnicídios daqueles anos e de serem os cérebros dos sequestros, entre eles o de Diana Turbay e sua equipe. Um deles tinha morrido com a falsa identidade de Francisco Muñoz Serna, mas quando Azucena Liévano viu a foto nos jornais reconheceu nele Dom Pacho, o homem que cuidava de Diana e dela durante o cativeiro. Sua morte e a de seu irmão, bem naqueles momentos de confusão, foram uma perda irreparável para Escobar, e ele não tardaria em reconhecer isso com fatos.

Os Extraditáveis disseram num comunicado ameaçador que David Ricardo não havia sido morto em combate, mas metralhado pela polícia diante de seus filhos pequenos e da esposa grávida. Sobre seu irmão Armando, o comunicado assegurou que sua morte tampouco tinha sido em combate, como disse a polícia, mas assassinado numa chácara de Rionegro, apesar de estar paralítico como consequência de um atentado anterior. A cadeira de rodas, dizia o comunicado, era vista com clareza no noticiário da televisão regional.

Este era o comunicado que mencionaram a Pacho Santos. Foi divulgado no dia 25 de janeiro, com o anúncio de que seriam executados dois reféns num intervalo de oito dias, e a primeira ordem já havia sido dada contra Marina Montoya. Notícia surpreendente, pois supunha-se que Marina havia sido assassinada assim que foi sequestrada em setembro.

"Era a isso que eu me referia quando mandei ao presidente a mensagem dos ensacados — disse Nydia recordando aquela jornada atroz. — Não é que eu fosse impulsiva, nem temperamental, nem que necessitasse tratamento psiquiátrico. É que eles iam matar minha filha, talvez porque eu não tenha sido capaz de acionar quem pudesse impedir."

O desespero de Alberto Villamizar não podia ser menor. "Aquele foi o dia mais horrível que passei na vida", disse então, convencido de que as execuções não se fariam esperar. Quem seria: Diana, Pacho, Maruja, Beatriz, Richard? Era uma rifa da morte que ele não queria nem mesmo imaginar. Enfurecido, telefonou ao presidente Gaviria.

— O senhor tem que parar com essas operações policiais — disse.

— Não, Alberto — respondeu Gaviria com sua tranquilidade arrepiante. — Eu não fui eleito para isso.

Villamizar desligou o telefone, fora de si pelo seu próprio ímpeto. "E agora, o que eu faço?", perguntou. Para começar pediu ajuda aos ex-presidentes Alfonso López Michelsen e Misael Pastrana e ao monsenhor Darío Castrillón, bispo de Pereira. Todos fizeram declarações públicas de repúdio aos métodos dos Extraditáveis e pediram a preservação da vida dos reféns. López Michelsen fez um chamado ao governo e a Escobar pela RCN para que detivessem a guerra e buscassem uma solução política.

Naquele momento a tragédia já estava consumada. Minutos antes da madrugada do dia 21 de janeiro, Diana havia escrito a última página do diário. "Estamos perto dos cinco meses e só nós sabemos o que é isto — escreveu. — Não quero perder a fé e a esperança de regressar para a casa sã e salva."

Já não estava sozinha. Depois da libertação de Azucena e Orlando havia pedido que a juntassem com Richard, e foi atendida depois do Natal. Foi uma sorte para os dois. Conversavam até a exaustão, escutavam rádio até o amanhecer, e assim adquiriram o costume de dormir de dia e viver de noite.

Tinham sido informados da morte dos Priscos por uma conversa dos vigias. Um deles chorava. Outro, convencido de que aquele era o final, e referindo-se sem dúvida aos sequestrados, perguntou: "E o que fazemos agora com a mercadoria?" O que chorava nem parou para pensar.

— Vamos acabar com eles — disse.

Diana e Richard não dormiram depois do café da manhã. Dias antes, tinham sido avisados que mudariam de casa. Isso não chamou sua atenção, porque no curto mês que estavam juntos foram levados duas vezes para refúgios vizinhos, prevendo ataques reais ou imaginários da polícia. Pouco antes das onze da manhã do dia 25, estavam no quarto de Diana comentando aos sussurros o diálogo dos guardiães quando ouviram ruídos de helicópteros pelos lados de Medellín.

Os serviços de inteligência da polícia haviam recebido nos últimos dias numerosos telefonemas anônimos sobre movimento de gente armada nas trilhas de Sabaneta — município de Copacabana —, e em especial nos sítios do Alto de la Cruz, Villa del Rosario e La Bola. Talvez os carcereiros de Diana e Richard planejassem transferi-los para Alto de la Cruz, que era o sítio mais seguro porque estava numa elevação empinada e coberta de bosques, de onde se dominava o vale inteiro até Medellín. Como consequência dessas denúncias telefônicas e de outros indícios próprios, a polícia estava a ponto de invadir a casa. Era uma grande operação de guerra: dois capitães, nove oficiais, sete suboficiais e noventa e nove agentes, parte por terra e parte em quatro helicópteros artilhados. Os guardiães já não davam importância aos helicópteros, porque passavam com frequência sobre a casa sem que nada acontecesse. De repente um deles surgiu na porta e lançou o grito temível:

— Chegou a lei!

Diana e Richard demoraram de propósito o máximo que puderam, porque era o momento propício para que a polícia chegasse: os quatro guardiães eram dos menos duros e pareciam assustados demais para se defenderem. Diana escovou os dentes e pôs uma camisa branca que tinha lavado no dia anterior, calçou os tênis e vestiu os *jeans* que usava no dia do sequestro e que agora estavam grandes por causa da perda de peso. Richard mudou de camisa e juntou o equipamento de cinegrafista que tinha sido devolvido a ele por aqueles dias. Os guardiães pareciam enlouquecidos pelo ruído incessante dos helicópteros que sobrevoaram a casa, se afastaram até o vale e voltaram quase tocando as árvores. Apressavam aos gritos e empurravam os sequestrados para a porta de saída. Deram a eles chapéus brancos para que do alto fossem confundidos com os camponeses da região. Jogaram um xale negro sobre Diana e Richard vestiu sua jaqueta de couro. Os guardas ordenaram que eles corressem até a montanha e fizeram a mesma coisa, mas separados, com as armas engatilhadas e prontas para disparar quando os helicópteros estivessem ao seu alcance. Diana e Richard começaram a subir por uma vereda de pedras. A encosta era muito pronunciada, e o sol ardente caía feito chumbo do centro do céu. Diana sentiu-se exausta poucos metros depois, quando os helicópteros já estavam à vista. Na primeira rajada Richard se jogou ao chão. "Não se mexa — gritou Diana. — Se faça de morto." No mesmo instante caiu ao seu lado, de cara no chão.

— Me mataram — gritou. — Não posso mexer as pernas.

Não podia, de fato, mas tampouco sentia nenhuma dor, e pediu a Richard que examinasse as suas costas porque antes de cair tinha sentido uma espécie de descarga elétrica na cintura. Richard levantou sua camisa e viu na altura da região ilíaca esquerda um furo minúsculo, nítido e sem sangue.

Como o tiroteio continuava cada vez mais próximo, Diana insistiu desesperada que Richard a deixasse ali e fugisse, mas ele permaneceu ao seu lado esperando uma ajuda para salvá-la. Enquanto isso, pôs em sua mão uma Virgem que sempre carregava no bolso e rezou com ela. O tiroteio cessou de repente e dois agentes do Corpo de Elite apareceram na vereda com suas armas erguidas.

Richard, ajoelhado ao lado de Diana, levantou os braços e disse: "Não atirem!" Um dos agentes olhou-o com uma cara de grande surpresa e perguntou:

— Onde está Pablo?

— Não sei — disse Richard. — Sou Richard Becerra, o jornalista. Esta é Diana Turbay e está ferida.

— Prove — disse um agente.

Richard mostrou-lhe a carteira de identidade. Eles e alguns camponeses que surgiram dos matagais ajudaram a transportar Diana numa rede improvisada com um lençol e a deitaram dentro do helicóptero. A dor tinha se tornado insuportável, mas ela estava tranquila e lúcida, e sabia que ia morrer.

Meia hora depois, o ex-presidente Turbay recebeu um telefonema de uma fonte militar dizendo que sua filha Diana e Francisco Santos tinham sido resgatados em Medellín por uma operação do Corpo de Elite. De imediato telefonou para Hernando Santos, que soltou um grito de vitória e mandou as telefonistas de seu jornal darem a notícia a toda a família dispersa. Depois ligou para o apartamento de Alberto Villamizar e retransmitiu a notícia tal como havia recebido. "Que maravilha!", gritou Villamizar. Seu júbilo era sincero, mas em seguida lembrou que uma vez libertados Pacho e Diana os únicos executáveis que ficavam nas mãos de Pablo Escobar eram Maruja e Beatriz.

Enquanto fazia telefonemas de urgência ligou o rádio e comprovou que a notícia ainda não estava no ar. Ia discar o número de Rafael Pardo, quando o telefone tornou a tocar.

Era outra vez Hernando Santos, para dizer-lhe arrasado que Turbay havia corrigido a primeira notícia. O libertado não era Francisco Santos e sim o cinegrafista Richard Becerra, e Diana estava ferida e grave. Mas Hernando Santos não estava tão perturbado pelo erro, e sim pela consternação de Turbay por ter-lhe causado uma falsa alegria.

Martha Lupe Rojas não estava em sua casa quando telefonaram do noticiário para dar-lhe a notícia de que seu filho Richard havia sido libertado. Ela tinha ido à casa de seus irmãos, e estava tão pendente das notícias que levou seu inseparável rádio portátil. Mas naquele dia, pela primeira vez desde o sequestro, o rádio não funcionou.

No táxi que a levava ao noticiário quando lhe disseram que seu filho estava a salvo, a voz familiar do jornalista Juan Gossaín colocou-a na realidade: as informações de Medellín ainda eram muito confusas. Tinha sido comprovado que Diana Turbay estava morta, mas não havia nada claro sobre Richard Becerra. Martha Lupe começou a rezar em voz baixa: "Deus, faça com que as balas passem de lado e não toquem nele." Nesse instante, Richard estava ligando de Medellín para contar à mãe que estava salvo, mas não a encontrou em casa. Porém o grito emocionado de Gossaín devolveu a alma a Martha Lupe:

— Extra! Extra! O cinegrafista Richard Becerra está vivo!

Martha Lupe começou a chorar, e não conseguiu se controlar até tarde da noite, quando encontrou seu filho na redação do noticiário *Criptón*. Hoje, recorda: "Estava que era só osso, pálido e barbudo, mas vivo."

Rafael Pardo tinha recebido a notícia minutos antes em seu escritório, por um telefonema de um jornalista amigo que queria confirmar uma versão do resgate. Ligou para o general Maza Márquez e depois para o diretor da polícia, general

Gómez Padilla, e nenhum dos dois sabia da operação. Pouco depois Gómez Padilla telefonou e informou que havia sido um encontro fortuito com o Corpo de Elite durante uma operação de busca de Escobar. As unidades que operavam, disse Gómez Padilla, não tinham nenhuma informação prévia de que houvesse sequestrados no lugar.

Desde que recebeu a notícia de Medellín, o doutor Turbay havia tentado se comunicar com Nydia na casa de Tabio, mas o telefone não estava funcionando. Mandou uma caminhonete com o seu chefe de segurança levando a notícia de que Diana estava a salvo e havia sido hospitalizada num hospital de Medellín para exames de rotina. Nydia recebeu a notícia às duas da tarde, e em vez do grito de júbilo que a família tinha dado assumiu uma atitude de dor e assombro, e exclamou:

— Mataram Diana!

No caminho de regresso a Bogotá, enquanto escutava as notícias no rádio sua incerteza se acentuou. "Continuei chorando — diria mais tarde. — Porém meu pranto já não era aos gritos como antes, era só de lágrimas." Fez uma escala em sua casa para mudar de roupa antes de ir ao aeroporto, onde estava à espera da família o decrépito Fokker presidencial que voava graças à providência divina, depois de quase trinta anos de trabalhos forçados. A notícia naquele momento era que Diana estava sob cuidados intensivos, mas Nydia não acreditava em nada, só em seus instintos. Foi direto ao telefone e pediu para falar com o presidente da república.

— Mataram Diana, senhor presidente — disse ela. — E isso é obra sua, é culpa sua, é a consequência de sua alma de pedra.

O presidente se alegrou por poder contradizê-la com uma boa notícia.

— Não, senhora — disse com sua voz mais calma. — Parece que houve uma operação policial e ainda não está nada claro. Mas Diana está viva.

— Não — replicou Nydia. — Ela foi morta.

O presidente, que estava em comunicação direta com Medellín, não tinha dúvidas.

— E como a senhora sabe?

Nydia respondeu com uma convicção absoluta:

— Meu coração de mãe me diz.

Seu coração foi certeiro. Uma hora depois, Maria Emma Mejía, a conselheira presidencial para Medellín, entrou no avião que iria levar a família Turbay e deu-lhes a má notícia. Diana tinha morrido dessangrada, depois de várias horas de esforços médicos que de qualquer modo teriam sido inúteis. Havia perdido o conhecimento no helicóptero que a transportou do lugar do encontro com a polícia até Medellín, e não voltara a si. Sua coluna vertebral estava fraturada no nível da cintura por uma bala explosiva de alta velocidade e calibre médio, que se fragmentou dentro do seu corpo e produziu uma paralisia geral da qual não teria se recobrado jamais.

Nydia teve um impacto maior quando a viu no hospital, nua na mesa de cirurgia, mas coberta com um lençol ensanguentado, com o rosto sem expressão e a pele sem cor por causa da sangria completa. Tinha uma enorme incisão cirúrgica no peito por onde os médicos haviam introduzido a mão para fazer massagens no coração.

Assim que saiu da sala de operações, já além da dor e da desesperança, Nydia convocou no próprio hospital uma entrevista coletiva feroz. "Esta é a história de uma morte anunciada", começou. Convencida de que Diana havia sido vítima de uma operação armada ordenada por Bogotá — segundo as informações que lhe deram desde sua chegada a Medellín —, fez um repasso minucioso das súplicas que a família e ela mesma tinham feito ao presidente da república para que a polícia não entrasse em ação. Disse que a insensatez e a criminalidade dos Extraditáveis eram os culpados pela morte de sua filha, mas que em igual proporção governo e o presidente da república em pessoa também eram culpados. Mas sobretudo o presidente, "que com indolência e quase com frieza e indiferença não deu ouvidos às súplicas que lhe foram feitas para que não houvesse resgate e não fossem postas em perigo as vidas dos sequestrados".

Esta declaração terminante, divulgada ao vivo por todos os meios, provocou uma reação de solidariedade na opinião pública e de indignação no governo. O presidente convocou Fabio Villegas, seu secretário-geral; Miguel Silva, seu secretário particular; Rafael Pardo, seu conselheiro de Segurança, e Mauricio Vargas, seu conselheiro de Imprensa. O propósito era elaborar uma resposta enérgica à declaração de Nydia. Mas uma reflexão mais a fundo os conduziu à conclusão de que a dor de uma mãe não pode ser questionada. Gaviria entendeu assim, cancelou o propósito da reunião e deu uma ordem:

— Vamos ao enterro.

Não apenas ele, mas o governo em pleno.

O rancor de Nydia não lhe deu uma trégua. Por alguém cujo nome não lembrava, tinha mandado a carta tardia ao presidente — quando já sabia que Diana havia morrido —, talvez para que levasse para sempre na consciência a carta premonitória. "Obviamente, não esperava que ele me respondesse", disse.

Ao final da missa de corpo presente na catedral — concorrida como muito poucas — o presidente se levantou de sua cadeira e percorreu sozinho a deserta nave central, seguido por todos os olhares, pelos relâmpagos dos fotógrafos, pelas câmeras de televisão, e estendeu a mão a Nydia com a certeza de que ela a deixaria estendida. Nydia apertou sua mão com uma falta de vontade glacial. Na realidade para ela foi um alívio, pois o que temia é que o presidente a abraçasse. Em compensação, apreciou o beijo de condolência de Ana Milena, sua esposa.

Mas ainda não era o final. Mal aliviada dos compromissos do luto, Nydia solicitou uma nova audiência com o presidente para informá-lo de algo importante que ele devia saber antes de seu discurso daquele dia sobre a morte de Diana. Silva transmitiu o recado ao pé da letra, e o presidente deu então o sorriso que Nydia não veria jamais.

— Ela vem é acabar comigo — disse. — Mas que venha, claro.

Recebeu-a como sempre. Nydia, na verdade, entrou no escritório, vestida de negro e com um espírito diferente: simples e dolorida. Foi direto ao assunto, e mostrou essa disposição ao presidente logo na primeira frase:

— Vim lhe prestar um favor.

A surpresa foi que, na verdade, começou pedindo desculpas por ter acreditado que o presidente havia ordenado a operação no qual Diana morreu. Agora sabia que ele nem ao menos tinha sido informado. E queria dizer-lhe além disso que naquele momento ele também estava sendo enganado, pois tampouco era verdade que o ataque fosse para buscar Pablo Escobar — era para resgatar os reféns, cujo paradeiro fora revelado debaixo de tortura por um dos mercenários capturados pela polícia. O mercenário — explicou Nydia — havia aparecido depois como um dos mortos em combate.

O relato foi feito com energia e precisão, na esperança de despertar o interesse do presidente, mas não descobriu nele nenhum sinal de compaixão. "Era como um bloco de gelo", diria mais tarde evocando aquele dia. Sem saber por que nem quando, e sem poder evitar, começou a chorar. Então se agitou o temperamento que ela tinha conseguido dominar, e mudou por completo o tema e a maneira. Reclamou do presidente sua indiferença e sua frieza por não cumprir com a obrigação constitucional de salvar as vidas dos sequestrados.

— Pense bem — concluiu —, se a sua filha estivesse nessas circunstâncias, o que o senhor teria feito?

Olhou-o direto nos olhos, mas já estava tão exaltada que o presidente não pôde interrompê-la. Ele mesmo contaria mais tarde: "Ela me perguntava, mas não me dava tempo de responder." Nydia, de fato, fechou-lhe a passagem com outra pergunta: "O senhor não acredita, senhor presidente, que se enganou na condução que deu a este problema?" O presidente deixou ver pela primeira vez uma sombra de dúvida. "Nunca tinha sofrido tanto", diria anos depois. Mas só pestanejou, e disse com sua voz natural:

— É possível.

Nydia se levantou, estendeu-lhe a mão em silêncio e saiu do gabinete antes de que ele pudesse abrir-lhe a porta. Miguel Silva entrou então e encontrou o presidente muito impressionado com a história do mercenário morto. Sem perder tempo, Gaviria escreveu uma carta particular ao procurador-geral para que investigasse o caso e que se fizesse justiça.

A maioria das pessoas coincidia num ponto: a ação tinha sido para capturar Escobar ou um chefão importante, mas mesmo dentro dessa lógica foi uma estupidez e um fracasso irremediável. Segundo a versão imediata da polícia, Diana havia morrido no desenrolar de uma operação de investigação com apoio de helicópteros e pessoal de terra. Sem querer, encontraram o comando que levava Diana Turbay e o cinegrafista Richard Becerra. Na fuga, um dos sequestradores atirou em Diana pelas costas e fraturou sua espinha dorsal. O cinegrafista saiu ileso. Diana foi levada num helicóptero da polícia para o Hospital Geral de Medellín, e ali morreu às quatro e trinta e cinco da tarde.

A versão de Pablo Escobar era muito diferente e coincidia em seus pontos essenciais com a que Nydia contou ao presidente. Segundo Escobar, a polícia desencadeara a operação sabendo que os sequestrados estavam naquele lugar. A informação tinha sido arrancada na tortura a dois de seus mercenários, que identificou com seus nomes reais e números de carteira de identidade. Os dois, segundo o comunicado, foram presos e torturados pela polícia, e um deles havia guiado em um helicóptero os chefes da operação. Escobar disse que Diana foi morta pela polícia quando fugia do combate, já libertada pelos captores. Disse, por fim, que na escaramuça tinham sido mortos três camponeses inocentes, que a polícia apresentou à imprensa como mercenários caídos em combate. Este relatório deve ter dado a Escobar as satisfações que esperava em relação às suas denúncias de violações de direitos humanos pela polícia.

Richard Becerra, única testemunha disponível, foi assediado pelos jornalistas na própria noite da tragédia num salão da Direção Geral de Polícia em Bogotá. Estava ainda com a jaqueta de couro negro com que havia sido sequestrado e com o chapéu de palha que seus captores lhe deram para que passasse por camponês. Seu estado de alma não era o mais apropriado para trazer alguma informação esclarecedora.

A impressão que deixou em seus colegas mais compreensivos foi de que a confusão dos fatos não permitiu que ele tivesse um julgamento sereno da notícia. Sua declaração de que o projétil que matou Diana foi disparado de propósito por um dos sequestradores não encontrou apoio em nenhuma evidência. A crença geral, acima de todas as conjecturas, foi que Diana morreu por acidente entre os fogos cruzados. No entanto, a investigação definitiva ficava a cargo do procurador-geral, atendendo à carta que o presidente Gaviria tinha lhe enviado depois das revelações de Nydia Quintero.

O drama não havia terminado. Diante da incerteza pública sobre o destino de Marina Montoya, os Extraditáveis emitiram um novo comunicado no dia 30 de janeiro, no qual reconheciam ter dado a ordem de executá-la no dia 23. Mas "por motivos de clandestinidade e de comunicação, não sabemos — até o presente — se a executaram ou a libertaram. Se a executaram, não entendemos os motivos que levaram a polícia a não informar até agora sobre seu cadáver. Se a libertaram, seus familiares têm a palavra". Só então, sete dias depois de ordenado o assassinato, começou-se a buscar o cadáver.

O médico-legista Pedro Morales, que havia colaborado na autópsia, leu o comunicado nos jornais e imaginou que o cadáver de Marina Montoya podia ser o da senhora da roupa fina e das unhas impecáveis. Era. No entanto, assim que a identidade foi definida, alguém que disse ser do Ministério da Justiça pressionou por telefone o Instituto Médico-Legal para que não divulgasse que o cadáver estava na fossa comum.

Luis Guillermo Pérez Montoya, filho de Marina, estava saindo para almoçar quando o rádio transmitiu a informação em primeira mão. No Instituto Médico-Legal mostraram-lhe a foto da mulher desfigurada pelos tiros e ele custou a reconhecê-la. No Cemitério do Sul tiveram que preparar um esquema especial de polícia, porque a notícia já estava no ar e precisaram abrir passagem para que Luis Guillermo Pérez chegasse até a fossa através de uma multidão de curiosos.

De acordo com as normas da Medicina Legal, o corpo de um NN — um não identificado — deve ser enterrado com o número de série impresso no torso, nos braços e nas pernas, para que possa ser reconhecido mesmo no caso de ter sido desmembrado. Deve-se envolver o corpo numa tela de plástico negro, como as que se usam para o lixo, amarrada nos tornozelos e nos pulsos com cordas resistentes. O corpo de Marina Montoya — pelo que seu filho comprovou — estava despido e coberto de lodo, jogado de qualquer jeito na fossa comum, e sem as tatuagens de identificação previstas na lei. A seu lado, o cadáver do menino que tinham enterrado ao mesmo tempo, enrolado no uniforme de ginástica cor-de-rosa.

Já no anfiteatro, depois que a lavaram com uma mangueira de pressão, o filho examinou a dentadura da mulher e teve um instante de vacilação. Ele achava que Marina não tinha o pré-molar esquerdo, e o cadáver estava com a dentadura completa. Mas quando verificou as mãos e as pôs sobre as suas, não restou nenhuma sombra de dúvida: eram iguais. Outra suspeita iria persistir, talvez para sempre: Luis Guillermo Pérez estava convencido de que o cadáver de sua mãe havia sido identificado no momento em que foi encontrado, mas fora enviado à fossa comum sem mais delongas para que não restasse nenhum traço que pudesse inquietar a opinião pública ou perturbar o governo.

A morte de Diana — mesmo antes da descoberta do cadáver de Marina — foi definitiva para a situação do país. Quando Gaviria tinha-se negado a modificar o segundo decreto, não cedeu diante das asperezas de Villamizar e das súplicas de Nydia. Seu argumento, em síntese, era que os decretos não podiam ser julgados em função dos sequestros e sim em função do interesse público, da mesma forma que Escobar não sequestrava para pressionar a rendição e sim para forçar a não extradição e conseguir o indulto. Essas reflexões conduziram-no a uma modificação final do decreto. Era difícil, depois de haver resistido às súplicas de Nydia e a tantas dores alheias para mudar a data, mas resolveu enfrentar a situação.

Villamizar recebeu esta notícia de Rafael Pardo. O tempo da espera parecia infinito. Não tinha vivido um minuto de paz. Estava sempre pendente do rádio e do telefone, e seu alívio era imenso quando não havia uma notícia ruim. Telefonava para Pardo a qualquer hora. "Como está tudo?", perguntava. "Até onde isso vai?" Pardo o acalmava com pitadas de racionalismo. Todas as noites voltava para casa no mesmo estado. "É preciso conseguir este decreto ou vão matar todo mundo", dizia. Pardo o acalmava. Por fim, no dia 28 de janeiro, foi Pardo quem telefonou para dizer que o decreto definitivo já estava pronto para a assinatura do presidente. A demora era devida a que todos os ministros precisavam assiná-lo e não estavam encontrando em lugar nenhum o das Comunicações, Alberto Casas Santamaría. Rafael Pardo por fim localizou-o por telefone e disparou com seu jeito de velho amigo.

— Senhor ministro — disse ele. — Esteja aqui em meia hora para assinar o decreto — ou não vai ser mais ministro.

No dia 29 de janeiro foi promulgado o decreto 303, no qual eram superados todos os obstáculos que tinham impedido até então a rendição dos narcotraficantes. Tal como haviam suposto no governo, nunca conseguiriam eliminar a crença generalizada de que se tratava de um ato de má consciência provocado pela morte de Diana. Isso, como sempre, dava origem a outras divergências: os que pensavam que era uma concessão aos narcotraficantes motivada pela pressão de uma opinião pública abalada, e os que o entenderam como um ato presidencial inevitável, ainda que para Diana Turbay tardio demais. Em todo caso, o presidente Gaviria assinou-o por convicção, sabendo que a demora podia ser interpretada como uma prova de inclemência e a decisão tardia proclamada como um ato de debilidade.

No dia seguinte, às sete da manhã, o presidente devolveu a Villamizar um telefonema feito na véspera para agradecer o decreto. Gaviria escutou suas razões em absoluto silêncio, e compartilhou sua angústia do dia 25 de janeiro.

— Foi um dia terrível para todos — disse.

Villamizar então telefonou para Guido Parra com a consciência aliviada. "Não vai começar agora a encher o saco dizendo que este decreto não é bom", advertiu. Guido Parra já havia lido e examinado a fundo.

— Não — disse —, não há nenhum problema. Veja só o quanto teríamos evitado antes!

Villamizar quis saber qual seria o passo seguinte.

— Nada — disse Guido Parra. — Isto é questão de quarenta e oito horas.

Os Extraditáveis anunciaram de imediato que desistiam das execuções anunciadas, diante dos pedidos de várias personalidades do país. Referiam-se talvez às mensagens transmitidas por rádio em nome de López Michelsen, Pastrana e Castrillón. Mas no fundo podia-se interpretar como uma aceitação do decreto. "Respeitaremos a vida dos reféns que permanecem em nosso poder", dizia o comunicado. Como concessão especial, anunciavam também que nas primeiras horas daquele mesmo dia iriam libertar um sequestrado. Villamizar, que estava com Guido Parra, teve um sobressalto de surpresa.

— Como um? — gritou. — O senhor tinha dito que seriam todos!

Guido Parra não se alterou.

— Calma, Alberto — disse ele. — Não passa de oito dias.

7

Maruja e Beatriz não sabiam das mortes. Sem televisor nem rádio, e sem outras informações além das prestadas pelo inimigo, era impossível adivinhar a verdade. As contradições dos próprios guardiães desfizeram a versão de que Marina tinha sido levada para uma fazenda, e portanto qualquer outra conjetura conduzia ao mesmo beco sem saída: ou estava livre ou estava morta. Quer dizer: antes, elas eram as únicas que sabiam que Marina estava viva, e agora eram as únicas que não sabiam que ela estava morta.

A cama solitária tinha-se convertido num fantasma diante da incerteza sobre o que teriam feito com Marina. O Monge havia regressado meia hora depois que a levaram. Entrou como uma sombra e se enroscou num canto. Beatriz perguntou-lhe à queima-roupa:

— O que vocês fizeram com Marina?

O Monge contou que quando saiu com ela havia dois chefes novos, que não haviam entrado no quarto, esperando na garagem. Perguntou para onde a levavam, e um deles respondeu enfurecido: "Grandessíssimo filho da puta, aqui não se pergunta nada." E depois mandaram que voltasse para a casa, deixando Marina com Barrabás, o outro guarda de plantão.

A versão parecia aceitável à primeira vista. Não era fácil que o Monge tivesse tido tempo de ir e voltar em tão pouco tempo se houvesse participado do crime, nem que tivesse coragem de matar uma mulher em ruínas que ele parecia amar como se fosse sua avó, e que o mimava como um neto. Barrabás, em compensação, tinha fama de ser um sanguinário sem coração que além do mais se vangloriava de seus crimes. A incerteza tornou-se mais inquietante pela madrugada, quando Maruja e Beatriz acordaram com um lamento de um animal ferido, e era o Monge que estava soluçando. Não quis o café da manhã, e várias vezes o ouviram suspirando: "Como dói, eles levaram a avó!" No entanto, nunca deixou claro que ela estivesse morta. Até a tenacidade com que o caseiro se negava a devolver o televisor e o rádio aumentavam a suspeita do assassinato.

Damaris, depois de vários dias fora de casa, regressou num estado de ânimo que somou mais um elemento na confusão. Num dos passeios de madrugada, Maruja perguntou-lhe onde havia ido e ela respondeu com a mesma voz com que teria dito a verdade: "Estou cuidando de dona Marina." Sem dar a Maruja uma pausa para pensar, acrescentou: "Sempre lembra de vocês e manda lembranças." E em seguida, num tom ainda mais casual, disse que Barrabás não havia regressado porque era o responsável pela segurança de Marina. A partir de então, cada vez que Damaris saía à rua por qualquer motivo, regressava com notícias tanto menos críveis quanto mais entusiastas. Todas terminavam com uma fórmula ritual:

— Dona Marina está divina.

Maruja não tinha nenhuma razão para acreditar mais em Damaris que no Monge ou em qualquer outro dos guardiães, mas tampouco tinha para não crer neles numa circunstância em que tudo parecia possível. Se na realidade Marina estava viva, não havia razões para manter as reféns sem notícias nem distrações, a não ser que fosse para ocultar-lhes outras verdades piores.

Não havia nada que parecesse disparatado para a imaginação sem freios de Maruja. Até então tinha ocultado suas inquietações de Beatriz, temerosa de que ela não conseguisse resistir à verdade. Mas Beatriz estava a salvo de qualquer contaminação. Havia rejeitado desde o princípio qualquer suspeita de que Marina estivesse morta. Seus sonhos a ajudavam. Sonhava que seu irmão Alberto, tão real como na vida, contava em detalhes todas as gestões que fazia, de como elas estavam bem encaminhadas, do pouco que faltava para que as duas fossem postas em liberdade. Sonhava que seu pai a tranquilizava com a notícia de que os cartões de crédito esquecidos na bolsa estavam a salvo. Eram visões tão vívidas que na memória não conseguia distingui-las da realidade.

Por aqueles dias um rapaz de dezessete anos que dizia se chamar Jonas estava terminando seu turno de vigilância com Maruja e Beatriz. Ouvia música das sete da manhã em diante num gravador fanhoso. Tinha canções favoritas que repetia até a exaustão num volume enlouquecedor. Enquanto isso, como parte do coro, gritava: "Vida filha da puta, mal parida, eu não sei por que me meti nisso." Nos momentos de calma falava com Beatriz de sua família. Mas só chegava à beira do abismo com um suspiro insondável: "Se vocês soubessem quem é meu pai!" Nunca disse, mas esse e muitos outros enigmas dos guardas contribuíam para tornar ainda mais pesado o ambiente do quarto.

O caseiro, responsável pelo bem-estar doméstico, deve ter informado aos chefes sobre a inquietação reinante, pois dois deles apareceram naqueles dias com espírito conciliador. Negaram uma vez mais o rádio e o televisor, mas em compensação tentaram melhorar a vida diária. Prometeram livros, mas levaram muito poucos, e entre eles um romance barato de Corín Tellado. Chegaram a elas revistas de passatempos mas nenhuma de notícias. Penduraram uma lâmpada grande onde antes estava a luz azul, e mandaram acendê-la durante uma hora às sete da manhã e outra às sete da noite para que pudessem ler, mas Beatriz e Maruja estavam tão acostumadas à penumbra que não conseguiam aguentar uma claridade intensa. Além do mais, a luz aquecia o ar do quarto a ponto de deixá-lo irrespirável.

Maruja se deixou arrastar pela inércia dos desenganados. Permanecia dia e noite fingindo dormir no colchão, com a cara contra a parede para não precisar falar. Mal comia. Beatriz ocupou a cama vazia e se refugiou em palavras cruzadas e jogos de adivinhação das revistas. A realidade era crua e dolorosa, mas era a realidade: havia mais espaço no quarto para quatro que para cinco, menos tensões, mais ar para respirar.

Jonas terminou seu turno no final de janeiro e despediu-se das reféns com uma prova de confiança. "Quero contar-lhes uma coisa, com a condição de que ninguém saiba quem contou", advertiu. E soltou a notícia que o carcomia por dentro:

— Mataram dona Diana Turbay.

O golpe as despertou. Para Maruja foi o instante mais terrível do cativeiro. Beatriz tentava não pensar no que parecia irremediável: "Se mataram Diana, a próxima serei eu." Afinal, desde o dia 1º de janeiro, quando o ano velho se foi sem que as libertassem, ela havia dito a si mesma: "Se não me soltam, eu me deixo morrer."

Num daqueles dias, enquanto Maruja jogava uma partida de dominó com o outro guarda, o Gorila tocou diferentes pontos do próprio peito com o dedo e disse: "Sinto uma coisa muito ruim por aqui. O que será?" Maruja interrompeu a jogada, olhou-o com todo desprezo de que foi capaz e disse: "Ou são gases, ou é um infarto." Ele largou a metralhadora no chão, levantou-se apavorado, pôs no peito a mão aberta com todos os dedos esticados e lançou um grito colossal:

— Meu coração está doendo, porra!

Desmoronou sobre os restos do café da manhã e ficou estendido de boca para baixo. Beatriz, mesmo sabendo que ele a odiava, sentiu o impulso profissional de auxiliá-lo — mas nesse momento entraram o caseiro e sua mulher, assustados pelo grito e pela confusão do tombo. O outro guarda, que era pequeno e frágil, havia tentado fazer alguma coisa, mas foi impedido pelo estorvo da metralhadora. Entregou-a para Beatriz.

— A senhora fica sendo responsável por dona Maruja — disse ele.

Ele, o caseiro e Damaris, juntos, não conseguiram carregar o caído. Agarraram o homem do jeito que foi possível e o arrastaram até a sala. Beatriz, com a metralhadora na mão, e Maruja, atônita, viram a outra metralhadora abandonada no chão, e a mesma tentação estremeceu as duas. Maruja sabia disparar um revólver e algumas vezes tinham explicado a ela como usar a metralhadora, mas uma lucidez providencial impediu-a de pegar a arma. Beatriz, por sua vez, estava familiarizada com as práticas militares. Num treinamento de cinco anos, duas vezes por semana, passou pelos graus de subtenente e tenente, e atingiu o de capitão comissionado no Hospital Militar. Havia feito um curso especial de artilharia de canhão. No entanto, ela também entendeu que naquela jogada as duas tinham tudo a perder. Ambas se consolaram com a ideia de que o Gorila não voltaria jamais. E não voltou mesmo.

Quando Pacho Santos viu pela televisão o enterro de Diana e a exumação de Marina Montoya, entendeu que não lhe restava outra alternativa a não ser fugir. Já tinha então uma ideia aproximada de onde se encontrava. Pelas conversas e os descuidos dos guardiães, e por outras artes de jornalista, conseguiu determinar que estava numa casa de esquina em algum bairro vasto e populoso do oeste de Bogotá. Seu quarto era o principal do segundo andar, com a janela exterior tapada por tábuas. Percebeu que era uma casa alugada, e talvez sem contrato legal, porque a proprietária ia no começo de cada mês cobrar o aluguel. Era o único ser estranho que entrava e saía, e antes de abrirem a porta da rua subiam para acorrentar Pacho na cama, obrigavam-no com ameaças a permanecer em silêncio absoluto, e desligavam o rádio e o televisor.

Percebeu que a janela tapada no quarto dava para o jardim e que havia uma porta de saída no final do corredor estreito em que ficavam os banheiros. O banheiro podia ser utilizado à vontade e sem nenhuma vigilância, bastando para isso atravessar o corredor, mas antes tinha de pedir que o desacorrentassem. Ali a única ventilação era uma janela por onde se podia ver o céu. Tão alta, que não seria fácil alcançá-la, mas tinha um diâmetro suficiente para sair por ela. Até então ele não tinha ideia de para onde a janela dava. No quarto vizinho, dividido em camarotes de metal vermelho, dormiam os guardas que não estavam de plantão. Como eram quatro, faziam um rodízio de dois em dois a cada seis horas. Suas armas nunca estiveram à vista na vida cotidiana, embora sempre as levassem consigo. Só um dormia no chão, junto à cama de casal.

Concluiu que estavam perto de uma fábrica, cujo apito era ouvido várias vezes por dia, e pelos coros diários e a algaravia dos recreios notou que estava perto de um colégio. Em certa ocasião pediu uma *pizza*, que foi levada em menos de cinco minutos, ainda quente, e assim soube que a preparavam e vendiam talvez no mesmo quarteirão. Os jornais sem dúvida eram comprados do outro lado da rua, numa loja grande que também vendia as revistas *Time* e *Newsweek*. Durante a noite era acordado pela fragrância do pão recém-assado de uma padaria. Por meio de perguntas ardilosas conseguiu saber dos guardiães que em cem metros ao redor havia uma farmácia, uma oficina mecânica, dois botequins, uma pensão, um sapateiro e duas paradas de ônibus. Com esses e muitos outros dados recolhidos aos pedaços, tentou armar o quebra-cabeça de suas vias de fuga.

Um dos guardiães havia dito que caso a lei chegasse eles tinham ordens de entrar antes no quarto e disparar-lhe três tiros à queima-roupa: um na cabeça, outro no coração e outro no fígado. Assim que ficou sabendo disso conseguiu guardar uma garrafa de um litro de refrigerante, que mantinha ao alcance da mão para usar como tacape. Era a única arma possível.

O xadrez — que um vigia ensinou-o a jogar com um talento notável — tinha dado a ele uma nova medida do tempo. Outro, que estava no plantão de outubro, era um especialista em telenovelas e iniciou-o no vício de acompanhá-las sem se preocupar se eram boas ou más. O segredo era não se preocupar muito com o episódio de hoje, mas aprender a imaginar as surpresas do episódio de amanhã. Viam juntos os programas de Alexandra e compartilhavam os noticiários de rádio e televisão.

Outro guardião havia tirado os vinte mil pesos que estavam em seu bolso no dia do sequestro, mas em compensação prometeu levar-lhe tudo que ele pedisse. Sobretudo, livros: vários de Milan Kundera, *Crime e Castigo*, a biografia do general Santander, de Pilar Moreno de Ángel. Ele foi talvez o único colombiano de sua geração que sabia quem tinha sido José María Vargas Villa, o escritor colombiano mais popular no mundo a princípios do século, e apaixonou-se até as lágrimas por seus livros. Leu quase todos, surrupiados por um dos vigias da biblioteca do avô. Com a mãe de outro guarda manteve uma divertida correspondência durante vários meses, até que os responsáveis pela segurança a proibiram. A ração de leitura se completava com os jornais do dia, que chegavam à tarde sem terem sido abertos. O guardião encarregado de levar os jornais tinha uma raiva visceral dos jornalistas. Em especial de um conhecido apresentador de televisão, e apontava sua metralhadora quando ele aparecia na tela.

— Esse aí eu mato de graça — dizia.

Pacho nunca viu os chefes. Sabia que iam ali de vez em quando, embora nunca tenham subido até o dormitório, e que faziam reuniões de controle e trabalho num café de Chapinero. Com os guardiães, porém, conseguiu estabelecer uma relação de emergência. Tinham o poder sobre a vida e a morte, mas reconheceram nele sempre o direito de negociar algumas condições de vida. Quase diariamente ganhava umas e perdia outras. Perdeu até o final o direito de dormir sem a corrente, mas ganhou sua confiança jogando *remís*, um jogo pueril de tramoias fáceis que consiste em fazer trios ou sequências de dez cartas. Um chefe invisível mandava a cada quinze dias cem mil pesos emprestados, que eram repartidos entre todos para o jogo. Pacho perdeu sempre. Só depois de seis meses lhe confessaram que todos roubavam e que o deixavam ganhar algumas vezes só para que ele não perdesse o entusiasmo. Eram truques feitos com a maestria de prestidigitadores.

Aquela tinha sido a sua vida até o Ano-Novo. Desde o primeiro dia havia previsto que o sequestro seria longo, e sua relação com os guardas o levara a pensar que poderia aguentar. Mas as mortes de Diana e Marina derrotaram seu otimismo. Os próprios guardiães que antes o animavam voltavam da rua com o ânimo caído. Parecia que tudo estava parado à espera de que a Constituinte se pronunciasse sobre a extradição e o indulto. Então não teve dúvida de que a opção da fuga era possível. Com uma condição: só tentaria quando visse qualquer outra alternativa fechada.

Para Maruja e Beatriz também havia-se fechado o horizonte depois das ilusões de dezembro, mas tornou a se entreabrir no final de janeiro pelos rumores de que dois reféns seriam soltos. Elas ignoravam então quantos ainda havia, ou se havia alguns mais recentes. Maruja teve a certeza de que Beatriz seria solta. Na noite do dia 2 de fevereiro, durante a caminhada no quintal, Damaris confirmou. Estava tão segura que comprou no mercado um batom, *rouge*, sombra para as pálpebras e outras minúcias de toucador para o dia em que saíssem. Beatriz raspou as pernas na previsão de que à última hora não tivesse tempo.

No entanto, dois chefes que as visitaram no dia seguinte não deram nenhuma informação sobre quem seria a libertada, nem se de fato haveria alguma. Dava para notar o posto dos dois. Eram diferentes e mais comunicativos que todos os anteriores. Confirmaram que um comunicado dos Extraditáveis havia anunciado a libertação de dois reféns, mas poderiam ter surgido alguns obstáculos imprevistos. Isto recordou às cativas a promessa anterior de libertá-las no dia 9 de dezembro, que tampouco se cumpriu.

Os novos chefes começaram por criar um ambiente de otimismo. Entravam a qualquer hora com um alvoroço sem fundamentos sérios. "Está indo tudo bem", diziam. Comentavam as notícias do dia com um entusiasmo infantil, mas se negavam a devolver-lhes o televisor e o rádio para que as sequestradas pudessem saber de maneira direta o que estava acontecendo. Um deles, por maldade ou estupidez, despediu-se uma noite com uma frase que poderia tê-las matado de susto por seu duplo sentido: "Fiquem tranquilas, senhoras, vai ser tudo muito rápido."

Foi uma tensão de quatro dias, nos quais foram dando pouco a pouco os pedaços dispersos da notícia. No terceiro dia disseram que soltariam só um refém. Que podia ser Beatriz, porque para Francisco Santos e Maruja tinham sido reservados destinos mais altos. O mais angustiante para elas era não poder confrontar essas notícias com as da rua. E sobretudo com

Alberto, que talvez conhecesse melhor que os próprios chefes a causa real das incertezas.

Enfim, no dia 7 de fevereiro chegaram mais cedo que de costume e abriram o jogo: Beatriz ia sair. Maruja tinha que esperar mais uma semana. "Faltam ainda uns detalhezinhos", disse um dos encapuzados. Beatriz sofreu uma crise de loquacidade que deixou exaustos os chefes, o caseiro e sua mulher, e afinal os guardiães. Maruja não prestou atenção, ferida por um rancor surdo contra o seu marido, pela estranha ideia de que tinha preferido libertar a irmã antes dela. Foi presa do ressentimento durante a tarde inteira, e seus rescaldos se mantiveram mornos durante vários dias.

Passou aquela noite instruindo Beatriz sobre como devia contar a Alberto Villamizar os pormenores do sequestro e como devia conduzir o assunto para maior segurança de todos. Qualquer erro, por inocente que pudesse parecer, podia custar uma vida. Assim, Beatriz devia fazer um relato sucinto e veraz da situação, sem atenuar nem exagerar nada que pudesse fazê-lo sofrer menos ou preocupar-se mais: a verdade crua. O que não devia dizer era qualquer pista que permitisse identificar o lugar onde elas estavam. Beatriz ficou ressentida.

— Você não confia no meu irmão?

— Mais do que em qualquer pessoa neste mundo — disse Maruja —, mas este compromisso é entre mim e você, e ninguém mais. Você é a responsável de que ninguém saiba nada.

Seu temor tinha fundamento. Conhecia o gênio impulsivo do marido, e queria evitar pelo bem de ambos e de todos que ele tentasse um resgate pela força pública. Outra mensagem era para que Alberto verificasse se o remédio que ela estava tomando para a circulação não tinha efeitos secundários. O resto da noite foi-se embora enquanto as duas preparavam um sistema mais eficaz para cifrar as mensagens pelo rádio e pela televisão, e para o caso de que no futuro autorizassem a correspondência escrita. No entanto, no fundo da sua alma estava ditando um testamento: o que deveria ser feito com os filhos, com suas antiguidades, com as coisas comuns que mereciam uma atenção especial. Foi tão veemente que um dos guardiães que a escutou apressou-se a dizer.

— Calma, dona. Não vai acontecer nada com a senhora.

No dia seguinte esperaram com mais ansiedade, porém nada ocorreu. Continuaram conversando durante a tarde inteira. Enfim, às sete da noite a porta abriu-se de um golpe e entraram os dois chefes conhecidos e um novo, que se dirigiram direto a Beatriz.

— Viemos buscá-la, arrume-se.

Beatriz se apavorou com aquela repetição terrífica da noite em que levaram Marina: a mesma porta se abriu, a mesma frase que tanto podia servir para ser solta como para ser morta, o mesmo enigma sobre seu destino. Não entendia por que tinham dito a Marina, como ela: "Viemos buscá-la", em vez do que ela ansiava ouvir: "Viemos soltá-la." Tentando provocar a resposta com um golpe de astúcia, perguntou:

— Vão me soltar junto com Marina?

Os dois chefes se encresparam.

— Nada de perguntas! — respondeu um deles com um rugido áspero. — Eu sei lá!

Outro, mais persuasivo, arrematou:

— Uma coisa não tem nada a ver com a outra. Esta é uma questão política.

A palavra que Beatriz ansiava — *libertação* — ficou sem ser dita. Mas o ambiente era animador. Os chefes não tinham pressa. Damaris, com uma minissaia de colegial, levou-lhes refrigerantes e um ponche para a despedida. Falaram da notícia do dia que as cativas ignoravam: haviam sido sequestrados em Bogotá, em operações separadas, os industriais Lorenzo King Mazuera e Eduardo Puyana, ao que parece pelos Extraditáveis.

Mas também lhes contaram que Pablo Escobar estava ansioso por se entregar após tanto tempo vivendo ao léu. Até mesmo, dizia-se por aí, em bueiros. Prometeram levar o televisor e o rádio naquela mesma noite para que Maruja pudesse ver Beatriz rodeada pela família.

A análise de Maruja parecia razoável. Até então suspeitava que Marina tinha sido executada, mas naquela noite não lhe restou nenhuma dúvida pela diferença do cerimonial entre os dois casos. Com Marina os chefes não tinham ido aclimatar os ânimos com vários dias de antecipação. Tampouco tinham ido buscá-la, mas mandaram dois assassinos rasos sem nenhuma autoridade e com apenas cinco minutos para cumprir a ordem. A despedida com bolo e vinho que fizeram para Beatriz seria uma homenagem macabra se fossem matá-la. No caso de Marina, tinham tirado o televisor e o rádio para que elas não ficassem sabendo da execução, e agora ofereciam devolvê-los para atenuar com uma boa notícia os estragos da notícia ruim. Maruja então concluiu que Marina tinha sido executada e que Beatriz seria solta.

Os chefes lhe concederam dez minutos para se arrumar enquanto eles iam tomar um café. Beatriz não podia afastar a ideia de que estava revivendo a última noite de Marina. Pediu um espelho para se maquiar. Damaris levou-lhe um grande, com moldura de folhas douradas. Maruja e Beatriz, após três meses sem espelho, se apressaram a se olhar. Foi uma das experiências mais angustiantes do cativeiro. Maruja teve a impressão de que não teria reconhecido se se encontrasse consigo mesma na rua. "Morri de pânico", disse depois. "Me vi magra, desconhecida, como se me houvessem maquiado para uma caracterização de teatro." Beatriz se viu lívida, com dez quilos a menos e o cabelo comprido e murcho, e exclamou espantada: "Esta não sou eu!" Muitas vezes, entre brincadeira e verdade, havia sentido a vergonha de que algum dia a soltassem em mau estado, mas nunca imaginou que na realidade seu estado fosse tão mau. Depois a coisa piorou, porque um dos chefes acendeu a luz central e a atmosfera do quarto tornou-se ainda mais sinistra.

Um dos guardiães segurou o espelho para que Beatriz se penteasse. Ela quis se maquiar, mas Maruja impediu. "Como é que você pensa nisso? — disse, escandalizada. — Você quer passar essas coisas, com essa palidez? Vai ficar terrível." Beatriz não lhe deu ouvidos. Também se perfumou com a loção de homem, presente de Lamparina. Por último engoliu sem água uma pílula de tranquilizante.

Na sacola, junto com suas outras coisas, estava a roupa que vestia na noite do sequestro, mas preferiu o agasalho cor-de-rosa com menos uso. Hesitou em pôr os sapatos baixos que estavam mofando debaixo da cama, e que além do mais não combinavam com o agasalho. Damaris quis dar-lhe um par de tênis que usava para fazer ginástica. Eram de seu número exato, mas estavam com um aspecto tão indigente que Beatriz recusou-os com o pretexto de que ficavam apertados. Portanto pôs seus sapatos, e fez um rabo de cavalo com um elástico. Afinal, por obra e graça de tantas penúrias, ficou com o aspecto de uma colegial.

Não puseram nela um capuz como em Marina, mas tentaram vendar seus olhos com esparadrapos para não reconhecer o caminho nem as caras. Ela se opôs, consciente de que ao arrancá-los as sobrancelhas e as pestanas iriam junto. "Esperem — disse. — Eu ajudo." Então colocou um bom chumaço de algodão sobre cada pálpebra e fixou tudo com esparadrapo.

A despedida foi rápida e sem lágrimas. Beatriz estava a ponto de chorar mas Maruja impediu com uma frieza calculada para dar-lhe ânimo. "Diga a Alberto que fique tranquilo, que eu o amo muito, e que amo muito meus filhos", disse. Despediu-se com um beijo. Ambas sofreram. Beatriz, porque na hora da verdade foi assaltada pelo terror de que talvez fosse mais fácil matá-la que deixá-la livre. Maruja, pelo duplo terror de que matassem Beatriz e por ficar sozinha com os quatro guardiães. A única coisa que não lhe ocorreu foi que a executassem uma vez que soltassem Beatriz.

A porta se fechou e Maruja permaneceu imóvel, sem saber por onde continuar, até que ouviu os motores na garagem e o rumor dos automóveis que se perdia na noite. Uma sensação de imenso abandono se apoderou dela. Só então lembrou que não tinham cumprido a promessa de devolver-lhe o televisor e o rádio para conhecer o final da noite.

O caseiro tinha ido com Beatriz, mas sua mulher prometeu telefonar pedindo que entregassem o televisor e o rádio antes do noticiário das nove e meia. Não chegaram. Maruja suplicou aos guardiães que deixassem ver o televisor da casa, mas nem eles nem o caseiro se atreveram a contrariar as regras em assunto tão grave. Damaris voltou em menos de duas horas para contar alvoroçada que Beatriz havia chegado bem em casa e tinha sido muito cuidadosa em suas declarações, pois não havia dito nada que pudesse prejudicar alguém. Toda a família, com Alberto, é claro, estava ao redor dela. Não cabia mais gente na casa.

Maruja ficou com a suspeita de que não fosse verdade. Insistiu em que lhe emprestassem um rádio. Perdeu o controle e se enfrentou aos vigias sem medir as consequências. Que não foram graves, porque eles tinham sido testemunhas do tratamento que seus chefes deram a Maruja e preferiram acalmá-la com uma nova gestão para que lhe emprestassem um rádio. Mais tarde apareceu o caseiro e deu sua palavra de que tinham deixado Beatriz sã e salva em lugar seguro, e que o país inteiro já a havia visto e ouvido junto à sua família. Mas o que Maruja queria era um rádio, para ouvir com seus próprios ouvidos a voz de Beatriz. O caseiro prometeu levar, mas não cumpriu. À meia-noite, demolida pelo cansaço e pela raiva, Maruja tomou dois comprimidos do barbitúrico fulminante e não despertou antes das oito da manhã do dia seguinte.

As versões dos guardas eram verdadeiras. Beatriz fora levada à garagem através do quintal. Fizeram com que se deitasse no piso de um automóvel que sem dúvida era um jipe, porque precisaram ajudá-la a alcançar o estribo. A princípio foram aos pulos, por trechos escabrosos. Assim que começaram a deslizar por uma pista asfaltada, um homem que viajava ao lado de Beatriz fez ameaças sem sentido. Beatriz percebeu pela voz que o homem estava num estado de nervos que sua dureza não conseguia dissimular, e que não era nenhum dos chefes que havia estado na casa.

— Uma quantidade de jornalistas vai estar esperando a senhora — disse o homem. — Pois tenha muito cuidado. Qualquer palavra a mais pode custar a vida de sua cunhada. Lembre-se de que nunca falamos com a senhora, nunca nos viu, e que esta viagem durou mais de duas horas.

Beatriz escutou as ameaças em silêncio, e muitas outras que o homem parecia repetir sem necessidade, só para acalmar a si próprio. Numa conversa que eles mantiveram a três vozes descobriu que nenhum era conhecido, exceto o caseiro, que mal falou. Sentiu que uma rajada de calafrios a estremecia: ainda era possível o mais sinistro dos presságios.

— Quero pedir um favor — disse às cegas e com pleno domínio de sua voz. — Maruja tem problemas circulatórios e gostaríamos de mandar remédios para ela. Os senhores teriam como fazer com que esses remédios cheguem?

— Afirmativo — disse o homem. — Não se preocupe.

— Obrigada — disse Beatriz. — Muito obrigada. Eu seguirei suas instruções. Não vou prejudicá-los.

Houve uma pausa longa com um fundo de automóveis velozes, caminhões pesados, pedaços de músicas e gritos. Os homens falavam entre si em sussurros. Um deles se dirigiu a Beatriz.

— Por aqui está cheio de barreiras — disse. — Se pararem a gente vou dizer que a senhora é minha esposa e, pálida do jeito que está, podemos dizer que estamos a levando para um hospital.

Beatriz, já mais tranquila, não resistiu à tentação de brincar:

— Com os olhos cobertos por esparadrapos?

— Operação na vista — disse o homem. — Vou sentá-la ao meu lado e passar um braço por trás.

A inquietação dos sequestradores não era à toa. Naquele mesmo momento ardiam sete ônibus do serviço público em diferentes bairros de Bogotá, graças a bombas incendiárias colocadas por comandos de guerrilhas urbanos. Ao mesmo tempo, as FARC dinamitaram a torre de energia do município de Cáqueza, nas beiradas da capital, e tentaram ocupar o povoado. Por esse motivo houve algumas operações para manter a ordem pública em Bogotá, mas quase imperceptíveis. Assim, o tráfego urbano das sete foi o de uma quinta-feira qualquer: denso e ruidoso, com lentos sinais de trânsito, manobras imprevistas para não levar uma trombada e xingamentos às mães. Até no silêncio dos sequestradores era possível notar a tensão.

— Vamos deixá-la num lugar — disse um deles. — A senhora desce depressinha e conta devagar até trinta. Depois tira a máscara, caminha sem olhar para trás, e apanha o primeiro táxi que passar.

Sentiu que puseram em sua mão uma nota enrolada. "É para o táxi — disse o homem. — Cinco mil." Beatriz meteu a nota no bolso da calça, onde encontrou sem procurar o outro comprimido tranquilizante, que engoliu. Depois de uma meia hora de viagem o carro parou. A mesma voz disse então a sentença final:

— Se a senhora disser à imprensa que esteve com dona Marina Montoya, nós matamos dona Maruja.

Haviam chegado. Os homens se atarantaram tentando fazer Beatriz descer sem tirar a venda dos olhos. Estavam tão nervosos que se atropelavam uns aos outros, se enroscaram em ordens e xingamentos. Beatriz sentiu a terra firme.

— Pronto — disse. — Estou bem assim.

Permaneceu imóvel na calçada até que os homens voltaram para o automóvel e arrancaram de imediato. Só então ouviu que atrás deles havia outro automóvel, que arrancou ao mesmo tempo. Não acatou a ordem de contar. Caminhou dois passos com os braços estendidos, e então tomou consciência de que devia estar em plena rua. Tirou a venda com um puxão e reconheceu logo o bairro Normandia, porque em outros tempos costumava ir para aqueles lados, à casa de uma amiga que vendia joias. Olhou as janelas acesas tentando escolher uma que lhe inspirasse confiança, pois não queria tomar um táxi sentindo-se malvestida daquele jeito e sim telefonar para casa pedindo que fossem buscá-la. Não conseguia se decidir quando um táxi amarelo muito bem conservado parou na frente dela. O chofer, jovem e de boa aparência, perguntou:

— Táxi?

Beatriz entrou, e só quando estava dentro percebeu que um táxi tão oportuno não podia ser uma casualidade. No entanto, a mesma certeza de que aquele era o último elo com seus sequestradores deu-lhe um estranho sentimento de segurança. O motorista perguntou o endereço e ela respondeu aos sussurros. Não entendeu por que o motorista não a ouvia, até que ele perguntou o endereço pela terceira vez. Então respondeu com sua voz natural.

A noite era fria e despejada, com algumas estrelas. O chofer e Beatriz só trocaram as palavras indispensáveis, mas ele não a perdeu de vista pelo espelho retrovisor. À medida que se aproximavam da casa, Beatriz sentia que os sinais de trânsito eram mais frequentes e lentos. Duas quadras antes pediu ao rapaz que fosse devagar, para o caso de precisarem despistar os jornalistas anunciados pelos sequestradores. Não havia nenhum. Reconheceu o edifício, e surpreendeu-se por não sentir a emoção que esperava ter ao vê-lo.

O taxímetro marcava setecentos pesos. Como o chofer não tinha troco para a nota de cinco mil, Beatriz entrou no prédio à procura de ajuda, e o velho porteiro deu um grito e abraçou-a enlouquecido. Nos dias intermináveis e nas noites pavorosas do cativeiro Beatriz havia prefigurado aquele instante como uma comoção sísmica que dispararia todas as forças de seu corpo e de sua alma. Foi o contrário: uma espécie de remanso no qual mal percebia, lento e profundo, seu coração amordaçado pelos tranquilizantes. Então deixou que o porteiro se encarregasse do táxi e apertou a campainha de seu apartamento.

Quem abriu foi Gabriel, seu filho menor. Seu grito foi ouvido na casa inteira: "Mamãããããe!" Catalina, a filha de quinze anos, acudiu gritando e pendurou-se em seu pescoço. Mas em seguida soltou-a, assustada:

— Mas mamãe, por que você está falando assim?

Foi o detalhe feliz que rompeu o horror. Beatriz necessitaria de vários dias, em meio às multidões que a visitaram, para perder o costume de falar aos sussurros.

Estava sendo esperada desde a manhã. Três telefonemas anônimos — sem dúvida dos sequestradores — haviam anunciado que seria solta. Haviam telefonado incontáveis jornalistas, querendo saber a que horas. Pouco depois do meio-dia Alberto Villamizar confirmou, depois de ter ouvido por telefone o anúncio de Guido Parra. A imprensa estava em estado de alerta. Uma jornalista tinha telefonado três minutos antes da chegada de Beatriz e disse a Gabriel com uma voz segura e sedante: "Fique tranquilo, vão soltá-la hoje." Gabriel acabava de desligar quando soou a campainha da porta.

O doutor Guerrero havia esperado por ela no apartamento dos Villamizar, pensando que Maruja também seria solta e que as duas iriam para lá. Esperou com três copos de uísque até o noticiário das sete. Vendo que não chegaram, achou que se tratava de outra notícia falsa como tantas outras daqueles dias, e voltou para casa. Vestiu o pijama, serviu outro copo de uísque, deitou na cama e sintonizou a Radio Recuerdos para dormir ao arrulho dos boleros. Desde que começou seu calvário não tinha tornado a ler. Já em meio aos sonhos ouviu o grito de Gabriel.

Saiu do dormitório com um domínio exemplar. Beatriz e ele — com vinte e cinco anos de casados — se abraçaram sem pressa, como de regresso de uma viagem curta, e sem uma lágrima. Ambos tinham pensado tanto naquele momento que na hora de vivê-lo foi como uma cena de teatro mil vezes ensaiada, capaz de convulsionar todo mundo, menos os seus protagonistas.

Assim que Beatriz entrou em casa lembrou-se de Maruja, sozinha e sem notícias no quarto miserável. Telefonou para Alberto Villamizar, e ele mesmo atendeu ao primeiro toque, com uma voz preparada para tudo. Beatriz o reconheceu.

— Alô — disse ela. — É a Beatriz.

Percebeu que o irmão a havia reconhecido antes mesmo de que ela se identificasse. Ouviu um suspiro fundo e áspero, como o de um gato, e em seguida a pergunta sem a mínima alteração da voz:

— Onde você está?

— Em casa — disse Beatriz.

— Ótimo — disse Villamizar. — Estou aí em dez minutos. Até lá, não fale com ninguém.

Chegou pontual. O telefonema de Beatriz surpreendeu-o quando ele estava a ponto de se render. Além da alegria de ver a irmã e de ter a primeira e única notícia direta da esposa cativa, tinha a urgência de preparar Beatriz antes que os jornalistas e a polícia chegassem. Seu filho Andrés, que tem uma vocação irresistível de corredor de automóveis, levou-o no tempo exato.

Os ânimos haviam serenado. Beatriz estava na sala com seu marido e seus filhos, e com sua mãe e duas de suas irmãs, e todos escutavam ávidos o relato. Alberto achou que ela estava pálida pelo cativeiro longo e mais jovem que antes, com um ar de colegial por causa do uniforme de ginástica, do rabo de cavalo e dos sapatos baixos. Tentou chorar, mas ele a impediu, ansioso por saber de Maruja. "Tenha certeza de que ela está bem — disse Beatriz. — A coisa lá é difícil mas dá para aguentar, e Maruja é muito valente." E em seguida tentou resolver a preocupação que a atormentava há quinze dias.

— Você tem o telefone de Marina? — perguntou.

Villamizar pensou que talvez o menos brutal fosse a verdade.

— Ela foi morta — disse.

A dor da má notícia confundiu-se em Beatriz com um pavor retroativo. Se tivesse sabido disso duas horas antes talvez não aguentasse a viagem da libertação. Chorou até se exaurir. Enquanto isso, Villamizar tomou precauções para que ninguém entrasse enquanto não combinassem uma versão pública do sequestro que não pusesse em perigo os outros sequestrados.

Os detalhes do cativeiro permitiam formar uma ideia da casa onde estava a prisão. Para proteger Maruja, Beatriz devia dizer à imprensa que a viagem de regresso tinha durado mais de três horas, de algum lugar de clima quente. Mas a verdade era outra: a distância real, as ladeiras do caminho, a música dos alto-falantes que trovejavam até o amanhecer nos fins de semana, o ruído dos aviões, o ambiente, tudo indicava que era um bairro urbano. Além disso, bastaria interrogar quatro ou cinco padres do setor para descobrir qual foi o que exorcizou a casa.

Outros erros ainda mais tolos revelavam pistas para tentar um resgate armado com o mínimo de riscos. A hora indicada seria às seis da manhã, depois da troca de turno, pois os guardiães que assumiam não dormiam bem durante a noite e caíam exaustos pelo chão sem se preocupar com suas armas. Outro dado importante era a geografia da casa, em especial a porta do quintal, onde algumas vezes viram um guarda armado, e o cão era mais subornável do que seus latidos davam a entender. Era impossível prever se ao redor do lugar havia também um círculo de segurança, embora a desordem da rotina interna não induzisse a acreditar nisso, e em todo caso teria sido fácil averiguar assim que a casa tivesse sido localizada. Depois da desgraça de Diana Turbay confiava-se menos que nunca no êxito dos resgates armados, mas Villamizar levou o assunto em consideração para o caso de chegarem a um ponto em que não houvesse outra alternativa. Foi talvez o único segredo que não compartilhou com Rafael Pardo.

Esses dados criaram em Beatriz um problema de consciência. Havia prometido a Maruja não dar pistas que permitissem tentar um ataque à casa, mas tomou a grave decisão de dar essas pistas ao irmão, ao comprovar que ele estava tão consciente quanto Maruja, e como ela própria, da inconveniência de uma solução armada. E menos ainda quando a libertação de Beatriz demonstrava que, com todos seus tropeços, estava aberto o caminho da negociação. No dia seguinte, já recomposta, repousada e com uma noite de bom sono, deu uma entrevista coletiva na casa de seu irmão, onde mal podia caminhar entre um bosque de flores. Transmitiu aos jornalistas e à opinião pública uma ideia real do que foi o horror de seu cativeiro, sem nenhuma informação que pudesse incentivar quem quisesse agir por conta própria pondo em risco a vida de Maruja.

Na quarta-feira seguinte, com a certeza de que Maruja já conhecia o novo decreto, Alexandra decidiu improvisar um programa de júbilo. Nas últimas semanas, à medida que as negociações avançavam, Villamizar tinha feito mudanças notáveis em seu apartamento para que a esposa libertada o encontrasse ao seu gosto. Tinham posto uma estante onde ela queria, mudaram alguns móveis, alguns quadros. Puseram num lugar visível o cavalo da dinastia Tang que Maruja havia trazido de Jacarta como o troféu de sua vida. Na última hora se lembraram de que ela se queixava de não ter um bom tapete no banheiro, e se apressaram a comprá-lo. A casa transformada, luminosa, foi o cenário de um programa de televisão excepcional que permitiu a Maruja conhecer a nova decoração antes do regresso. Ficou muito bem, embora não soubessem se Maruja estava assistindo.

Beatriz restabeleceu-se muito rápido. Guardou em sua sacola de cativa a roupa que usara ao sair, e lá ficou trancado o cheiro deprimente do quarto que ainda a despertava de repente na metade da noite. Recuperou o equilíbrio de espírito com a ajuda do esposo. O único fantasma que chegou do passado foi a voz do caseiro, que lhe telefonou duas vezes. Na primeira foi o grito de um desesperado:

— O remédio! O remédio!

Beatriz reconheceu a voz e o sangue gelou em suas veias, mas o fôlego deu para perguntar no mesmo tom.

— Que remédio? Que remédio?

— O da dona Maruja — gritou o caseiro.

Então ficou claro que ele queria o nome do remédio que Maruja tomava para a circulação.

— Vasotón — disse Beatriz. E em seguida, já refeita, perguntou. — E como está?

— Bem — disse o caseiro. — Muito bem, obrigado.

— Você, não — corrigiu Beatriz. — Ela.

— Ah, fique tranquila — disse o caseiro. — A dona Maruja está bem.

Beatriz desligou com um golpe seco e caiu no choro com a náusea das lembranças atrozes: a comida infame, o muladar do banheiro, os dias sempre iguais, a solidão horrorosa de Maruja em seu quarto nauseabundo. Pelas dúvidas, na seção esportiva de um noticiário de televisão puseram um anúncio misterioso: *Tome Basotón*. Pois haviam mudado a ortografia para evitar que algum laboratório distraído protestasse pelo uso de seu produto com propósitos inexplicáveis.

O segundo telefonema do caseiro, várias semanas depois, foi muito diferente. Beatriz demorou a identificar a voz transformada por algum artifício. Mas o estilo era na verdade paternal.

— Lembre-se daquilo que falamos — disse. — A senhora não esteve com dona Marina. Com ninguém.

— Fique tranquilo — disse Beatriz, e desligou.

Guido Parra, embriagado pelo primeiro êxito de sua iniciativa, anunciou a Villamizar que a libertação de Maruja era questão de dois ou três dias. Villamizar transmitiu a notícia a Maruja por uma entrevista coletiva pelo rádio e pela televisão. Além disso, os relatos de Beatriz sobre as condições do cativeiro deram a Alexandra a certeza de que suas mensagens chegavam ao destino. Por isso fez uma entrevista de meia hora com Beatriz, na qual ela contou tudo que Maruja queria saber: como tinha sido solta, como estavam seus filhos, a casa, os amigos — e que esperanças de ser solta ela podia manter.

A partir de então fariam o programa com todo tipo de detalhes, com a roupa que usavam, as coisas que compravam, as visitas que recebiam. Alguém dizia: "Manuel já preparou o pernil." Só para que Maruja entendesse que a ordem em que ela havia deixado a casa permanecia intacta. Tudo isso, por frívolo que possa parecer, tinha um sentido estimulante para Maruja: a vida continuava.

No entanto, os dias passavam e não se via indícios de libertação. Guido Parra se enrolava em explicações vagas e pretextos pueris; negava-se a atender o telefone; desapareceu. Villamizar deu-lhe uma chamada dura. Parra se estendeu em preâmbulos. Disse que as coisas tinham se complicado pelo incremento do massacre que a polícia estava fazendo nas comunidades de Medellín. Alegava que enquanto o governo não desse fim àqueles métodos selvagens era muito difícil libertar alguém. Villamizar não o deixou terminar.

— Isto não faz parte do acordo — disse. — Tudo se baseava em que o decreto fosse explícito, e ele é. Esta é uma dívida de honra, e comigo ninguém brinca.

— O senhor não sabe como é barra pesada ser advogado desses caras — disse Parra. — O meu problema não é receber ou não receber, é diferente. Se a coisa não dá certo, me matam. O que o senhor quer que eu faça?

— Vamos esclarecer isso de uma vez — disse Villamizar. — O que é que está acontecendo?

— O que acontece é que enquanto a polícia não parar a matança e os culpados não forem castigados não existe nenhuma possibilidade de que soltem dona Maruja. Essa é a verdade.

Cego de fúria, Villamizar caiu de impropérios sobre Escobar e concluiu:

— E é melhor você se esfumaçar e sumir, porque quem vai matá-lo sou eu.

Guido Parra sumiu. Não só por causa da reação violenta de Villamizar, mas também por Pablo Escobar, que pelo visto não o perdoou por ter-se excedido em seus poderes de negociador. Hernando Santos notou isso pelo pavor com que Guido Parra lhe telefonou dizendo que tinha uma carta tão terrível de Escobar que nem mesmo se atrevia a lê-la.

— Esse homem está louco — disse Guido Parra. — Ninguém o acalma, eu não tenho outro remédio a não ser sumir do mapa.

Hernando Santos, consciente de que aquela decisão interrompia seu único canal com Pablo Escobar, tentou convencê-lo a ficar. Foi inútil. O último favor que Guido Parra pediu foi que Hernando Santos lhe conseguisse um visto para a Venezuela e desse um jeito para que seu filho terminasse os estudos no Ginásio Moderno de Bogotá. Por rumores nunca confirmados, acredita-se que foi se refugiar num convento da Venezuela, onde uma irmã dele era freira. Não se voltou a saber nada dele até que foi encontrado morto em Medellín, no dia 16 de abril de 1993, com seu filho estudante, no porta-malas de um automóvel sem placas.

Villamizar precisou de algum tempo para se refazer de um terrível sentimento de derrota. Estava acossado pelo arrependimento de ter acreditado na palavra de Escobar. Achou que tudo estava perdido. Durante a negociação havia mantido o doutor Turbay e Hernando Santos a par de tudo, e eles também tinham ficado sem nenhum canal com Escobar. Encontravam-se quase todos os dias, e ele acabou resolvendo não contar aos dois os seus contratempos, mas apenas notícias que os animassem. Fez companhia durante longas horas ao ex-presidente, que havia suportado a morte da filha com um estoicismo dilacerante; fechou-se em si mesmo e negou-se a qualquer tipo de declaração: tornou-se invisível. Hernando Santos, cuja única esperança de libertar o filho se baseava na mediação de Parra, caiu num profundo estado de derrota.

O assassinato de Marina, e sobretudo a forma brutal como foi reivindicado e anunciado, provocou uma reflexão inevitável sobre o que fazer dali em diante. Qualquer possibilidade de intermediação ao estilo dos Notáveis estava esgotada, e no entanto nenhum outro intermediário parecia eficaz. A boa vontade e os métodos indiretos careciam de sentido.

Consciente de sua situação, Villamizar desabafou com Rafael Pardo. "Imagine como eu me sinto — disse. — Escobar foi meu martírio e o de minha família durante todos esses anos. Primeiro me ameaça. Depois me faz um atentado, do qual me salvei por milagre. Continua me ameaçando. Assassina Galán. Sequestra minha mulher e minha irmã, e agora pretende que eu defenda seus direitos." Mas era um desabafo inútil, porque sua sorte estava selada: o único caminho certo para a libertação dos sequestrados era ir buscar o leão em sua toca. Dito de maneira direta: a única coisa que restava fazer — e era preciso fazer sem remédio — era viajar a Medellín e procurar Pablo Escobar onde quer que ele estivesse, para discutir o assunto cara a cara.

8

O problema era encontrar Pablo Escobar numa cidade martirizada pela violência. Nos dois primeiros meses de 1991 tinham sido cometidos mil e duzentos assassinatos — vinte diários — e um massacre a cada quatro dias. Um acordo de quase todos os grupos armados havia iniciado a escalada mais feroz de terrorismo guerrilheiro da história do país, e Medellín foi o centro da ação urbana. Quatrocentos e cinquenta e sete policiais foram assassinados em poucos meses. O DAS havia dito que duas mil pessoas das comunidades estavam a serviço de Escobar, e que muitas dessas pessoas eram adolescentes que viviam de caçar policiais. Para cada oficial morto recebiam cinco milhões de pesos, para cada agente recebiam um milhão e meio, e oitocentos mil para cada ferido. No dia 16 de fevereiro de 1991 três suboficiais e oito agentes da polícia morreram pela explosão de um automóvel com cento e cinquenta quilos de dinamite em frente à arena de touros de Medellín. De quebra, morreram nove civis e foram feridos outros cento e quarenta e três que não tinham nada a ver com a guerra.

O Corpo de Elite, encarregado da luta frontal contra o narcotráfico, era apontado por Pablo Escobar como a encarnação de todos os males. Havia sido criado pelo presidente Virgilio Barco em 1989, desesperado pela impossibilidade de estabelecer responsabilidades exatas em corpos tão grandes como o exército e a polícia. A missão de formá-lo foi encomendada à Polícia Nacional, para manter o exército o mais longe possível dos eflúvios perniciosos do narcotráfico e do paramilitarismo. Em sua origem não eram mais de trezentos homens, com uma esquadrilha especial de helicópteros à sua disposição, treinados pelo Special Air Service (SAS) do governo britânico.

O novo corpo havia começado a atuar no setor médio do rio Magdalena, no centro do país, durante o apogeu dos grupos paramilitares criados pelos latifundiários para lutar contra a guerrilha. Dali saiu mais tarde um grupo especializado em operações urbanas, que se estabeleceu em Medellín como um corpo legionário atuando por conta própria e só obedecia à Direção Nacional de Polícia de Bogotá, sem instâncias intermediárias, e que pela sua própria natureza não era muito meticuloso nos limites de seu mandato. Isto semeou o desconcerto entre os delinquentes, e também entre as autoridades locais que assimilaram de má vontade uma força autônoma que escapava ao seu poder. Os Extraditáveis se encarniçaram contra eles e os apontaram como autores de todo tipo de atropelos contra os direitos humanos.

As pessoas em Medellín sabiam que não eram infundadas todas as denúncias dos Extraditáveis sobre assassinatos e abusos da força pública, porque viam suceder nas ruas, embora na maioria dos casos não houvesse reconhecimento oficial. As organizações de direitos humanos nacionais e internacionais protestavam, e o governo não tinha respostas convincentes.

Meses depois decidiu-se não fazer batidas sem a presença de um agente da Procuradoria-Geral, com a inevitável burocratização das diligências.

Era pouco o que a justiça podia fazer. Juízes e magistrados, cujos salários esquálidos davam para viver mas não para educar os filhos, encontravam-se num dilema sem saída: ou eram mortos, ou se vendiam ao narcotráfico. O admirável e assustador é que muitos preferiram a morte.

É provável que o mais colombiano dessa situação fosse a assombrosa capacidade do pessoal de Medellín para se acostumar com tudo, o bom e o mau, demonstrando um poder de recuperação que talvez seja a fórmula mais cruel da temeridade. A maior parte das pessoas não parecia ter consciência de viver numa cidade que sempre foi a mais bela, a mais ativa, a mais hospitaleira do país, e que naqueles anos se tornara uma das mais perigosas do mundo. O terrorismo urbano tinha sido até então um ingrediente raro na cultura centenária da violência colombiana. As próprias guerrilhas históricas — que já o praticavam — com boas razões haviam condenado esse terrorismo como uma forma ilegítima de luta revolucionária. Havia-se aprendido a viver com o medo do que acontecia, mas não a viver com a incerteza do que podia acontecer: uma explosão que despedaçasse os filhos na escola, ou o avião que se desintegrava em pleno voo, ou os legumes que explodiam no mercado. As bombas a esmo que matavam inocentes e as ameaças anônimas por telefone tinham chegado a superar qualquer outro fator de perturbação da ordem cotidiana. No entanto, a situação econômica de Medellín não foi afetada em termos estatísticos.

Anos antes os narcotraficantes estavam na moda por uma auréola fantástica. Gozavam de uma completa impunidade, e inclusive de um certo prestígio popular, pelas obras de caridade que faziam nos bairros onde passaram suas infâncias de marginais. Se alguém quisesse prendê-los poderia mandar buscá-los com o policial da esquina. Mas boa parte da sociedade colombiana os via com uma curiosidade e um interesse demasiado parecidos com a complacência. Políticos, industriais, comerciantes, jornalistas e até simples mortais astutos assistiam à farra perpétua da fazenda Nápoles, perto de Medellín, onde Pablo Escobar mantinha um jardim zoológico com girafas e hipopótamos de carne e osso trazidos da África, e em cujo portal se exibia como um monumento nacional o aviãozinho em que se exportou o primeiro carregamento de cocaína.

Com a fortuna e a clandestinidade, Escobar tornou-se dono do território e se transformou numa lenda que, das sombras, dominava tudo. Seus comunicados de estilo exemplar e cautelas perfeitas chegaram a se parecer tanto com a verdade que se confundiam com ela. No auge de seu esplendor foram erguidos altares com seu retrato e lhe dedicaram círios nas comunidades de Medellín. Chegou-se a dizer que fazia milagres. Nenhum colombiano em toda a história havia tido e exercido um talento como o dele para condicionar a opinião pública. Nenhum outro teve maior poder de corrupção. A condição mais inquietante e devastadora de sua personalidade era que carecia por completo da indulgência para distinguir entre o bem e o mal.

Esse era o homem invisível e improvável que Alberto Villamizar se propôs a encontrar em meados de fevereiro para que lhe devolvesse a esposa. Começou por buscar contato com os três irmãos Ochoa na prisão de alta segurança de Itaguí. Rafael Pardo — de acordo com o presidente — deu luz verde, mas recordou-lhe seus limites: sua iniciativa não era uma negociação em nome do governo e sim uma tarefa de exploração. Ele não poderia fazer nenhum acordo em troca de contraprestações do governo, mas o próprio governo estava interessado na rendição dos Extraditáveis no âmbito da política de submissão. Foi a partir dessa concepção nova que lhe ocorreu mudar também a perspectiva da gestão, de maneira que não se centrasse na libertação dos reféns — como tinha sido até então — mas na rendição de Pablo Escobar. A libertação seria uma simples consequência.

Assim começou um segundo sequestro de Maruja e uma guerra diferente para Villamizar. É provável que Escobar houvesse tido a intenção de soltá-la junto com Beatriz, mas a tragédia de Diana Turbay deve ter transtornado seus planos. Além de levar a culpa de uma morte que não ordenou, o assassinato de Diana tornou-se um desastre para ele, porque lhe tirou uma peça de valor inestimável e acabou de complicar sua vida. Além do mais, a ação da polícia recrudesceu então com tal intensidade que o obrigou a mergulhar até o fundo.

Morta Marina, tinha ficado com Diana, Pacho, Maruja e Beatriz. Se então houvesse resolvido assassinar um, talvez tivesse sido Beatriz. Solta Beatriz e morta Diana, restavam-lhe dois: Pacho e Maruja. Talvez preferisse preservar Pacho por seu valor de troca, mas Maruja havia adquirido um preço imprevisto e incalculável em função da persistência de Villamizar em manter vivos os contatos até que o governo decidiu fazer um decreto mais explícito. Também para Escobar a única tábua de salvação desde aquele instante era a mediação de Villamizar, e a única coisa que podia garanti-la era a retenção de Maruja. Estavam condenados um ao outro.

Villamizar começou por visitar dona Nydia Quintero para conhecer detalhes de sua experiência. Encontrou-a generosa, decidida, com um luto sereno. Ela contou suas conversas com as irmãs Ochoa, com o velho patriarca, com Fabio na prisão. Dava a impressão de ter assimilado a morte atroz de sua filha e não a recordava por dor nem por vingança, mas para que fosse útil na obtenção da paz. Com esse espírito, entregou a Villamizar uma carta para Pablo Escobar na qual expressava seu desejo de que a morte de Diana pudesse servir para que nenhum outro colombiano tornasse a sentir a dor que ela sentia. Começava por admitir que o governo não podia deter as operações contra a delinquência, mas podia evitar que se tentasse o resgate armado dos reféns, pois os familiares sabiam, o governo sabia e todo mundo sabia que se tropeçassem com os sequestrados numa batida podia acontecer uma tragédia irreparável, como já havia sucedido com sua filha. "Por isso venho à sua presença — dizia a carta — para suplicar com o coração inundado de dor, de perdão e de bondade, que liberte Maruja e Francisco." E terminou com um pedido surpreendente: "Diga-me a razão pela qual o senhor não queria que Diana morresse." Meses depois, do cárcere, Escobar tornou público seu assombro de que Nydia houvesse escrito aquela carta sem recriminações nem rancores. "Como me dói — escreveu Escobar — não ter tido coragem para responder."

Villamizar foi a Itaguí visitar os três irmãos Ochoa, com a carta de Nydia e as procurações não escritas do governo. Viajou acompanhado por dois seguranças do DAS, e a polícia de Medellín os reforçou com outros seis. Encontrou os Ochoa instalados na prisão de alta segurança com três controles escalonados, lentos e repetitivos, cujas paredes de tijolo sem revestimento davam a impressão de uma igreja em construção. Os corredores desertos, as escadarias estreitas com corrimão de tubos amarelos, os alarmes à vista, tudo isso desembocava num pavilhão do terceiro andar onde os três irmãos Ochoa descontavam os anos de suas penas fabricando primores de talabartaria: selas de montar e todo tipo de correias de cavalaria. Lá estava a família em pleno: os filhos, os cunhados, as irmãs Martha Nieves, a mais ativa, e Maria Lia, a esposa de Jorge Luis, faziam as honras da casa com a hospitalidade exemplar dos homens do campo.

A chegada coincidiu com a hora do almoço, que foi servido num galpão aberto no fundo do pátio, com cartazes de artistas de cinema colados nas paredes, um equipamento profissional de cultura física e uma mesa de refeitório para doze pessoas. Por um acordo de segurança a comida era preparada na vizinha fazenda La Loma, residência oficial da família, e naquele dia era uma amostra suculenta da comida local. Enquanto comiam, como é de rigor em Antioquia, não se falou de outra coisa além da comida.

Depois da sobremesa, com todos os formalismos de um conselho de família, iniciou-se o diálogo. Não foi tão fácil como se podia supor pela harmonia do almoço. Villamizar começou com seu modo lento, calculado, explicativo, que deixa pouca margem para perguntas porque tudo parece respondido de antemão. Fez um relato minucioso de suas negociações com Guido Parra e de sua ruptura violenta, e terminou expondo a convicção de que só um contato direto com Pablo Escobar podia salvar Maruja.

— Vamos parar com essa barbárie — disse. — Vamos falar em vez de cometer mais erros. Para começar, quero que saibam que não existe a menor possibilidade de que tentemos soltá-la à força. Prefiro conversar, saber o que está acontecendo, o que estão pretendendo.

Jorge Luis, o mais velho, tomou a palavra. Contou as penúrias da família na confusão da guerra suja, as razões e as dificuldades da sua rendição, e a preocupação insuportável de que a Constituinte não proibisse a extradição.

— Esta foi uma guerra muito dura para nós — disse ele. — O senhor não imagina o que sofremos, o que sofreu a família, o que os amigos sofreram. Aconteceu de tudo com a gente.

Seus dados eram precisos: Martha Nieves, sua irmã, sequestrada; Alonso Cárdenas, seu cunhado, sequestrado e assassinado em 1986; Jorge Iván Ochoa, seu tio, sequestrado em 1983 e seus primos Mario Ochoa e Guillermo León Ochoa, sequestrados e assassinados.

Villamizar, por sua vez, tentou mostrar-se tão vítima da guerra como eles, e fazê-los entender que todos pagariam por igual o que acontecesse dali por diante. "Minha história foi pelo menos tão dura como a de vocês — disse. — Os Extraditáveis tentaram me assassinar em 1986, tive que ir para o outro lado do mundo e até lá me perseguiram, e agora sequestram minha esposa e minha irmã." Mas não se queixava, apenas se punha no mesmo nível de seus interlocutores.

— É um abuso — concluiu —, e já é hora de que a gente comece a se entender.

Só eles falavam. O resto da família escutava num silêncio triste de funeral, enquanto as mulheres assediavam o visitante com suas atenções sem intervir na conversa.

— Nós não podemos fazer nada — disse Jorge Luis. — Dona Nydia esteve aqui. Entendemos a situação dela, mas dissemos a mesma coisa. Não queremos problemas.

— Enquanto a guerra continuar vocês todos estarão em perigo, mesmo dentro dessas quatro paredes blindadas — insistiu Villamizar. — Em compensação, se acabar agora terão seu pai e sua mãe e toda a família intacta. Isso não acontecerá enquanto Escobar não se entregar à justiça e Maruja e Francisco não voltarem para suas casas. Mas tenham certeza de que se eles forem mortos vocês também pagarão, e suas famílias pagarão, todo mundo pagará.

Nas três longas horas da entrevista na prisão cada um demonstrou seu domínio para chegar até a beira do precipício. Villamizar apreciou em Ochoa seu realismo de provinciano.

Os Ochoa se impressionaram com a maneira direta e franca com que o visitante desmembrava os temas. Tinham morado em Cúcuta — terra de Villamizar —, conheciam muita gente de lá e se entendiam bem com eles. No final, os outros dois Ochoa intervieram, e Martha Nieves desanuviava o ambiente com seus gracejos de interiorana. Os homens pareciam firmes em sua negativa a intervir numa guerra da qual já se sentiam a salvo, mas pouco a pouco se tornaram mais reflexivos.

— Então, está bem — concluiu Jorge Luis. — Nós mandamos a mensagem a Pablo e dizemos a ele que o senhor esteve aqui. Mas o que eu lhe aconselho é que fale com papai. Ele está na fazenda La Loma e terá muito prazer em conversar com o senhor.

E assim Villamizar foi até a fazenda com a família em pleno, só levando os dois guarda-costas que tinha trazido de Bogotá porque os Ochoa acharam que o aparato de segurança era demasiado visível. Chegaram até o portal e seguiram a pé por cerca de um quilômetro até a casa, numa vereda de árvores frondosas e bem-cuidadas. Vários homens sem armas aparentes fecharam o caminho aos seguranças e os convidaram a mudar de rumo. Houve um instante de mal-estar, mas o pessoal da casa acalmou os forasteiros com boas maneiras e melhores razões.

— Passeiem e comam alguma coisa por aí — disseram aos dois —, porque o doutor tem que conversar com dom Fabio.

No final do arvoredo havia um larguinho e, ao fundo, a casa-grande e bem-cuidada. Na varanda, que dominava as pradarias até o horizonte, o velho patriarca esperava a visita. Estava com o resto da família, todas mulheres e quase todas de luto por seus mortos na guerra. Embora fosse a hora da sesta, haviam preparado todo tipo de coisas para comer e beber.

Villamizar percebeu desde o momento em que cumprimentou dom Fabio que ele já tinha um relatório completo da conversa no cárcere. Isso abreviou os preâmbulos. Villamizar limitou-se a repetir que o recrudescimento da guerra poderia prejudicar muito mais sua família, numerosa e próspera, que não era acusada de homicídio nem de terrorismo. Até ali três de seus filhos estavam a salvo, mas o futuro era imprevisível. Assim, ninguém deveria estar mais interessado que eles na obtenção da paz, e isso não seria possível enquanto Escobar não seguisse o exemplo de seus filhos.

Dom Fabio escutou com uma atenção plácida, aprovando com leves movimentos de cabeça o que lhe parecia acertado. Depois, em frases breves e contundentes como epitáfios, disse o que pensava em cinco minutos. Qualquer coisa que fosse feita — disse — ia acabar constatando que faltava o mais importante: falar com Escobar em pessoa. "Portanto, o melhor é começar por aí", disse. Achava que Villamizar era a pessoa adequada para tentar, porque Escobar só acreditava em homens cuja palavra fosse de ouro.

— E a do senhor é — concluiu dom Fabio. — O problema é demonstrar isso.

A visita havia começado no presídio às dez da manhã e terminou às seis da tarde em La Loma. Sua maior vitória foi quebrar o gelo entre Villamizar e Ochoa para o objetivo comum — já combinado com o governo — de que Escobar se entregasse à justiça. Essa certeza animou Villamizar a transmitir suas impressões ao presidente. Mas ao chegar a Bogotá encontrou a má notícia de que o presidente também estava sofrendo na própria carne a dor de um sequestro.

Aconteceu o seguinte: Fortunato Gaviria Botero, seu primo-irmão e amigo mais querido desde a infância, tinha sido raptado em sua fazenda de Pereira por quatro encapuzados com fuzis. O presidente não cancelou o compromisso de um conselho regional de governadores na ilha de San Andrés, e viajou na tarde da sexta-feira mesmo sem ter confirmado que os sequestradores de seu primo eram os Extraditáveis. No sábado pela manhã madrugou para fazer mergulho, e quando saiu à superfície lhe contaram que Fortunato havia sido assassinado por seus captores — que não eram narcotraficantes — e sepultado às escondidas e sem ataúde em um campo aberto. A autópsia revelou que havia terra em seus pulmões, o que foi interpretado como indício de que tinha sido enterrado vivo pelos sequestradores.

A primeira reação do presidente foi cancelar o conselho regional e regressar de imediato a Bogotá, mas os médicos o impediram. Não era recomendável voar menos de vinte e quatro horas depois de permanecer uma hora a sessenta pés de profundidade. Obedeceu, e o país viu pela televisão Gaviria presidindo o conselho com sua cara mais lúgubre. Mas às quatro da tarde passou por cima do critério médico e regressou a Bogotá para organizar os funerais. Tempos depois, evocando aquele dia como um dos mais duros de sua vida, disse com um humor ácido:

— Eu era o único colombiano que não tinha um presidente a quem se queixar.

Assim que terminou o almoço com Villamizar na prisão, Jorge Luis Ochoa mandara uma carta a Escobar para predispor seu ânimo a favor da rendição. Descreveu Villamizar como um santanderiano sério no qual se podia acreditar e confiar. A resposta de Escobar foi imediata: "Diga a esse filho da puta que nem fale comigo." Villamizar foi informado disso por um telefonema de Martha Nieves e Maria Lia, que lhe pediram, no entanto, que voltasse a Medellín para continuar buscando caminhos. Dessa vez foi sem guarda-costas. Tomou um táxi no aeroporto até o Hotel Intercontinental, e uns quinze minutos depois um chofer dos Ochoa foi buscá-lo. Era um caipirão de uns vinte anos, simpático e brincalhão, que o observou um bom tempo pelo espelho retrovisor. Afinal, perguntou:

— O senhor está assustado?

Villamizar sorriu para ele no espelho.

— Fique tranquilo, doutor — prosseguiu o rapaz. E acrescentou com um grãozinho de ironia: — Com a gente, não vai lhe acontecer nada. Como pode imaginar isso?

A piada deu a Villamizar a segurança e a confiança que não perdeu em nenhum momento durante as viagens que faria depois. Nunca soube se o seguiram, inclusive numa etapa mais avançada, mas sempre sentiu-se à sombra de um poder sobrenatural.

Ao que parece, Escobar não sentia que estivesse devendo alguma coisa a Villamizar pelo decreto que lhe abriu uma porta segura contra a extradição. Sem dúvida, nas suas contas milimétricas de jogador duro, considerava que o favor estava pago com a libertação de Beatriz, mas que a dívida histórica continuava intacta. Ainda assim, os Ochoa pensavam que Villamizar devia insistir.

De modo que não ligou para insultos e se propôs a seguir adiante. Os Ochoa o apoiaram. Ele voltou duas ou três vezes e estabeleceram juntos uma estratégia de ação. Jorge Luis escreveu outra carta a Escobar, na qual dizia que as garantias para a sua rendição estavam dadas, que sua vida seria respeitada e que não seria extraditado por nenhuma causa. Mas Escobar não respondeu. Decidiram então que o próprio Villamizar explicasse por escrito a Escobar sua situação e sua proposta.

A carta foi escrita no dia 4 de março na cela dos Ochoa, com a assessoria de Jorge Luis, que lhe dizia o que convinha e o que podia ser inoportuno. Villamizar começou por reconhecer que o respeito aos direitos humanos era fundamental para conseguir a paz. "Há um fato, no entanto, que não podemos desconhecer: as pessoas que violam os direitos humanos não têm melhor desculpa para continuar fazendo isso do que apontar essas mesmas violações por parte de outros." Isso dificultava as ações de ambos os lados e tudo o que ele mesmo havia conseguido nesse sentido em seus meses de luta pela libertação de sua esposa. A família Villamizar era vítima de uma violência obstinada, na qual não tinha nenhuma responsabilidade: o atentado contra ele, o assassinato de seu concunhado Luis Carlos Galán e o sequestro de sua esposa e de sua irmã. "Minha cunhada Gloria Pachón de Galán e eu — acrescentava — não compreendemos nem podemos aceitar tantas agressões injustificadas e inexplicáveis." Ao contrário: a libertação de Maruja e dos outros jornalistas era indispensável para percorrer o caminho até a verdadeira paz na Colômbia.

A resposta de Escobar, duas semanas depois, começava com uma chicotada: "Distinto doutor, realmente sinto muito, mas não posso atendê-lo." Em seguida chamava a atenção para a notícia de que alguns constituintes do setor oficial, com a anuência das famílias dos sequestrados, iriam propor que não fosse abordado o tema da extradição a menos que eles fossem libertados. Escobar considerava que isso não era apropriado, pois os sequestros não podiam ser considerados como uma pressão aos constituintes porque eram anteriores à sua eleição. Em todo caso, se permitiu fazer sobre o tema uma advertência repentina: "Lembre-se, doutor Villamizar, que a extradição fez muitas vítimas, e somar-lhes duas novas não alterará muito o processo nem a luta que veio se desenvolvendo."

Foi uma advertência lateral, pois Escobar não havia tornado a mencionar a extradição como argumento de guerra depois do decreto que neutralizou essa ameaça para que ele se entregasse, insistindo no tema da violação dos direitos humanos por parte das forças especiais que o combatiam. Era sua tática de mestre: ganhar terreno com vitórias parciais e prosseguir a guerra com outros motivos, que podia multiplicar ao infinito sem necessidade de se entregar.

Em sua carta, com efeito, mostrava-se compreensivo no sentido de que a guerra de Villamizar era a mesma que ele fazia para proteger sua família, mas insistia e persistia uma vez mais em dizer que o Corpo de Elite havia matado uns quatrocentos rapazes nas comunidades de Medellín e ninguém tinha sido castigado. Essas ações, dizia, justificavam os sequestros de jornalistas como instrumentos de pressão para que os policiais responsáveis fossem castigados. Mostrava-se também surpreso com que nenhum funcionário público tivesse tentado um contato direto com ele em relação aos sequestros. Em todo caso, concluía, os telefonemas e as súplicas para que os reféns fossem soltos seriam inúteis, porque o que estava em jogo era a vida das famílias e dos sócios dos Extraditáveis. E terminava: "Se o governo não intervir e não escutar nossas petições, iremos executar Maruja e Francisco, e quanto a isso não tenha nenhuma dúvida."

A carta demonstrava que Escobar buscava contatos com funcionários públicos. Sua rendição não estava descartada, mas ia custar mais caro do que se podia pensar e ele estava disposto a cobrar sem descontos sentimentais. Villamizar compreendeu isso, e naquela mesma semana visitou o presidente da república para dar a ele essa informação. O presidente se limitou a registrar com atenção.

Villamizar visitou também por aqueles dias o procurador-geral, tentando encontrar uma maneira diferente de atuar dentro da nova situação. Foi uma visita muito frutífera. O procurador anunciou que no final da semana publicaria um relatório sobre a morte de Diana Turbay, no qual responsabilizava a polícia por agir sem ordens e sem prudência, e abria sindicância contra três oficiais do Corpo de Elite. Revelou também que havia investigado onze agentes acusados por Escobar com nome próprio, e tinha aberto outra sindicância contra eles.

Cumpriu. O presidente da república recebeu no dia 3 de abril um estudo de avaliação da Procuradoria-Geral da Nação sobre os fatos em torno da morte de Diana Turbay. A operação — dizia o estudo — tinha começado sua gestação no dia 23 de janeiro, quando os serviços de inteligência da polícia de Medellín receberam telefonemas anônimos de caráter genérico sobre a presença de homens armados na parte alta do município de Copacabana. A atividade se centrava — segundo os telefonemas — na região de Sabaneta, sobretudo nas fazendas Villa del Rosario, La Bola e Alto de la Cruz. Pelo menos num dos telefonemas deu-se a entender que lá estavam os jornalistas sequestrados, e que talvez o *Doutor* também estivesse lá. Ou seja: Pablo Escobar. Essa informação foi mencionada na análise que serviu de base para as operações do dia seguinte, mas não se mencionou a probabilidade de que os jornalistas sequestrados estivessem no mesmo lugar. O major-general Miguel Gómez Padilla, diretor da Polícia Nacional, declarou ter sabido na tarde do dia 24 de janeiro que no dia seguinte seria realizada uma operação de verificação, busca e revista, "e a possível captura de Pablo Escobar e de um grupo de narcotraficantes". Mas, ao que parece, tampouco se mencionou então a possibilidade de encontrar os dois últimos reféns, Diana Turbay e Richard Becerra.

A operação começou às onze da manhã do dia 25 de janeiro, quando o capitão Jairo Salcedo García saiu da Escola Carlos Holguín de Medellín com sete oficiais, cinco suboficiais e quarenta agentes. Uma hora depois saiu o capitão Eduardo Martínez Solanilla com dois oficiais, dois suboficiais e sessenta e um agentes. A investigação afirmava que no ofício correspondente não tinha sido registrada a saída do capitão Helmer Ezequiel Torres Vela, que foi o encarregado da operação na fazenda La Bola, onde na realidade estavam Diana e Richard. Mas em sua exposição posterior diante da Procuradoria Nacional, o próprio capitão confirmou que tinha saído às onze da manhã com seis oficiais, cinco suboficiais e quarenta agentes. Para a operação foram destinados quatro helicópteros artilhados.

As invasões de Villa del Rosario e Alto de la Cruz foram cumpridas sem contratempos. Por volta da uma da tarde começou a operação em La Bola. O subtenente Iván Díaz Álvarez contou que estava descendo da planície em que o helicóptero o havia deixado, quando ouviu detonações na encosta da montanha. Correndo nessa direção, conseguiu ver uns nove ou dez homens com fuzis e submetralhadoras que fugiam precipitadamente. "Ficamos ali uns minutos para ver de onde saía o ataque — declarou o subtenente — quando escutamos muito abaixo uma pessoa que pedia auxílio." O subtenente disse que tinha se apressado a descer e havia encontrado um homem que gritou: "Por favor, me ajude." O subtenente gritou por sua vez: "Alto, quem é você?" O homem respondeu que era Richard, o jornalista, e que precisava de ajuda porque ali estava, ferida, Diana Turbay. O suboficial contou que nesse momento, sem explicar por que lhe saiu a frase: "Onde está Pablo?" Richard respondeu: "Eu não sei. Por favor, me ajude." Então o militar aproximou-se com todas as precauções, e apareceram no lugar outros homens do seu grupo. O subtenente concluiu: "Para nós, foi uma surpresa encontrar ali os jornalistas, já que o nosso objetivo não era esse."

O relato deste encontro coincide quase ponto por ponto com o que Richard Becerra fez na Procuradoria. Mais tarde, Richard ampliou sua declaração no sentido de que tinha visto o homem que atirava nele e em Diana, e que estava de pé, com as duas mãos para a frente e para o lado esquerdo, e a uma distância de uns quinze metros. "Quando acabaram de soar os disparos — concluiu Richard — eu já havia me atirado no chão."

Em relação ao único projétil que causou a morte de Diana, a prova técnica demonstrou que tinha entrado pela região ilíaca esquerda e seguido para cima e para a direita. As características dos danos micrológicos demonstraram que era um projétil de alta velocidade, entre dois mil e três mil pés por segundo, ou seja, umas três vezes mais que a velocidade do som. Não pôde ser recuperado, pois fragmentou-se em três partes, o que diminuiu seu peso e alterou sua forma, e ficou reduzido a uma fração irregular que continuou sua trajetória com destroços de natureza essencialmente mortal. Foi quase com certeza um projétil de calibre 5.65, talvez disparado por um fuzil de características técnicas similares, senão iguais, a um AUG austríaco encontrado no local dos acontecimentos, que não era de uso regulamentar da polícia. Como uma anotação à margem, o relatório da necropsia assinalava: "A esperança de vida de Diana era calculada em mais quinze anos."

O fato mais intrigante da operação foi a presença de um civil algemado no mesmo helicóptero em que Diana foi transportada ferida para Medellín. Dois agentes da polícia coincidiram na afirmação de que era um homem de aparência camponesa, de uns trinta e cinco a quarenta anos, tez morena, cabelos curtos, algo robusto, de um metro e setenta mais ou menos, que naquele dia usava um gorro de tecido. Disseram que o haviam detido no curso da operação e estavam tratando de obter sua identificação quando começaram os tiros, de maneira que tiveram que algemá-lo e levá-lo até os helicópteros. Um dos agentes acrescentou que o deixara nas mãos do seu subtenente, que o interrogou na presença deles e deixou-o em liberdade perto do lugar onde havia sido encontrado. "O homem não tinha nada a ver — disseram — já que os disparos soaram lá embaixo e ele estava em cima conosco." Estas versões negavam que o civil houvesse estado a bordo do helicóptero, mas a tripulação do aparelho afirmou o contrário. Outras declarações foram mais específicas. O cabo Luis Carlos Ríos Ramírez, técnico artilheiro do helicóptero, não tinha dúvida de que o homem estava a bordo e fora devolvido naquele mesmo dia à zona de operações.

O mistério continuava no dia 26 de janeiro, quando apareceu o cadáver de um homem chamado José Humberto Vázquez Muñoz no município de Girardota, perto de Medellín. Tinha sido morto por três tiros de 9 mm no tórax e dois na cabeça. Nos arquivos dos serviços de inteligência ele estava fichado com graves antecedentes como membro do cartel de Medellín. Os investigadores marcaram sua fotografia com o número cinco, misturaram com outras de delinquentes reconhecidos, e as mostraram juntas aos que estiveram cativos com Diana Turbay. Hero Buss disse: "Não reconheço nenhum, mas acho que a pessoa que aparece na foto número cinco tem certa semelhança com um mercenário que vi dias depois do sequestro." Azucena Liévano declarou também que o homem da foto número cinco, mas sem bigode, parecia com um que fazia turnos de noite na casa em que ela e Diana estavam nos primeiros dias do sequestro. Richard Becerra também reconheceu o número cinco como o homem que estava algemado no helicóptero, mas esclareceu: "Parece pela forma da cara, mas não tenho certeza." Orlando Acevedo também o reconheceu.

Por último, a esposa de Vázquez Muñoz reconheceu o cadáver e disse, em declaração juramentada, que no dia 25 de janeiro de 1991 às oito da manhã seu marido havia saído de casa para buscar um táxi, quando foi agarrado na rua por dois homens vestidos de policiais e dois vestidos de civil que o meteram num carro. Ele conseguiu chamá-la com um grito:

"Ana Lucia." Mas já tinha sido levado. Essa declaração, porém, não pôde ser levada em consideração, porque não houve mais testemunhas do sequestro.

"Concluindo — diz o relatório —, e respeitando as provas apresentadas, é possível afirmar que antes de realizar a operação na fazenda La Bola alguns membros da polícia nacional encarregados da operação tinham conhecimento por intermédio do senhor Vázquez Muñoz, civil que estava em seu poder, que alguns jornalistas encontravam-se cativos nesses lugares e certamente, depois dos acontecimentos, lhe deram morte." Outras duas mortes inexplicáveis no lugar dos acontecimentos também foram comprovadas.

O departamento de Investigações Especiais, em consequência, concluiu que não havia motivos para afirmar que o general Gómez Padilla, ou outros altos dirigentes da Polícia Nacional, estivessem a par do planejado. Que a arma que causou as lesões em Diana não foi acionada por nenhum dos membros do corpo especial da Polícia Nacional de Medellín. Que os membros do grupo de operações de La Bola deveriam responder pelas mortes de três pessoas cujos corpos foram encontrados lá. Que contra o juiz 93 de Instrução Penal Militar, doutor Diego Rafael de Jesús Coley Nieto, e sua secretária, fosse aberta uma formal investigação disciplinar por irregularidades de tipo substancial e procedimental, bem como contra os peritos do DAS em Bogotá.

Publicado esse relatório, Villamizar sentiu-se em terreno mais firme para escrever uma segunda carta a Escobar. Mandou-a, como sempre, através dos Ochoa, junto com outra carta para Maruja, solicitando que a fizessem chegar a ela. Aproveitou a ocasião para dar a Escobar uma explicação escolar sobre os três poderes do Estado: executivo, legislativo e judiciário, e fazê-lo entender como era difícil para o presidente, dentro desses mecanismos constitucionais e legais, lidar com corpos tão numerosos e complexos como as Forças Armadas. No entanto, deu razão a Escobar em suas denúncias sobre as violações dos direitos humanos pela força pública e por sua insistência em pedir garantias para ele, para sua família e seu pessoal quando se entregasse. "Eu compartilho de seu critério — disse — de que a luta que o senhor e eu travamos tem a mesma essência: salvar as vidas de nossos familiares e as nossas, e conseguir a paz." Com base nesses dois objetivos, propôs que adotassem uma estratégia conjunta.

Escobar respondeu dias depois, com o orgulho ferido pela lição de direito público. "Eu sei que o país está dividido em Presidente, Congresso, Polícias, Exército — escreveu. — Mas também sei que quem manda é o presidente." O resto da carta eram quatro folhas reiterativas sobre as atuações da polícia, que só acrescentavam dados mas não argumentos às anteriores. Negou que os Extraditáveis tivessem executado Diana Turbay, ou que tivessem tentado fazê-lo, porque nesse caso não teriam precisado tirá-la da casa onde estava sequestrada nem a teriam vestido de negro para que os helicópteros a confundissem com uma camponesa. "Morta, não vale como refém", escreveu. No final, sem passos intermediários nem fórmulas de cortesia, despediu-se com uma frase inusitada: "Não se preocupe por (ter feito) suas declarações à imprensa pedindo que me extraditem. Sei que tudo dará certo e que não me guardará rancores, porque a luta em defesa de sua família não tem objetivos diferentes das que eu travo em defesa da minha." Villamizar relacionou aquela frase com uma anterior de Escobar, na qual disse sentir-se envergonhado por ter Maruja como refém, pois a briga não era com ela e sim com o marido. Villamizar já tinha dito de outra forma: "Como pode ser que, se a briga é entre nós dois, quem está em seu poder seja a minha mulher?", e propôs em consequência que fosse trocado por Maruja para negociar em pessoa. Escobar não aceitou.

Naquela altura Villamizar já havia estado mais de vinte vezes na cela dos Ochoa. Desfrutava das joias da cozinha local que as mulheres de La Loma levavam para eles com todas as precauções contra algum atentado. Foi um processo de conhecimento recíproco, de confiança mútua, no qual dedicavam as melhores horas para desentranhar em cada frase e em cada gesto as segundas intenções de Escobar. Villamizar regressava a Bogotá quase sempre no último avião da ponte aérea. Seu filho Andrés o esperava no aeroporto, e muitas vezes teve que acompanhá-lo com água mineral enquanto ele se libertava de suas tensões com lentos drinques solitários. Havia cumprido sua promessa de não comparecer a nenhum ato da vida pública nem ver amigos: nada. Quando a pressão aumentava, ficava horas no terraço olhando na direção onde supunha que estava Maruja, e durante horas mandava mensagens mentais para ela, até que o sono o vencia. Às seis da manhã estava outra vez em pé e pronto para começar. Quando recebiam a resposta de uma carta ou algo mais de interesse, Martha Nieves ou Maria Lia telefonavam, e bastava uma frase:

— Doutor: amanhã, às dez.

Enquanto não havia telefonemas dedicava tempo e trabalho a *Colombia los Reclama,* a campanha de televisão com base nos dados que Beatriz havia trazido sobre as condições do cativeiro. Era uma ideia de Nora Sanín, diretora da Associação Nacional de Meios de Comunicação (Asomedios) e colocada em ação por Maria del Rosario Ortiz — grande amiga de Maruja e sobrinha de Hernando Santos —, junto com seu marido publicitário, com Gloria de Galán e com o resto da família: Monica, Alexandra, Juana, e seus irmãos.

Tratava-se de um desfile diário de estrelas do cinema, do teatro, da televisão, do futebol, da ciência, da política, que pediam numa mesma mensagem a libertação dos sequestrados e o respeito aos direitos humanos. Desde a primeira emissão a campanha despertou um movimento arrasador de opinião pública. Alexandra andava com um cinegrafista caçando estrelas de um extremo a outro do país. Nos três meses que a campanha durou desfilaram umas cinquenta personalidades. Mas Escobar não se comoveu. Quando o cravista Rafael Puyana disse que era capaz de pedir-lhe de joelhos a libertação dos sequestrados, Escobar respondeu: "Podem vir de joelhos trinta milhões de colombianos, que eu não solto." No entanto, numa carta a Villamizar fez um elogio ao programa porque não lutava apenas pela libertação dos reféns, mas também pelo respeito aos direitos humanos.

A facilidade com que as filhas de Maruja e seus convidados desfilavam pela tela da televisão inquietava Maria Victoria, a esposa de Pacho Santos, por sua insuperável timidez cênica. Os microfones imprevistos que surgiam em seu caminho, a luz impudica dos refletores, o olho inquisitorial das câmeras e as mesmas perguntas de sempre à espera das mesmas respostas lhe causavam náuseas de pânico que a duras penas ela conseguia reprimir. No dia de seu aniversário fizeram uma matéria na televisão na qual Hernando Santos falou com fluidez profissional e depois tomou-a pelo braço: "Agora, é a sua vez." Conseguiu escapar quase sempre, mas algumas vezes precisou enfrentar a situação, e não apenas achava que ia morrer na tentativa, mas quando se via e se ouvia na tela sentia-se ridícula e imbecil.

Sua reação contra aquela servidão social foi então a oposta. Fez um curso de microempresas e outro de jornalismo. Tornou-se livre e festeira por decisão própria. Aceitou convites que antes detestava, assistia a conferências e concertos, adotou roupas alegres, virava a noite até muito tarde, e assim terminou por derrotar sua imagem de viúva compadecida. Hernando e seus melhores amigos a entenderam, apoiaram e ajudaram a conseguir o seu propósito. Mas não demorou a sofrer as sanções sociais. Soube que muitos dos que a celebravam pela frente a criticavam pelas costas. Chegaram ramos de rosas sem cartões, caixas de bombons sem nome, declarações de amor sem remetentes. Ela desfrutou da ilusão de que fossem de seu marido, que talvez tivesse conseguido abrir da sua solidão um caminho secreto até ela. Mas o remetente não demorou a se identificar pelo telefone: era um tarado. Uma mulher, também por telefone, declarou-lhe sem rodeios: "Estou apaixonada por você."

Naqueles meses de liberdade criativa Mariavê encontrou por acaso uma vidente amiga que havia previsto o destino trágico de Diana Turbay. Assustou-se com a ideia de que lhe fizesse algum prognóstico sinistro, mas a vidente a tranquilizou. No começo de fevereiro tornou a encontrá-la e ela lhe disse ao ouvido, sem que ninguém tivesse perguntado nada e sem esperar nenhum comentário: "Pacho está vivo." Disse com tal certeza que Mariavê acreditou como se o tivesse visto com seus próprios olhos.

A verdade é que em fevereiro Escobar parecia não ter confiança nos decretos, mesmo quando dizia ter. A desconfiança era nele uma condição vital, e costumava repetir que graças a isso estava vivo. Não delegava nada essencial. Era seu próprio chefe militar, seu próprio chefe de segurança, inteligência e de contra inteligência, um estrategista imprevisível e um desinformador sem igual. Em circunstâncias extremas mudava todos os dias sua guarda pessoal de oito homens. Conhecia todo tipo de tecnologia de comunicações, de grampeamento de linhas, de rastreio de sinais. Tinha empregados que passavam o dia todo trocando diálogos de loucos por seus telefones para que as escutas se enredassem em pântanos de disparates e não pudessem distingui-los das mensagens reais. Quando a polícia divulgou dois números de telefone para receber informações sobre seu paradeiro, contratou colégios de meninos para que se antecipassem aos delatores e mantivessem as linhas ocupadas vinte e quatro horas por dia. Sua astúcia para não deixar provas de seus atos era inesgotável. Não consultava ninguém, e indicava estratégias legais a seus advogados, que não faziam outra coisa além de dar-lhes base jurídica.

Sua negativa a receber Villamizar se devia ao temor de que ele tivesse debaixo da pele um dispositivo eletrônico que permitisse rastreá-lo. Tratava-se na realidade de um minúsculo transmissor de rádio com uma pilha microscópica, cujo sinal pode ser captado a longa distância por um receptor especial — um radiogoniômetro — que permite estabelecer por computação o lugar aproximado do sinal. Escobar confiava tanto no grau de sofisticação desse engenho que não lhe parecia fantástico que alguém tivesse um receptor instalado debaixo da pele. O goniômetro serve também para determinar as coordenadas de uma emissão de rádio, um telefone celular ou sem fio. Por isso Escobar os utilizava o mínimo possível, e quando o fazia preferia que fosse em veículos em movimento. Usava estafetas com bilhetes escritos. Se tinha que ver alguém, não o convocava para onde ele estava: ia até onde estava o outro. Quando terminava a reunião se retirava por rumos imprevistos. Ou ia ao outro extremo da tecnologia: num ônibus com placas e marcas falsas de serviço público que fazia as rotas regulamentares mas não atendia às paradas, porque sempre estavam lotados com os seguranças do dono. Uma das diversões de Escobar, aliás, era ir de vez em quando como motorista.

A possibilidade de que a Assembleia Constituinte acabasse de pronunciar-se a favor da não extradição e do indulto tornou-se mais provável em fevereiro. Escobar sabia disso e concentrou mais forças nessa direção que no governo. Gaviria, na realidade, acabou sendo mais duro do que ele supunha. Tudo que fosse relacionado com os decretos de submissão à justiça já estava pronto, na Direção de Instrução Criminal, e o ministro da Justiça permanecia alerta para atender a qualquer emergência jurídica. Villamizar, por sua vez, agia por sua conta e corria os seus riscos, mas sua estreita colaboração com Rafael Pardo mantinha um canal direto com o governo que não o comprometia e em compensação servia para que avançasse sem negociar. Escobar deve então ter entendido que Gaviria nunca designaria um delegado oficial para conversar com ele — esse era seu sonho dourado — e se agarrou à esperança de que a Constituinte o indultasse, fosse como traficante arrependido ou à sombra de algum grupo armado. Não era um cálculo de louco. Antes da instalação da Constituinte, os partidos políticos tinham combinado uma agenda de temas fechados, e o governo conseguiu com razões jurídicas que a extradição não fosse incluída na lista, porque precisava dela como instrumento de pressão na política de submissão. Mas quando a Corte Suprema de Justiça tomou a decisão espetacular de que a Constituinte podia tratar de qualquer tema, sem limitação alguma, a extradição ressurgiu dos escombros. O indulto não foi mencionado, mas também era possível: tudo cabia no infinito.

O presidente Gaviria não era dos que abandonam um tema por outro. Em seis meses havia imposto a seus colaboradores um sistema de comunicação pessoal feito de bilhetes escritos em papeizinhos casuais com frases breves que resumiam tudo. Às vezes mandava somente o nome da pessoa a quem estava dirigido, entregava a quem estivesse mais perto, e o destinatário sabia o que deveria fazer. Este método, além do mais, tinha para seus assessores a virtude terrífica de não fazer diferença entre as horas de trabalho e as de descanso. Gaviria não as concebia, pois descansava com a mesma disciplina com que trabalhava, e continuava mandando papeizinhos enquanto estava num coquetel ou assim que emergia da pesca submarina. "Jogar tênis com ele era como ir a um conselho de ministros", disse um de seus conselheiros. Podia fazer sestas profundas de cinco a dez minutos sentado na frente da escrivaninha, e acordava como novo enquanto seus colaboradores caíam de sono. O método, por mais aleatório que possa parecer, tinha a virtude de disparar a ação com mais urgência e energia que os memorandos formais.

O sistema foi de grande utilidade quando o presidente tratou de deter o golpe da Corte Suprema contra a extradição, com o argumento de que era um tema de lei e não de Constituição. O ministro de Governo, Humberto de la Calle, conseguiu convencer de saída a maioria. Mas as coisas que interessam às pessoas terminam por se impor às que interessam aos governos, e as pessoas tinham identificado a extradição como um dos fatores da perturbação social e, sobretudo, do terrorismo selvagem. Assim, após muitas idas e voltas terminou incluída no temário da Comissão de Direitos.

Em meio a tudo isso, os Ochoa persistiam no temor de que Escobar, encurralado por seus próprios demônios, decidisse imolar-se numa catástrofe apocalíptica. Foi um temor profético. No começo de março, Villamizar recebeu uma mensagem urgente mandada por eles: "Venha de imediato porque aqui vão acontecer coisas muito graves." Tinham recebido uma carta de Pablo Escobar com a ameaça de arrebentar cinquenta toneladas de dinamite no centro histórico de Cartagena das Índias se não fossem punidos os policiais que assolavam as comunidades de Medellín: cem quilos para cada rapaz morto fora de combate.

Os Extraditáveis tinham considerado Cartagena como um santuário intocável até o dia 28 de setembro de 1989, quando uma carga de dinamite sacudiu os alicerces e pulverizou os vidros do Hotel Hilton, matando dois médicos de um congresso que se reunia em outro andar. A partir de então ficou claro que nem aquele patrimônio da humanidade estava a salvo da guerra. A nova ameaça não permitia um instante de vacilação.

O presidente Gaviria ficou sabendo da ameaça por intermédio de Villamizar poucos dias antes de que o prazo se esgotasse. "Agora não estamos lutando por Maruja mas para salvar Cartagena", disse Villamizar para proporcionar um argumento ao presidente. A resposta do presidente foi que agradecia a informação e que o governo tomaria todas as medidas para impedir o desastre, mas que de modo algum cederia à chantagem. Villamizar viajou a Medellín mais uma vez e com a ajuda dos Ochoa conseguiu dissuadir Escobar. Não foi fácil. Dias antes do prazo, Escobar garantiu num papel feito às pressas que os jornalistas cativos não sofreriam nada por enquanto, e adiou a detonação de bombas nas cidades grandes. Mas também foi terminante: se depois de abril continuassem as operações da polícia em Medellín, não sobraria pedra sobre pedra da mui antiga e nobre cidade de Cartagena das Índias.

9

Sozinha no quarto, Maruja tomou consciência de que estava nas mãos dos homens que talvez tivessem matado Marina e Beatriz, e se negavam a devolver-lhe o rádio e o televisor para que ela não ficasse sabendo. Passou da solicitação encarecida à exigência colérica, enfrentou aos gritos os guardiães para que até os vizinhos ouvissem, não tornou a caminhar e ameaçou não comer mais. O caseiro e os vigias, surpreendidos por uma situação impensável, não souberam o que fazer. Sussurravam em conciliábulos inúteis, saíam para telefonar e voltavam ainda mais indecisos. Tentavam tranquilizar Maruja com promessas ilusórias ou intimidá-la com ameaças, mas não conseguiram quebrar sua vontade de não comer.

Nunca havia se sentido mais dona de si. Era claro que seus guardiães tinham instruções de não maltratá-la, e apostou em que necessitavam dela viva a qualquer preço. Foi um cálculo certeiro: três dias depois da libertação de Beatriz, bem cedo, a porta se abriu sem nenhum aviso, e entrou o caseiro com o rádio e a televisão. "A senhora vai ficar sabendo de uma coisa agora", disse a Maruja. E em seguida, sem dramatismo, soltou a notícia:

— Dona Marina Montoya está morta.

Ao contrário do que ela mesma teria esperado, Maruja ouviu como se tivesse sabido daquilo desde sempre. Assombroso para ela teria sido se Marina continuasse viva. No entanto, quando a verdade lhe chegou ao coração entendeu o quanto gostava de Marina e quanto teria dado para que a notícia fosse mentira.

— Assassinos! — disse ao caseiro. — Isso é o que vocês todos são: assassinos!

Nesse instante o *Doutor* apareceu na porta e quis acalmar Maruja com a notícia de que Beatriz estava feliz em sua casa, mas ela não acreditaria enquanto não a visse com os próprios olhos na televisão ou a ouvisse pelo rádio. O recém-chegado, por sua vez, lhe pareceu perfeito para ouvir um desabafo.

— O senhor não voltou aqui — disse Maruja. — E eu compreendo: deve estar muito envergonhado pelo que fez com Marina.

Ele precisou de um instante para se recompor da surpresa.

— O que houve? — instigou Maruja. — Ela estava condenada à morte?

Ele explicou então que se tratava de vingar uma dupla traição. "Com a senhora é diferente", disse. E repetiu o que já havia dito antes: "É político." Maruja escutou-o com a rara fascinação que a ideia da morte infunde aos que sentem que vão morrer.

— Pelo menos, conte como foi — disse ela. — Marina percebeu?

— Juro que não — disse ele.

— Mas como é que não? — persistiu Maruja. — Como podia não perceber?

— Contaram a ela que seria levada para outro sítio — disse ele com ansiedade de que acreditassem no que dizia. — Mandaram que descesse do carro, ela continuou caminhando para a frente e atiraram por trás da cabeça. Não pôde perceber nada.

A imagem de Marina caminhando às cegas com o capuz ao contrário para um sítio imaginário ia perseguir Maruja por muitas noites de insônia. Mais que a própria morte, o que ela temia era a lucidez do momento final. A única coisa que lhe dava algum consolo foi a caixa de comprimidos soníferos que tinha economizado como se fossem pérolas preciosas, para engolir um punhado antes de se deixar arrastar ao matadouro.

No telejornal do meio-dia viu enfim Beatriz, rodeada de sua gente e num apartamento cheio de flores que reconheceu no mesmo instante, apesar das mudanças: era o dela própria, Maruja. No entanto, a alegria de ver Beatriz foi estragada pelo desgosto da nova decoração. A nova estante de livros pareceu-lhe bem-feita e no lugar que ela queria, mas as cores das paredes e dos tapetes eram insuportáveis, e o cavalo da dinastia Tang estava atravessado onde mais estorvava. Indiferente à sua situação, começou a reclamar com o marido e com os filhos como se eles pudessem ouvi-la na tela da televisão. "Que desajeitados! — gritou. — Está tudo ao contrário do que eu havia dito!" Os desejos de recuperar a liberdade se reduziram por um instante às ânsias de desancá-los pelo que tinham feito.

Nessa tormenta de sensações e sentimentos desencontrados, os dias tinham se tornado invisíveis e as noites, intermináveis. Ficava impressionada por dormir na cama de Marina, coberta com seu cobertor, atormentada pelo seu cheiro, e quando começava a dormir ouvia nas trevas, ao lado dela na mesma cama, seus sussurros de abelha. Uma noite não foi uma alucinação e sim um prodígio da vida real. Marina agarrou-a pelo braço com sua mão de viva, morna e terna, e soprou-lhe ao ouvido com sua voz natural: "Maruja."

Não considerou uma alucinação porque em Jacarta havia vivido outra experiência fantástica. Numa feira de antiguidades havia comprado a escultura de um belo mancebo de tamanho natural, com um pé apoiado sobre a cabeça de um menino vencido. Tinha uma auréola como a dos santos católicos, mas esta era de latão, e o estilo e os materiais faziam pensar num apêndice de mentira. Só tempo depois de tê-la no melhor lugar da casa ficou sabendo que era o Deus da Morte.

Maruja sonhou uma noite que tentava arrancar a auréola da estátua porque a achava muito feia, mas não conseguiu. Estava soldada ao bronze. Despertou muito incomodada pela lembrança ruim, correu para ver a estátua no salão da casa e encontrou o deus sem coroa e a auréola jogada no chão como se fosse o final do seu sonho. Maruja — que é racionalista e agnóstica —, conformou-se com a ideia de que ela mesma, num episódio irrecordável de sonambulismo, havia tirado a auréola do Deus da Morte.

No começo do cativeiro tinha-se sustentado com a raiva que a submissão de Marina provocava nela. Mais tarde foi a compaixão por seu amargo destino e os desejos de dar a Marina alentos para viver. Foi mantida pelo dever de fingir uma força que não tinha quando Beatriz começava a perder o controle, e a necessidade de manter seu próprio equilíbrio quando a adversidade as sufocava. Alguém tinha que assumir o comando para não afundar, e tinha sido ela, num espaço lúgubre e empestado de três metros por dois e meio, dormindo no chão, comendo sobras de cozinha e sem a certeza de estar viva no minuto seguinte. Mas quando não ficou mais ninguém no quarto já não tinha por que fingir: estava sozinha diante de si mesma.

A certeza de que Beatriz havia informado sua família sobre o modo como podiam se dirigir a ela pelo rádio e pela televisão a manteve alerta. Villamizar apareceu várias vezes com suas palavras de alento, e seus filhos a consolaram com sua imaginação e sua graça. De repente, sem nenhum anúncio, rompeu-se o contato durante duas semanas. Então ela foi embargada por uma sensação de esquecimento. Desmoronou. Não tornou a caminhar. Permaneceu deitada com a cara contra a parede, alheia a tudo, comendo e bebendo só para não morrer. Voltou a sentir as mesmas dores de dezembro, as mesmas cãibras e fisgadas nas pernas que tinham exigido a visita do médico. Mas desta vez nem se queixou.

Os vigias, envolvidos com seus conflitos pessoais e em suas discrepâncias internas, deixaram Maruja de lado. A comida esfriava no prato e tanto o caseiro como sua mulher pareciam nem perceber. Os dias se fizeram mais longos e áridos. Tanto, que ela até sentia falta, às vezes, dos piores momentos dos primeiros dias. Perdeu o interesse pela vida. Chorou. Certa manhã percebeu horrorizada ao despertar que seu braço direito erguia-se por conta própria.

A troca de turno da guarda em fevereiro foi providencial. Em vez da quadrilha de Barrabás mandaram quatro rapazes novos, sérios, disciplinados e conversadores. Tinham boas maneiras e uma facilidade de expressão que foi um alívio para Maruja. De saída, a convidaram a jogar *nintendo* e outras diversões de televisão. O jogo os aproximou. Ela notou desde o princípio que tinham uma linguagem comum e isso facilitou sua comunicação com eles. Sem dúvida haviam sido instruídos para vencer sua resistência e levantar seu moral com um tratamento diferente, pois começaram a convencê-la de que seguisse a recomendação médica de caminhar no quintal, de que pensasse em seu esposo, em seus filhos, e em não frustrar a esperança que eles tinham de vê-la logo e em bom estado.

O ambiente foi propício para os desabafos. Consciente de que eles também eram prisioneiros e talvez precisassem dela, Maruja contava suas experiências com três filhos homens que já haviam passado pela adolescência. Contou-lhes episódios significativos de sua criação e educação, de seus costumes e seus gostos. Também os guardiães, já mais confiados, falaram de suas vidas.

Todos eram formados no curso colegial e um deles tinha feito pelo menos um semestre na universidade. Ao contrário dos anteriores, diziam pertencer a famílias de classe média, mas de uma ou de outra maneira estavam marcados pela cultura das comunidades de Medellín. O mais velho deles, de vinte e quatro anos, que era chamado de Formiga, era alto e de boa aparência, e tinha índole reservada. Havia interrompido seus estudos universitários quando seus pais morreram num acidente de trânsito e não encontrou outra saída que não fosse o mundo dos mercenários. Outro, chamado de Tubarão, contava divertido que tinha conseguido ser aprovado em metade do curso colegial ameaçando seus professores com um revólver de brinquedo. O mais alegre da equipe, e de todos que passaram por lá, era chamado de Pião, e era isso o que parecia, de verdade. Era muito gordo, de pernas curtas e frágeis, e sua paixão pela dança chegava a extremos de loucura. Certa vez pôs uma fita de salsa no gravador depois do café da manhã e dançou sem interrupção e com ímpeto frenético até o final do seu plantão. O mais formal, filho de uma professora, era leitor de literatura e de jornais, e estava bem-informado sobre a atualidade do país. Só tinha uma explicação para estar naquela vida: "Porque é muito legal."

No entanto, e tal como Maruja vislumbrou desde o princípio, eles não foram insensíveis ao tratamento humano. O que, por sua vez, não apenas deu a ela novos ânimos para viver, mas também a argúcia para ganhar vantagens que talvez os próprios guardiães não tinham previsto.

— Não pensem que vou fazer alguma bobagem — disse a eles. — Tenham certeza de que não farei nada que for proibido, porque sei que isso aqui vai terminar logo e vai terminar bem. Então, não tem sentido que me pressionem tanto.

Com uma autonomia que nenhum dos vigias anteriores teve — nem mesmo seus chefes —, os novos se atreveram a relaxar o regime carcerário muito mais do que a própria Maruja esperava. Deixaram que ela se movesse pelo quarto, falasse com voz menos forçada, fosse ao banheiro sem horário fixo. O novo tratamento devolveu-lhe os ânimos para cuidar mais de si, graças à experiência de Jacarta. Tirou bom proveito de umas aulas de ginástica que uma professora deu para ela no programa de Alexandra, cujo título parecia ter nome próprio: exercícios em espaços reduzidos. Era tamanho seu entusiasmo que um dos guardiães perguntou-lhe com um gesto de suspeita: "Será que esse programa tem alguma mensagem para a senhora?" Deu um bom trabalho a Maruja convencê-lo que não.

Naqueles dias, emocionou-se também com a aparição surpreendente de *Colombia los Reclama*, que ela não apenas achou bem-concebido e bem-feito, mas também o mais adequado para manter elevado o moral dos últimos reféns. Sentiu-se mais bem comunicada e mais identificada com os seus. Pensava que teria feito a mesma coisa como campanha, como remédio, como golpe de opinião, a ponto de ter chegado a acertar nas apostas que fazia com os guardiães sobre quem ia aparecer na tela no dia seguinte. Uma vez apostou que seria Vicky Hernández, a grande atriz, sua grande amiga, e ganhou. Um prêmio melhor, porém, foi que o fato de ver Vicky e escutar sua mensagem, que provocou nela um dos poucos instantes felizes do cativeiro.

As caminhadas pelo quintal também começaram a dar frutos. O pastor-alemão, alegre por vê-la outra vez, tentou se meter por baixo do portão para brincar com Maruja, mas ela acalmou-o com seus mimos por temor a despertar receio nos guardiães. Marina havia dito a ela que o portão dava para um baldio aprazível com cordeiros e galinhas. Maruja comprovou isso com um rápido olhar sob a claridade lunar. No entanto, também percebeu que um homem armado com uma escopeta montava guarda por fora da cerca. A ilusão de escapar com a cumplicidade do cão morreu ali.

No dia 20 de fevereiro — quando a vida parecia ter recuperado seu ritmo — ficaram sabendo pelo rádio que num descampado de Medellín tinham encontrado o cadáver do doutor Conrado Prisco Lopera, primo dos chefes da quadrilha, que havia desaparecido dois dias antes. Seu primo Edgar de Jesús Botero Prisco foi assassinado quatro dias depois. Nenhum dos dois tinha antecedentes penais. O doutor Prisco Lopera era quem havia atendido Juan Vitta com seu nome e com a cara descoberta e Maruja se perguntava se não seria o mesmo mascarado que a havia examinado dias antes.

Da mesma forma que a morte dos irmãos Priscos em janeiro, aquelas causaram uma grande impressão entre os guardiães e aumentaram o nervosismo do caseiro e de sua família. A ideia de que o cartel cobraria suas mortes com a vida de um sequestrado, como ocorreu com Marina Montoya, passou pelo quarto como uma sombra fatídica. O caseiro entrou no dia seguinte sem nenhum motivo e numa hora inusitada.

— Não é para preocupá-la — disse a Maruja —, mas está acontecendo uma coisa muito grave: uma borboleta está parada desde ontem à noite na porta do quintal.

Maruja, incrédula do invisível, não entendeu o que ele queria dizer. O caseiro então explicou, com um tremendismo calculado.

— É que quando mataram os outros Prisco aconteceu a mesma coisa — disse: — uma borboleta negra ficou grudada três dias na porta do banheiro.

Maruja recordou os obscuros pressentimentos de Marina, mas fez que não entendia nada.

— E isso quer dizer o quê?

— Não sei — disse o caseiro —, mas deve ser de mau agouro porque daquela vez mataram dona Marina.

— A de agora é negra ou marrom? — perguntou Maruja.

— Marrom — disse o caseiro.

— Então é boa — disse Maruja. — As de mau agouro são as negras.

A tentativa de assustá-la não deu certo. Maruja conhecia seu marido, seu modo de pensar e proceder, e não acreditava que estivesse tão extraviado a ponto de perder o sono por causa de uma borboleta. Sabia, sobretudo, que nem ele nem Beatriz deixariam escapar nenhuma dica útil para uma tentativa de resgate armado. No entanto, acostumada a interpretar seus altos e baixos íntimos como um reflexo do mundo exterior, não descartou que cinco mortes de uma mesma família em um mês tivessem terríveis consequências para os últimos dois sequestrados.

O rumor de que a Assembleia Constituinte tinha dúvidas sobre a extradição, pelo contrário, deve ter aliviado os Extraditáveis. No dia 28 de fevereiro, numa visita oficial aos Estados Unidos, o presidente Gaviria declarou-se partidário decidido de mantê-la a qualquer preço, mas não causou alarma: a não extradição já era um sentimento nacional muito enraizado que não necessitava de subornos nem intimidações para se impor.

Maruja seguia aqueles acontecimentos com atenção, dentro de uma rotina que parecia ser um mesmo dia repetido. De repente, enquanto os guardiães jogavam dominó, Pião fechou o jogo e recolheu as fichas pela última vez.

— Amanhã, vamos embora — disse.

Maruja não quis acreditar, mas o filho da professora confirmou.

— É sério — disse. — Amanhã vem o grupo de Barrabás.

Este foi o princípio do que Maruja haveria de recordar como seu março negro. Assim como os guardiães que iam embora pareciam instruídos para aliviar a sua dor, os que chegaram estavam sem dúvida treinados para torná-la insuportável. Chegaram como um terremoto. O Monge, comprido, esquálido e mais sombrio e ensimesmado que da última vez. Os outros, os de sempre, como se nunca tivessem saído dali. Barrabás os dirigia com uma presunção de bandido de cinema, distribuindo ordens militares para encontrar o esconderijo de alguma coisa que não existia, ou fingindo procurá-lo para amedrontar a sua vítima. Viraram o quarto de cabeça para baixo com técnicas brutais. Desmantelaram a cama, rasgaram o colchão e o rechearam tão mal que era um problema continuar dormindo num leito cheio de nós.

A vida cotidiana regressou ao velho estilo de manter as armas prontas para disparar se as ordens não fossem obedecidas de imediato. Barrabás não falava com Maruja sem apontar a metralhadora para sua cabeça. Ela, como sempre, deixou-o paralisado com a ameaça de acusá-lo para seus chefes.

— Nem pense que vou morrer só porque você deixou escapar uma bala — disse ela. — Fique quieto ou vou me queixar.

Dessa vez o recurso não funcionou. Parecia claro, porém, que a desordem não era intimidatória nem calculada, mas o próprio sistema estava carcomido por dentro, por uma desmoralização profunda. Até as brigas entre o caseiro e Damaris, frequentes e de ares folclóricos, tornaram-se temíveis. Ele chegava da rua a qualquer hora — quando chegava — quase sempre embrutecido pela bebedeira, e tinha que enfrentar as broncas obscenas da mulher. Os alaridos de ambos, e o pranto das meninas acordadas a qualquer hora, alvoroçavam a casa. Os guardiães caçoavam deles com imitações teatrais que magnificavam o escândalo. Era inconcebível que no meio daquela barafunda não tivesse aparecido alguém, nem que fosse por curiosidade.

O caseiro e sua mulher desabafavam em separado com Maruja. Damaris, por causa de ciúmes justificados que não lhe davam um instante de paz. Ele, tentando criar uma maneira de acalmar a mulher sem renunciar às suas cafajestagens. Mas os bons ofícios de Maruja não perduravam além da próxima escapada do caseiro.

Numa das tantas brigas, Damaris marcou a cara do marido com arranhões de gata, cujas cicatrizes demoraram a desaparecer. Ele deu-lhe uma porrada que a atirou pela janela afora. Não a matou por milagre, porque ela conseguiu se agarrar na última hora e ficou balançando dependurada na varanda do quintal. Foi o final. Damaris fez as malas e foi-se embora com as meninas para Medellín.

A casa ficou nas mãos do caseiro sozinho, que às vezes não aparecia até o anoitecer, carregado de iogurte e pacotes de batata frita. Muito de vez em quando, aparecia com um frango. Cansados de esperar, os guardiães saqueavam a cozinha. De regresso ao quarto levavam para Maruja algumas bolachas que tinham sobrado, com salsichas cruas. O tédio tornou-os mais suscetíveis e perigosos. Desabafavam xingando os seus pais, a polícia, a sociedade inteira. Contavam seus crimes inúteis e seus sacrilégios deliberados para provar a si mesmos a inexistência de Deus, e chegavam a extremos dementes nos relatos de suas proezas sexuais. Um deles fazia descrições das aberrações a que submeteu uma de suas amantes como vingança pelos seus deboches e humilhações. Ressentidos sem controle, começaram a se drogar com maconha e pasta de cocaína, até um ponto em que não era possível respirar na fumaça do quarto. Ouviam o rádio a todo volume, entravam e saíam batendo a porta, pulavam, cantavam, dançavam, davam cambalhotas no quintal. Um deles parecia um saltimbanco profissional de um circo perdulário. Maruja os ameaçava dizendo que os escândalos iam chamar a atenção da polícia.

— Ela que venha e mate a gente! — gritaram em coro.

Maruja sentiu-se em seus limites, sobretudo por causa do enlouquecido Barrabás, que se divertia despertando-a com o cano da metralhadora em sua testa. O cabelo de Maruja começou a cair. O travesseiro cheio de chumaços soltos a deixava deprimida desde o momento em que ela abria os olhos ao amanhecer.

Sabia que cada um dos guardiães era diferente, mas tinham a debilidade comum da insegurança e da desconfiança recíproca. Maruja exacerbava aquilo com seu próprio temor. "Como conseguem viver desse jeito? — perguntava de repente. — Vocês acreditam em quê?" "Será que têm alguma ideia do que é amizade?" Antes de que pudessem reagir, ela os acossava: "Dar a palavra de honra significa alguma coisa para vocês?" Não diziam, mas as respostas que davam a si mesmos deviam ser inquietantes, porque em lugar de se rebelar eles se humilhavam diante de Maruja. Só Barrabás a enfrentou. "Oligarcas de merda! — gritou ele certa vez. — Estavam achando que iam mandar para sempre? Eu não, porra: acabou essa bosta!" Maruja, que o havia temido tanto, enfrentou-o com fúria.

— Vocês matam seus amigos, seus amigos matam vocês, todos acabam se matando uns aos outros — gritou ela. — Dá para entender vocês? Tragam alguém que me explique o tipo de animais que vocês são!

Desesperado talvez por não poder matá-la, Barrabás esmurrou a parede e com o soco feriu a mão. Deu um grito selvagem e desandou a chorar com fúria. Maruja não se deixou amolecer pela pena. O caseiro passou a tarde tratando de apaziguá-la e fez um esforço inútil para melhorar o jantar.

Maruja se perguntava como era possível que com semelhante bagunça eles continuassem acreditando que os diálogos em sussurro tinham algum sentido, ou a reclusão no quarto, ou o racionamento do rádio e da televisão por questões de segurança. Aborrecida com tanta demência, ela se sublevou contra as leis inúteis do cativeiro, começou a falar com sua voz natural, e a ir ao banheiro quando bem entendia. Em compensação, o temor de uma agressão se fez mais intenso, sobretudo quando o caseiro a deixava sozinha com a dupla de plantão. O drama culminou certa manhã, quando um guardião invadiu o banheiro enquanto ela estava se ensaboando debaixo do chuveiro. Maruja conseguiu se cobrir com a toalha e lançou um grito de terror que deve ter sido ouvido no bairro inteiro. O homem ficou petrificado feito um espantalho, e com a alma na mão, de medo das reações da vizinhança. Mas não apareceu ninguém, não se ouviu um suspiro. O guardião saiu caminhando para trás, nas pontas dos pés, como se apenas tivesse se enganado de porta.

O caseiro apareceu quando menos se esperava com uma mulher diferente, que assumiu o poder na casa. Mas em vez de controlar a desordem, ambos contribuíram para aumentá-la. A mulher o acompanhava em suas bebedeiras baratas, que costumavam terminar com murros e garrafadas. As horas das refeições tornaram-se improváveis. Aos domingos iam farrear e deixavam Maruja e os guardiães sem nada para comer até o dia seguinte. Certa madrugada, enquanto Maruja caminhava sozinha no quintal, os quatro guardiães foram saquear a cozinha e deixaram as metralhadoras no quarto. Um pensamento a estremeceu. Saboreou-o enquanto conversava com o cão, o acariciava, falava com ele em sussurros, e o animal satisfeito lambia suas mãos com roncos de cumplicidade. O grito de Barrabás arrancou-a de seus sonhos.

Foi o fim de uma ilusão. Trocaram o cachorro por outro, com cara de açougueiro. Proibiram as caminhadas no quintal e Maruja foi submetida a um regime de vigilância perpétua. O que ela mais temeu então foi que a amarrassem na cama com uma corrente forrada de plástico, que Barrabás enrolava e desenrolava como uma camândula de ferro. Maruja adiantou-se a qualquer intenção.

— Se eu quisesse ter escapado daqui, já teria feito há tempos — disse. — Fiquei sozinha várias vezes, e se não fugi é porque não quis.

Alguém deve ter passado adiante todas as queixas porque o caseiro entrou certa manhã com uma humildade suspeita e deu-lhe todo tipo de explicações. Que morria de vergonha, que os rapazes iam se portar bem dali por diante, que já havia mandado buscar sua esposa, e que ela já estava chegando. E aconteceu: voltou a mesma Damaris de sempre, com as duas meninas, com as minissaias de gaiteiro escocês e com as lentilhas monótonas. Com a mesma atitude chegaram no dia seguinte dois chefes mascarados que afastaram aos empurrões os quatro vigias de plantão e impuseram a ordem. "Não voltarão nunca mais", disse um dos chefes com uma determinação tenebrosa. Dito e feito.

Naquela mesma tarde mandaram a equipe dos estudantes, e foi como um regresso mágico à paz de fevereiro: o tempo pausado, as revistas de variedades, a música de Guns n' Roses e os filmes de Mel Gibson com pistoleiros mercenários curtidos nos terremotos do coração. Maruja ficava comovida porque os bandidos adolescentes ouviam e viam esses filmes com a mesma devoção que seus filhos.

No final de março, sem nenhum aviso, apareceram dois desconhecidos com capuzes emprestados pelos guardas para não falar com o rosto descoberto. Um deles, que mal a cumprimentou, começou a medir o chão com uma fita métrica de alfaiate, enquanto o outro tentava estabelecer uma conversa amável com Maruja.

— Muito prazer em conhecê-la, senhora — disse. — Viemos acarpetar o quarto.

— Acarpetar o quarto! — gritou Maruja, cega de raiva. — Vão à merda! O que eu quero é me mandar daqui. Agora! Já!

Seja como for, o mais escandaloso não era o carpete, mas o que ele podia significar: um adiamento indefinido de sua libertação. Um dos guardiães diria depois que a interpretação de Maruja tinha sido equivocada, pois talvez significasse que ela ia embora logo e estavam renovando o quarto para outros reféns mais bem considerados. Mas Maruja tinha certeza de que um carpete naquela altura só podia ser entendido como mais um ano de sua vida.

Pacho Santos também tinha que dar tratos à imaginação para manter seus vigias ocupados, pois quando se cansavam de jogar baralho, de ver o mesmo filme dez vezes seguidas, de contar suas façanhas de machos, punham-se a dar voltas pelo quarto como leões enjaulados. Pelos furos do capuz viam-se seus olhos avermelhados. A única coisa que podiam fazer então era tomar uns dias de descanso. Ou seja: embrutecer-se de álcool e droga numa semana de farras seguidas, e regressar pior. A droga era proibida e castigada com severidade, e não apenas durante o serviço, mas os viciados encontravam sempre a maneira de driblar a vigilância dos superiores. A de rotina era a maconha, mas em tempos difíceis inventavam umas olimpíadas de pasta de cocaína que faziam temer qualquer coisa. Um dos guardiães, depois de uma noite de bruxarias pela rua, invadiu o quarto e despertou Pacho com um grito. Ele viu a máscara de diabo quase grudada em sua cara, viu uns olhos sangrentos, uns tufos de pelos espetados que saíam pelas orelhas, e sentiu o bafo de enxofre dos infernos. Era um dos vigias que queria terminar a festa com ele. "Você não sabe como eu sou bandido", disse a Pacho enquanto bebiam uma aguardente dupla às seis da manhã. Nas duas horas seguintes, contou-lhe sua vida sem que ninguém tivesse pedido, só pelo ímpeto irrefreável de sua consciência. No fim afundou na bebedeira, e Pacho só não fugiu porque na última hora desanimou.

A leitura mais animadora que teve em seu cativeiro foram as notas particulares que *El Tiempo* publicava só para ele sem disfarces nem reservas em suas páginas editoriais, por iniciativa de Maria Victoria. Uma delas veio acompanhada de um retrato recente de seus filhos, e ele escreveu-lhes uma cálida carta cheia dessas verdades tremendas que parecem ridículas para quem não as sofre: "Estou aqui sentado neste quarto, acorrentado a uma cama, com os olhos cheios de lágrimas." A partir de então escreveu para sua mulher e para seus filhos uma série de cartas do coração que nunca pôde enviar.

Pacho tinha perdido toda esperança depois da morte de Marina e de Diana, quando a possibilidade da fuga surgiu em seu caminho sem que ele houvesse buscado nada. Já não tinha dúvidas de que estava num dos bairros próximos da avenida Boyacá, no oeste da cidade. Conhecia aqueles bairros muito bem, pois costumava desviar por ali indo do jornal para casa nas horas de muito trânsito, como na noite do sequestro. A maioria das construções devia ser de conjuntos residenciais em série, com a mesma casa muitas vezes repetida: um portão na garagem, um jardim minúsculo, um segundo andar com vista para a rua, e todas as janelas protegidas por grades de ferro pintadas de branco. E mais: numa semana conseguiu precisar a distância da pizzaria, e que a fábrica era a cervejaria Bavaria. Um detalhe desorientador era o galo maluco que no começo cantava a qualquer hora, e com o passar dos meses cantava ao mesmo tempo em diferentes lugares: às vezes distante às três da tarde, às vezes junto à sua janela às duas da madrugada. Mais desorientador ainda teria sido se alguém houvesse dito a ele que Maruja e Beatriz também escutavam o mesmo galo num lugar bem distante.

No final do corredor, à direita do seu quarto, ele podia saltar por uma janela que dava para um patiozinho fechado e depois escalar o muro coberto por trepadeiras ao lado de uma árvore com bons galhos. Ignorava o que havia por trás do muro, mas sendo uma casa de esquina tinha que ser uma rua. Quase com certeza, a rua onde estavam a loja de alimentos, a farmácia e uma oficina mecânica. A oficina, porém, talvez fosse um fator negativo, porque poderia ser uma fachada dos sequestradores. Na verdade, Pacho ouviu uma vez daquele lado uma discussão sobre futebol com duas vozes que sem dúvida eram de seus guardiães. Em todo caso, a saída pelo muro seria fácil, mas o resto era imprevisível. Portanto, a melhor alternativa era o banheiro, com a vantagem indispensável de ser o único lugar onde permitiam que ele fosse desacorrentado.

Tinha claro que a fuga deveria ser em pleno dia, pois nunca ia ao banheiro depois de se deitar — mesmo quando permanecia desperto na frente da televisão ou escrevendo na cama — e a exceção poderia delatá-lo. Além do mais, o comércio fechava cedo, os vizinhos se recolhiam depois do noticiário das sete e às dez da noite não havia uma alma nas redondezas. Mesmo nas noites de sexta-feira, que em Bogotá são fragorosas, só se percebia o respirar ofegante e lento da fábrica de cerveja ou o alarido instantâneo de uma ambulância desbocada na avenida Boyacá. E, por fim, de noite não seria fácil encontrar um refúgio imediato nas ruas desertas, e as portas das lojas e casas estariam fechadas com trancas e traves superpostas contra os riscos da noite.

No entanto, a oportunidade apresentou-se no dia 6 de março — mais lisa que nunca — e foi de noite. Um dos guardiães tinha levado uma garrafa de aguardente e convidou-o para beber enquanto viam um programa sobre Julio Iglesias na televisão. Pacho bebeu pouco e só para agradar o outro. O guardião havia começado o plantão de tarde, já vinha calibrado de outra garrafa, e caiu esparramado antes de acabar aquela, sem acorrentar Pacho. Que, morto de sono, não viu a oportunidade que caía do céu. Sempre que quisesse ir de noite ao banheiro precisava ser acompanhado pelo vigia, mas preferiu não perturbar sua bebedeira feliz. Saiu ao corredor escuro com toda inocência — tal como estava, descalço e de cuecas — e passou sem respirar pela frente do quarto onde os outros guardas dormiam. Um roncava como um motor. Pacho até então não tinha tomado consciência de que estava fugindo sem saber e que o mais difícil já havia passado. Uma rajada de náusea subiu-lhe do estômago, gelou sua língua e disparou seu coração. "Não era o medo de fugir, e sim o de não ter coragem", diria mais tarde. Entrou no banheiro às escuras e ajustou a porta com uma determinação sem regresso. Outro guardião, ainda meio dormindo, empurrou a porta e iluminou sua cara com uma lanterna. Os dois ficaram atônitos.

— O que está fazendo aí? — perguntou o guardião.

Pacho respondeu com voz firme:

— Cagando.

Não lhe ocorreu nada mais. O guardião balançou a cabeça sem saber o que pensar.

— OK — disse enfim. — Bom proveito.

Permaneceu na porta, iluminando-o com o facho da lanterna, sem pestanejar, até que Pacho terminou o que estava fazendo como se fosse verdade.

No decorrer da semana, vencido pela depressão do fracasso, resolveu fugir de uma maneira radical e irremediável. "Tiro a gilete do barbeador, corto as veias e amanheço morto", pensou. No dia seguinte o padre Alfonso Llanos Escobar publicou em *El Tiempo* sua coluna semanal, dirigida a Pacho Santos, na qual ordenava em nome de Deus que nem pensasse em suicídio. Fazia três semanas que o artigo estava na mesa de Hernando Santos, que titubeava entre publicá-lo ou não — sem saber direito por quê — e no dia anterior decidiu à última hora, também sem saber por quê. Até hoje, cada vez que conta essa história, Pacho torna a viver o estupor daquele dia.

Maruja pediu a um chefe de segundo escalão que a visitou no começo de abril que servisse de intermediário para que seu marido mandasse uma carta que ela precisava como remédio para a alma. A resposta foi incrível: "Não tem problema." Por volta das sete da noite o homem foi embora. Lá pela meia-noite e meia, depois da caminhada pelo quintal, o caseiro deu batidas urgentes na porta trancada por dentro e entregou-lhe a carta. Não era nenhuma das várias que Villamizar tinha mandado por intermédio de Guido Parra, mas a que mandou por Jorge Luis Ochoa, na qual Gloria Pachón de Galán havia posto um *postscriptum* consolador. No dorso do mesmo papel Pablo Escobar escreveu uma anotação com seu punho e letra: *"Eu sei que isto foi terrível para a senhora e para a sua família, mas minha família e eu também sofremos muitíssimo. Mas não se preocupe, eu lhe prometo que, haja o que houver, não acontecerá nada com a senhora."* E terminava com uma confidência marginal que Maruja achou inverossímil: *"Não dê importância aos meus comunicados à imprensa que são só para pressionar."*

A carta do esposo, por sua vez, desalentou-a pelo pessimismo. Ele dizia que as coisas caminhavam bem, mas que tivesse paciência, porque a espera podia ser ainda mais longa. Certo de que a carta seria lida, Villamizar havia terminado com uma frase que nesse caso era mais para Escobar que para Maruja: "Ofereça teu sacrifício pela paz da Colômbia." Ela se enfureceu. Havia captado muitas vezes os recados mentais que Villamizar mandava lá do terraço, e respondia com a alma inteira: "Me tira daqui, que eu já nem sei quem sou depois de tantos meses sem me ver num espelho."

Com aquela carta ela teve um motivo a mais para responder dizendo, que paciência que nada, porra, já tinha tido muita e padecido bastante nas noites de horror em que o pasmo da morte a despertava de repente. Não sabia que era uma carta antiga, escrita entre o fracasso de Guido Parra e as primeiras entrevistas com os Ochoa, quando ainda não se vislumbrava nenhuma luz de esperança. Não se podia esperar que fosse uma carta otimista, como teria sido naqueles dias em que já parecia definido o caminho de sua libertação.

Por sorte, o mal-entendido serviu para que Maruja tomasse consciência de que sua raiva podia não ser tanto pela carta, mas por um rancor mais antigo e inconsciente contra seu esposo: por que Alberto havia permitido que soltassem Beatriz sozinha, se era ele quem manejava o processo? Em dezenove anos de vida comum não havia tido tempo, nem motivo, nem coragem para fazer a si mesma uma pergunta como essa, e a resposta que se deu tornou-a consciente da verdade: havia suportado o sequestro porque sabia com certeza absoluta que seu marido dedicava cada instante de sua vida para tentar libertá-la, e que fazia aquilo sem repouso e mesmo sem esperanças pela certeza absoluta de que ela sabia disso. Era — embora nem ele nem ela soubessem — um pacto de amor.

Haviam-se conhecido dezenove anos antes, numa reunião de trabalho quando ambos eram publicitários juvenis. "Gostei do Alberto logo de cara", diz Maruja. Por quê? Ela não pensa duas vezes: "Pelo seu ar de desamparo." Era a resposta menos pensada. À primeira vista, Villamizar parecia um exemplar típico do universitário inconformado da época, com o cabelo pelos ombros, a barba de anteontem e uma única camisa que só era lavada quando chovia. "Às vezes eu tomava banho", diz hoje morto de rir. À segunda vista era um farrista, namorador incansável e de gênio enviesado. Mas Maruja viu-o de uma vez à terceira vista, como um homem que podia perder a cabeça por uma bela mulher, e mais ainda se fosse uma mulher inteligente e sensível, e mais ainda se tivesse de sobra a única coisa que fazia falta para acabar de criá-lo: mão de ferro e coração de alcachofra.

Perguntado sobre o que havia gostado nela, Villamizar responde com um grunhido. Talvez porque Maruja, além de suas graças visíveis, não tivesse as melhores credenciais para que ele se apaixonasse. Estava na flor de seus trinta anos, havia se casado na Igreja católica aos dezenove, tinha cinco filhos de seu marido — três mulheres e dois homens —, que haviam nascido com intervalos de quinze meses. "Contei tudo de uma vez só — diz Maruja — para que ele soubesse que estava se metendo em terreno minado." Ele ouviu-a com outro grunhido, e em vez de convidá-la para almoçar, pediu a um amigo comum que convidasse os dois. No dia seguinte ela o convidou, com o mesmo amigo, e no terceiro dia ele convidou-a sozinha, e no quarto dia os dois se encontraram sem almoçar. Assim continuaram encontrando-se todos os dias com as melhores intenções. Quando alguém pergunta a Villamizar se estava apaixonado ou se só queria ir para a cama com ela, responde em puro santanderiano: "Nada disso, era sério mesmo." Talvez ele mesmo não imaginasse até que ponto.

Maruja tinha um casamento sem sobressaltos, sem motivos para se queixar, perfeito, mas talvez lhe fizesse falta um pingo de inspiração e de risco de que ela necessitava para sentir-se viva. Liberava seu tempo para Villamizar com pretextos de trabalho. Inventava mais serviço do que tinha, inclusive aos sábados, do meio-dia às dez da noite. Aos domingos e feriados improvisavam festas juvenis, conferências de arte, cineclubes da meia-noite, qualquer coisa, só para ficarem juntos. Ele não tinha problemas: era solteiro e disponível, vivia como queria e tinha do bom e do melhor, e tantas namoradas aos sábados que era a mesma coisa que não ter nenhuma. Só lhe faltava a tese final para ser médico-cirurgião como seu pai, mas os tempos eram mais propícios para viver a vida do que para tratar de enfermos. O amor começava a sair dos boleros, acabaram-se as cartas perfumadas que haviam durado quatro séculos, as serenatas choradas, os monogramas nos lenços, a linguagem das flores, os cinemas desertos às três da tarde, e o mundo inteiro andava meio cheio de valentia contra a morte graças à demência feliz dos Beatles.

A um ano de terem-se conhecido foram morar com os filhos de Maruja num apartamento de cem metros quadrados. "Era um desastre", diz Maruja. Com razão: viviam no meio de brigas de todos contra todos, de estrupícios de pratos quebrados, de ciúmes e suspicácias para crianças e adultos. "Às vezes eu morria de ódio dele", diz Maruja. "E eu, dela", diz Villamizar. "Mas só por cinco minutos", ri Maruja. Em outubro de 1971 se casaram em Ureña, na Venezuela, e foi como acrescentar um pecado a mais em suas vidas, porque o divórcio não existia e muito poucos acreditavam na legalidade do matrimônio civil. Quatro anos depois nasceu Andrés, filho único dos dois. Os sobressaltos continuavam, mas doíam menos: a vida tinha se encarregado de ensinar a eles que a felicidade do amor não foi feita para que se repouse sobre ela, mas sim para danar-se juntos.

Maruja era filha de Álvaro Pachón de la Torre, um jornalista famoso dos anos 1940, que tinha morrido com dois colegas notáveis num acidente de trânsito que era histórico em seu meio. Órfã também de mãe, ela e sua irmã Gloria tinham aprendido a se defender sozinhas desde muito jovens. Maruja tinha sido desenhista e pintora aos vinte anos, depois publicitária precoce, diretora e roteirista de rádio e televisão, chefe de relações públicas ou publicidade em empresas maiores, e sempre jornalista. Seu talento artístico e seu caráter impulsivo impunham-se logo de saída, com a ajuda de um dom de mando bem escondido atrás do remanso de seus olhos ciganos. Villamizar, por sua vez, esqueceu a medicina, cortou os cabelos, jogou no lixo sua camisa única, botou gravata e tornou-se especialista em vendas múltiplas de tudo o que lhe dessem para vender. Mas não mudou sua maneira de ser. Maruja reconhece que foi ele, mais que os golpes da vida, quem a curou do formalismo e das inibições de seu meio social.

Trabalhavam cada um por seu lado, e com êxito, enquanto os filhos cresciam na escola. Maruja voltava às seis da tarde para cuidar deles. Castigada pela sua própria educação estrita e convencional, quis ser uma mãe diferente, que não comparecia às reuniões de pais no colégio nem ajudava a fazer o dever de casa. As filhas se queixavam: "Queremos uma mãe como todo mundo tem." Mas Maruja empurrou-os pelo lado contrário, seguindo em frente com a independência e a formação para fazer o que lhes desse na veneta. O curioso é que todos acabaram com vontade de ser o que ela queria que fossem. Monica é hoje uma pintora formada na Academia de Belas-Artes de Roma e programadora visual. Alexandra é jornalista e programadora, e diretora de televisão e cinema. Nicolás é compositor de música para cinema e televisão. Patricia é psicóloga profissional. Andrés, estudante de economia, picado pelo escorpião da política graças ao mau exemplo do pai, foi eleito aos vinte e um anos vereador de Chapinero, subúrbio ao norte de Bogotá.

A cumplicidade de Luis Carlos Galán e Gloria Pachón desde que eram namorados foi decisiva para uma carreira política que nem Alberto nem Maruja haviam vislumbrado. Galán, aos seus trinta e sete anos de vida, entrou na reta final para a presidência da república pelo movimento Nuevo Liberalismo. Sua esposa Gloria, também jornalista, e Maruja, na época já uma veterana em promoção e publicidade, conceberam e dirigiram estratégias de imagem para seis campanhas eleitorais. A experiência de Villamizar em vender em grande escala lhe havia dado um conhecimento logístico de Bogotá que poucos políticos tinham. Os três em equipe fizeram num mês frenético a primeira campanha eleitoral do Nuevo Liberalismo na capital, e arrasaram cabos eleitorais curtidos. Nas eleições de 1982 Villamizar inscreveu-se como o sexto candidato de uma lista que não esperava eleger mais do que cinco deputados para a Câmara, e elegeu nove. Por desgraça, aquela vitória foi o prelúdio de uma nova vida que havia de conduzir Alberto e Maruja — oito anos depois — à tremenda prova de amor do sequestro.

Uns dez dias depois da carta, o chefe importante que era chamado de *Doutor* — já reconhecido como o grande gerente do sequestro —, visitou Maruja sem se anunciar. Depois de vê-lo pela primeira vez na casa para onde a levaram na noite da captura, havia retornado umas três vezes antes da morte de Marina. Mantinha com Marina longas conversas em sussurros, explicáveis apenas por uma confiança muito antiga. Sua relação com Maruja tinha sido sempre a pior. Para qualquer intervenção dela, por mais simples que fosse, tinha uma réplica altaneira e num tom brutal. "A senhora aqui não diz nada." Quando as três reféns ainda estavam ali, ela quis reclamar das condições miseráveis do quarto, atribuindo a isso sua tosse brutal e suas dores erráticas.

— Eu passei noites piores em lugares mil vezes piores que este — respondeu ele com raiva. — Quem a senhora acha que é?

Suas visitas eram prenúncios de grandes acontecimentos, bons ou maus, mas sempre decisivos. Desta vez, no entanto, alentada pela carta de Escobar, Maruja se animou a enfrentá-lo.

A comunicação foi imediata e de uma fluidez surpreendente. Ela começou perguntando sem ressentimentos o que Escobar queria, como estava indo a negociação, que possibilidades havia de que ele se entregasse logo. O homem explicou sem reticências que nada seria fácil sem garantias suficientes para a segurança de Pablo Escobar e a de sua família e seu pessoal. Maruja perguntou-lhe por Guido Parra, cuja gestão havia dado ilusões a ela e cuja desaparição súbita a intrigava.

— É que ele não se portou muito bem — disse ele sem dramatismo. — Está fora.

Aquilo podia ser interpretado de três modos: ou havia perdido seu poder, ou na verdade tinha ido embora do país — como foi publicado —, ou tinha sido morto. Ele saiu pela tangente com a resposta de que na verdade, não sabia.

Em parte por uma curiosidade irresistível, em parte para ganhar sua confiança, Maruja também perguntou quem havia escrito uma carta que os Extraditáveis haviam dirigido por aqueles dias ao embaixador dos Estados Unidos, sobre a extradição e o tráfico de drogas. A carta não apenas tinha chamado sua atenção pela força de seus argumentos, mas também pela boa redação. O *Doutor* não sabia com certeza, mas sabia que Escobar escrevia suas próprias cartas, repensando e repetindo rascunhos até conseguir dizer o que queria, sem equívocos ou contradições. No final da conversa de quase duas horas o *Doutor* tornou a abordar com Maruja a questão da rendição. Maruja percebeu que ele estava mais interessado do que parecia no começo, e que não pensava apenas na sorte de Escobar, mas na própria. Ela, por sua vez, tinha um juízo bem formado das controvérsias e da evolução dos decretos, conhecia as minudências da política de submissão e as tendências da Assembleia Constituinte sobre a extradição e o indulto.

— Se Escobar não pensa em ficar pelo menos catorze anos na cadeia — disse —, não acredito que o governo aceite a sua rendição.

Ele apreciou tanto a opinião que teve uma ideia insólita: "Por que a senhora não escreve uma carta ao Patrão?" E em seguida, diante do desconcerto de Maruja, insistiu.

— Sério, escreva isso a ele — disse. — Pode ser muito útil.

Dito e feito. Levou papel e lápis para ela e esperou sem pressa, passeando de uma ponta à outra do quarto. Maruja fumou meio maço de cigarros da primeira letra até a última enquanto escrevia, sentada na cama e com o papel apoiado numa tábua. Em termos simples agradeceu a Escobar pela segurança que suas palavras haviam dado a ela. Disse que não tinha sentimentos de vingança contra ele ou contra os que estavam encarregados de seu sequestro e agradeceu a forma digna com que tinha sido tratada. Esperava que Escobar pudesse amparar-se nos decretos do governo para conseguir um bom futuro para ele e seus filhos no país. Por último, com a mesma fórmula que Villamizar havia sugerido em sua carta para ela, ofereceu seu sacrifício pela paz da Colômbia.

O *Doutor* esperava algo mais concreto sobre as condições da rendição, mas Maruja convenceu-o de que o efeito seria o mesmo sem entrar em detalhes que pudessem parecer impertinentes ou que fossem mal-interpretados. Teve razão: a carta foi distribuída à imprensa por Pablo Escobar, que naquele momento a tinha ao seu alcance por causa do interesse em sua rendição.

Maruja escreveu a Villamizar pelo mesmo correio uma carta muito diferente da que tinha concebido sob os efeitos da raiva, e dessa maneira conseguiu que ele reaparecesse na televisão depois de muitas semanas de silêncio. Naquela noite, e sob os efeitos de um sonífero arrasador, sonhou que Escobar descia de um helicóptero protegendo-se com ela de uma rajada de balas, como numa versão futurista de um filme de mocinhos.

Ao final da visita, o *Doutor* dera instruções ao pessoal da casa para que se esmerassem no tratamento dado a Maruja. O caseiro e Damaris estavam tão contentes com as novas ordens que muitas vezes se excederam em suas complacências. Antes de se despedir, o *Doutor* tinha decidido trocar a guarda. Maruja pediu que não trocasse. Os jovens estudantes, que cumpriam o turno de abril, tinham sido um alívio depois dos sofrimentos de março e continuavam mantendo com ela uma relação pacífica. Maruja havia conquistado a confiança deles. Comentavam com ela o que ouviam do caseiro e de sua mulher e a deixavam a par das dificuldades internas que antes eram segredos de Estado. Chegaram a prometer — e Maruja acreditou — que se alguém tentasse alguma coisa contra ela, eles seriam os primeiros a impedir. Demonstravam seu afeto com balas que roubavam na cozinha e lhe deram de presente uma lata de azeite de oliva para disfarçar o sabor abominável das lentilhas.

A única dificuldade era a inquietação religiosa que os atormentava, e que ela não podia satisfazer por sua incredulidade congênita e sua ignorância em matéria de fé. Muitas vezes correu o risco de estragar a harmonia do quarto. "Vamos ver como é essa história — perguntava a eles: — se matar é pecado, por que vocês matam?" Ou desafiava: "Tantos rosários às seis da tarde, tantas velas acesas, tanto lero-lero com o Menino Jesus, mas se eu tentasse fugir vocês não pensariam nele na hora de me matar a bala." Os debates chegaram a ser tão virulentos que um deles gritou espantado:

— A senhora é ateia!

Ela gritou que era. Nunca pensou em provocar semelhante estupor. Consciente de que seu radicalismo inócuo podia custar-lhe caro, inventou uma teoria cósmica do mundo e da vida que lhe permitisse discutir sem riscos de explosão. Por isso tudo, a ideia de substituí-los por outros desconhecidos não era recomendável. Mas o *Doutor* explicou:

— É para resolver essa questão das metralhadoras.

Maruja entendeu o que ele queria dizer quando chegaram os novos. Eram uns faxineiros desarmados que limpavam e lustravam o dia inteiro, a ponto de incomodarem mais do que o lixo e o mau estado de antes. Mas a tosse de Maruja desapareceu aos poucos, e a nova arrumação permitiu que ela ficasse diante da televisão com uma tranquilidade e uma concentração que eram convenientes para sua saúde e seu equilíbrio.

A incrédula Maruja não prestava a menor atenção a *El Minuto de Dios*, um programa estranho de sessenta segundos no qual um sacerdote eudista de oitenta e dois anos, Rafael García Herreros, fazia uma reflexão mais social que religiosa, e muitas vezes críptica. Em compensação Pacho Santos, que é um católico fervoroso e praticante, se interessava pela mensagem que tinha muito pouco em comum com a dos políticos profissionais. O padre era uma das caras mais conhecidas do país desde janeiro de 1955, quando começou o programa no canal 7 da Televisora Nacional. Antes havia sido uma voz conhecida numa emissora de Cartagena desde 1950, numa de Cali desde janeiro de 1952, em Medellín desde setembro de 1954 e em Bogotá desde dezembro daquele mesmo ano. Na televisão começou quase na época da inauguração do sistema. Destacava-se por um estilo direto e às vezes brutal, e falava com seus olhos de águia fixos no espectador. Todos os anos, desde 1961, havia organizado o Banquete do Milhão, que era frequentado por pessoas muito conhecidas — ou que queriam ser —, que pagavam um milhão de pesos por uma taça de consomê e um pão servidos por uma rainha da beleza, para coletar fundos destinados à obra social que tinha o mesmo nome do programa. O convite mais estrondoso foi o que fez em 1968 numa carta pessoal a Brigitte Bardot. A atriz aceitou de imediato e provocou o escândalo da carolice local, que ameaçou sabotar o banquete. O padre se manteve firme em sua decisão. Um incêndio mais que oportuno nos estúdios de Boulogne, em Paris, e a explicação fantástica de que não havia lugar nos aviões, foram os dois pretextos que driblaram o grande ridículo nacional.

Os guardiães de Pacho Santos eram espectadores assíduos de *El Minuto de Dios,* mas se interessavam mais por seu conteúdo religioso que pelo social. Acreditavam às cegas, como a maioria das famílias dos cortiços de Antioquia, que o padre era um santo. O tom era sempre crispado e o conteúdo — às vezes —, incompreensível. Mas o programa do dia 18 de abril — dirigido sem dúvida, mas sem nome próprio, a Pablo Escobar — foi indecifrável.

Me disseram que você quer se entregar. Me disseram que você quer falar comigo — disse o padre García Herreros olhando direto para a câmera. — *Oh, mar! Oh, mar de Coveñas às cinco da tarde quando o sol está caindo! O que devo fazer? Me dizem que ele está cansado da vida que leva e da luta que enfrenta, e não posso contar meu segredo a ninguém. Mas por dentro, esse segredo me afoga. Diga, oh, mar!: poderei fazer isso? Devo fazer isso? Tu que sabes a história inteira da Colômbia, tu que viste os índios que adoravam nesta praia, tu que ouviste o rumor da história: devo fazer isso? Me rejeitarão, se eu fizer? Me rejeitarão na Colômbia? Se eu fizer: haverá um tiroteio quando eu for com eles? Cairei com eles nessa aventura?*

Maruja também ouviu o padre, mas achou menos estranho que muitos colombianos acharam, porque sempre tinha pensado que o padre gostava de divagar até se perder nas galáxias. Via o padre sobretudo como um aperitivo inevitável do noticiário das sete. Naquela noite, chamou sua atenção pelo fato de que tudo que tivesse a ver com Pablo Escobar também tinha a ver com ela. Ficou perplexa e intrigada, e muito inquieta com a incerteza do que poderia haver no fundo daquele discurso confuso e providencial. Pacho, por sua vez, certo de que o padre o tiraria daquele purgatório, abraçou-se de alegria com seu guardião.

10

A mensagem do padre García Herreros abriu uma brecha no beco sem saída. Alberto Villamizar achou que era um milagre, pois naqueles dias havia estado imaginando nomes de possíveis mediadores que fossem mais confiáveis para Escobar pela sua imagem e por seus antecedentes. Rafael Pardo também teve notícia do programa e inquietou-se com a ideia de que houvesse algum vazamento em seu gabinete. Ainda assim, tanto ele como Villamizar acharam que o padre García Herreros podia ser o mediador apropriado para a rendição de Escobar.

No final de março, enfim, as cartas de ida e volta não tinham mais nada a dizer. Pior: era evidente que Escobar estava usando Villamizar como instrumento para mandar recados ao governo sem dar nada em troca. Sua última carta já era uma lista de queixas intermináveis. Dizia que a trégua não estava rompida mas havia dado liberdade ao seu pessoal para defender-se dos órgãos de segurança, que estes estavam incluídos na lista dos grandes atentados, que se não houvesse soluções rápidas iam incrementar os ataques sem discriminações contra a polícia e a população civil. Queixava-se de que o procurador só houvesse destituído dois oficiais, apesar de serem vinte os acusados pelos Extraditáveis.

Quando Villamizar achava que estava sem saída discutia com Jorge Luis Ochoa, mas quando havia algo mais delicado o próprio Ochoa mandava Villamizar até a fazenda do pai em busca de bons conselhos. O velho servia meio copo do uísque sagrado a Villamizar. "Beba tudo — dizia —, que eu não sei como o senhor aguenta essa tragédia tão brava." Assim estavam as coisas a princípios de abril, quando Villamizar voltou a La Loma e fez um relato pormenorizado a dom Fabio de seus desencontros com Escobar. Dom Fabio compartilhou seu desencanto.

— Não vamos continuar com essa merda de mandar cartas — decidiu. — Se seguimos nessa vai passar um século. O melhor é que o senhor tenha um encontro direto com Escobar e acertem as condições que quiserem.

O próprio dom Fabio mandou a proposta. Informou a Escobar que Villamizar estava disposto a se deixar levar com todos os riscos dentro do porta-malas de um automóvel. Mas Escobar não aceitou. "Talvez eu fale com Villamizar, mas agora não", respondeu. Talvez ainda temeroso do dispositivo eletrônico de rastreamento que podia estar escondido em qualquer lugar, inclusive debaixo da coroa de ouro de um dente.

Enquanto isso continuava insistindo na punição para os policiais e nas acusações a Maza Márquez de estar aliado com os paramilitares e com o cartel de Cali para matar o seu pessoal. Esta acusação, e a de haver matado Luis Carlos Galán, eram duas obsessões encarniçadas de Escobar contra o general Maza Márquez. Que respondia sempre em público ou em particular que por enquanto não estava em guerra contra o cartel de Cali porque sua prioridade era o terrorismo dos narcotraficantes e não o narcotráfico. Escobar, por sua vez, havia escrito numa carta a Villamizar, sem que viesse ao caso: "Diga a dona Gloria que foi Maza que matou seu marido, que ela não tenha a menor dúvida quanto a isso." Diante da reiteração constante dessa acusação, a resposta de Maza foi sempre a mesma: "Quem mais sabe que isso não é verdade é o próprio Escobar."

Desesperado com aquela guerra sangrenta e estéril que derrotava qualquer iniciativa da inteligência, Villamizar tentou um último esforço para conseguir que o governo fizesse uma trégua para negociar. Não foi possível. Rafael Pardo tinha mostrado a ele desde o princípio que enquanto as famílias dos sequestrados batiam de frente com a determinação do governo de não fazer a menor concessão, os inimigos da política de rendição acusavam o governo de estar entregando o país aos traficantes.

Villamizar — acompanhado nessa ocasião pela sua cunhada, dona Gloria de Galán — visitou também o general Gómez Padilla, diretor-geral da Polícia. Ela pediu ao general uma trégua de um mês para tentar um contato pessoal com Escobar.

— Nós morremos de pena, senhora — disse o general —, mas não podemos parar as operações contra esse criminoso. A senhora está agindo por sua própria conta, e a única coisa que podemos fazer é lhe desejar boa sorte.

Foi tudo o que conseguiram diante do hermetismo da polícia para impedir os vazamentos inexplicáveis que haviam permitido que Escobar burlasse os cercos mais bem armados. Mas dona Gloria não saiu com as mãos vazias, pois um oficial disse ao se despedir que Maruja estava em algum lugar do estado de Nariño, na fronteira com o Equador. Por Beatriz, ela sabia que estava em Bogotá — portanto o despiste da polícia dissipou o temor de uma operação de resgate.

As especulações da imprensa sobre as condições da entrega de Escobar atingiram naqueles dias proporções de escândalo internacional. Os desmentidos da polícia, as explicações de todos os patamares do governo, e mesmo do presidente em pessoa, não terminaram de convencer a muita gente que não havia negociações e composições secretas para a rendição.

O general Maza Márquez achava que era verdade. E mais: esteve convencido o tempo todo — e disse isso a quem quisesse ouvir — que sua destituição seria uma das condições capitais para Escobar se render. O presidente Gaviria parecia irritado, desde antes, por algumas declarações que Maza Márquez fizera por conta própria à imprensa e por rumores nunca confirmados de que alguns vazamentos de notícias delicadas eram obra dele. Mas naquele momento — depois de tantos anos no cargo, com uma popularidade imensa devida à sua dureza contra a delinquência e à sua inefável devoção pelo Menino Jesus —, não era provável que tomasse a determinação de destituí-lo às secas. Maza tinha que ser consciente do seu poder, mas também devia saber que o presidente acabaria exercendo o dele, e a única coisa que havia pedido — por recados de amigos comuns — era que lhe avisassem com tempo suficiente para pôr sua família a salvo.

O único funcionário autorizado a manter contatos com os advogados de Pablo Escobar — e sempre com registro escrito — era o diretor de Instrução Criminal, Carlos Eduardo Mejía. Coube a ele, por lei, acertar os detalhes operacionais da rendição e as condições de segurança e de vida dentro do cárcere.

O ministro Giraldo Ángel em pessoa revisou as opções possíveis. Havia-se interessado pelo pavilhão de alta segurança de Itaguí desde que Fabio Ochoa se entregou, em novembro do ano anterior, mas os advogados de Escobar não o aceitaram por ser um alvo fácil para carros-bombas. Também admitiu a ideia de converter o convento de Poblado em cárcere blindado — perto do edifício residencial de onde Escobar havia escapado à explosão de duzentos quilos de dinamite, e que atribuiu ao cartel de Cali —, mas as freiras proprietárias não quiseram vendê-lo. Havia proposto reforçar o presídio de Medellín, mas o Conselho

Municipal se opôs em bloco. Alberto Villamizar, temeroso de que a entrega se frustrasse por falta de cadeia, intercedeu com razões de peso a favor da proposta que Escobar havia feito em outubro do ano anterior: o Centro Municipal para Viciados em Drogas *El Claret*, a doze quilômetros do parque municipal de Envigado, numa fazenda também conhecida como A Catedral do Vale, que estava registrada em nome de um testa de ferro do próprio Escobar. O governo estudava a possibilidade de alugar o centro e adaptá-lo para cárcere, consciente como era de que Escobar não se entregaria se não solucionassem o problema da sua segurança. Seus advogados exigiam que as equipes de guardas fossem formadas por antioquenhos e que a segurança externa corresse por conta de qualquer corpo armado menos a polícia, por temor a represálias pelos agentes policiais assassinados em Medellín.

O prefeito de Envigado, responsável pela obra definitiva, tomou nota do relatório do governo e lançou-se à adaptação do cárcere, que deveria entregar ao Ministério da Justiça conforme o contrato de arrendamento assinado entre os dois. A construção básica era de uma simplicidade escolar, com pisos de cimento, tetos de telha e portas metálicas pintadas de verde. A área administrativa no que havia sido a antiga casa da fazenda estava composta por três pequenos salões, a cozinha, um pátio empedrado e a cela de castigo. Tinha um dormitório coletivo de quatrocentos metros quadrados, um outro salão amplo para bibliotecas e sala de estudos e seis celas individuais com banheiro privativo. No centro havia um espaço comunitário de seiscentos metros quadrados, com muitos chuveiros, um vestiário e seis sanitários. A adaptação havia começado em fevereiro, com setenta pedreiros que dormiam em rodízio umas poucas horas por dia. A topografia difícil, o péssimo estado das vias de acesso e o forte inverno obrigaram a prescindir de guindastes e caminhões, e tiveram que transportar grande parte do mobiliário em lombo de mula. Os primeiros foram os aquecedores de água para cinquenta litros cada um, os catres de campanha e umas duas dúzias de pequenas cadeiras de tubos pintados de amarelo. Vinte sementeiras com mudas de plantas ornamentais — araucárias, louros e palmeiras-arecas — completaram a decoração interior. Como o antigo reclusório não contava com redes de telefone, a comunicação do cárcere seria feita no começo pelo sistema de rádio. O custo final da obra foi de cento e vinte milhões de pesos, pagos pelo município de Envigado. Nos cálculos iniciais o trabalho havia sido previsto para oito meses, mas quando o padre García Herreros entrou em cena os trabalhos se apressaram em marcha forçada.

Outro obstáculo para a rendição tinha sido o desmantelamento do exército privado de Escobar. Ele, ao parecer, não considerava o cárcere como um instrumento da lei e sim um santuário contra seus inimigos e mesmo contra a própria justiça comum, mas não conseguia a unanimidade para que sua tropa se rendesse junto. Seu argumento era de que não podia se colocar a salvo junto com sua família e deixar os cúmplices à mercê do Corpo de Elite. "Eu não mando sozinho", disse numa carta. Mas para muita gente esta era uma meia-verdade, pois também é provável que quisesse ter consigo sua equipe de trabalho completa, para continuar dirigindo seus negócios da cadeia. Seja como for, o governo preferia trancá-los junto com Escobar. Eram cerca de cem grupos que não estavam em pé de guerra permanente, mas serviam como reservistas de primeira linha, fáceis de reunir e armar em poucas horas. Tratava-se de conseguir que Escobar desarmasse e levasse com ele para a cadeia seus quinze ou vinte capitães intrépidos.

Nas poucas entrevistas pessoais que Villamizar teve com Gaviria, a posição do presidente foi sempre de facilitar suas gestões privadas para libertar os sequestrados. Villamizar não acredita que o governo realizasse negociações diferentes das que o presidente autorizou que ele fizesse, e essas negociações estavam previstas na política de rendição. O ex-presidente Turbay e Hernando Santos — embora nunca tenham manifestado isso e não desconhecessem as dificuldades institucionais do governo — esperavam sem dúvida um mínimo de flexibilidade do presidente. As negativas presidenciais em mudar os prazos estabelecidos nos decretos apesar da insistência, da súplica e das reclamações de Nydia continuarão sendo uma espinha no coração das famílias. E o fato de que os tivesse mudado três dias depois da morte de Diana é algo que a família não vai entender jamais. Por desgraça — havia dito o presidente em conversas privadas —, a mudança de datas naquela altura não teria impedido a morte de Diana tal como ocorreu.

Escobar nunca se conformou com um só canal, nem deixou por um minuto de tentar negociar com Deus e com o diabo, com todo tipo de armas, legais ou ilegais. Não porque se fiasse de uns mais que de outros, mas porque nunca confiou em ninguém. Mesmo quando já tinha conseguido o que pretendia de Villamizar, continuava acariciando o sonho do indulto político, surgido em 1989, quando os principais traficantes e muitos de seus sequazes conseguiram carteirinhas de militantes do M-19 para se ajeitar nas listas de guerrilheiros anistiados. O comandante Carlos Pizarro fechou-lhes o caminho com requisitos impossíveis. Dois anos depois, Escobar buscava uma segunda chance através da Assembleia Constituinte, vários de cujos membros foram pressionados por diferentes meios, desde ofertas de dinheiro em penca até intimidações graves.

Mas também os inimigos de Escobar se interpuseram em seus propósitos. Essa foi a origem de um chamado narcovídeo, que causou um escândalo tão ruidoso quanto estéril. Supunha-se que tivesse sido filmado com uma câmera oculta num quarto de hotel, no momento em que um membro da Assembleia Constituinte recebia dinheiro vivo de um suposto advogado de

Escobar. O constituinte tinha sido eleito pela legenda do M-19, pertencia na realidade ao grupo de paramilitares a serviço do cartel de Cali em sua guerra contra o cartel de Medellín, e seu crédito não deu para convencer ninguém. Meses depois, um chefe de milícias particulares que se desmobilizou diante da justiça contou que seu pessoal tinha feito aquela telenovela grosseira para usá-la como prova de que Escobar estava subornando constituintes e que, por isso mesmo, o indulto e a não extradição estariam viciados.

Entre as muitas frentes que tratava de abrir, Escobar tentou negociar a libertação de Pacho Santos às escondidas de Villamizar, quando as iniciativas dele estavam a ponto de dar certo. Por intermédio de um sacerdote amigo mandou um recado a Hernando Santos no final de abril, para que se encontrasse com um de seus advogados na igreja de Usaquén. Tratava-se — dizia a mensagem — de uma gestão de suma importância para a libertação de Pacho. Hernando não apenas conhecia o sacerdote como também o considerava um santo vivo, e por isso foi ao encontro sozinho e pontual às oito da noite do dia combinado. Na penumbra da igreja, o advogado que mal via lhe explicou que não tinha nada a ver com os cartéis, mas que Pablo Escobar havia sido o padrinho de sua carreira e que por isso não podia recusar aquele favor. Sua missão se limitava a entregar dois textos: um relatório da Anistia Internacional contra a polícia de Medellín e o original de um texto com ares de editorial sobre os atropelos do Corpo de Elite.

— Eu vim aqui pensando apenas na vida de seu filho — disse o advogado. — Se estes artigos forem publicados, no dia seguinte Francisco estará solto.

Hernando leu o editorial inédito com espírito político. Eram fatos muitas vezes denunciados por Escobar, mas com pormenores assustadores impossíveis de serem demonstrados. Fora escrito com seriedade e malícia sutil. O autor, segundo o advogado, era o próprio Escobar. Em todo caso, parecia pelo estilo.

O documento da Anistia Internacional já havia sido publicado em outros jornais e Hernando Santos não teria nenhum problema em repeti-lo. O editorial, porém, era demasiado grave para ser publicado sem provas. "Que ele mande as provas, e publicamos de imediato mesmo que não soltem Pacho", disse Hernando. Não havia mais nada a ser dito. O advogado, consciente de que sua missão havia terminado, quis aproveitar a ocasião para perguntar a Hernando quanto Guido Parra havia cobrado pela sua intermediação.

— Nem um centavo — disse Hernando. — Nunca se falou em dinheiro.

— Diga a verdade — disse o advogado —, porque Escobar controla as contas, controla tudo, e precisa saber isso.

Hernando repetiu a negativa, e o encontro terminou com uma despedida formal.

Talvez a única pessoa convencida naqueles dias de que as coisas estavam a ponto de chegar ao fim tenha sido o astrólogo colombiano Mauricio Puerta — observador atento da vida nacional através das estrelas —, que havia chegado a conclusões surpreendentes sobre o mapa astral de Pablo Escobar.

Ele tinha nascido em Medellín no dia 1º de dezembro de 1949 às 11h50. Portanto, era um Sagitário com ascendente em Peixes, e com a pior das conjunções: Marte junto de Saturno em Virgem. Suas tendências eram: autoritarismo cruel, despotismo, ambição insaciável, rebeldia, turbulência, insubordinação, anarquia, indisciplina, ataques à autoridade. E um desenlace terminante: morte súbita.

Desde o dia 30 de março de 1991 tinha Saturno a cinco graus para os três anos seguintes, e só havia três alternativas para definir seu destino: o hospital, o cemitério ou o cárcere. Uma quarta opção — o convento — não parecia verossímil em seu caso. No entanto, a época era mais favorável para acertar os termos de uma negociação do que para fechar um trato definitivo. Ou seja: sua melhor opção era a entrega condicional que o governo lhe propunha.

"Escobar deve estar muito inquieto para se interessar tanto por seu mapa astral", disse um jornalista. Pois assim que ouviu falar de Mauricio Puerta quis conhecer sua análise nos mínimos detalhes. Ainda assim, dois enviados de Escobar não chegaram ao destino, e um desapareceu para sempre. Puerta organizou então em Medellín um seminário muito anunciado para se colocar ao alcance de Escobar, mas uma série de transtornos estranhos impediu o encontro. Puerta interpretou-os como um recurso de proteção dos astros para que nada interferisse num destino que já era inexorável.

A esposa de Pacho Santos também teve a revelação sobrenatural de uma vidente que havia prefigurado a morte de Diana com uma claridade assombrosa e dissera a ela com igual segurança que Pacho estava vivo. Em abril tornou a encontrá-la num local público e soprou ao seu ouvido ao passar:

— Parabéns. Já estou vendo a chegada.

Estes eram os únicos indícios animadores quando o padre García Herreros transmitiu sua mensagem críptica a Pablo Escobar. Como chegou a essa determinação providencial, e o que tinha ela a ver com o mar de Coveñas, é algo que continua intrigando o país. No entanto, a maneira como aquilo lhe ocorreu é ainda mais intrigante. Na sexta-feira 12 de abril de 1991 ele havia visitado o doutor Manuel Elkin Patarroyo — feliz inventor da vacina contra a malária —, para pedir-lhe que instalasse em *El Minuto de Dios* um posto médico para a detecção precoce da Aids. Estava acompanhado de um jovem sacerdote de sua comunidade e de grande amigo seu, antioquenho da cabeça aos pés, que o assessorava nos assuntos terrenais. Por decisão própria, esse benfeitor, que pediu para não ter seu nome mencionado, não apenas havia construído e doado a capela pessoal do padre García Herreros como tributava dízimos voluntários para sua obra social. No automóvel que os levava ao Instituto de Imunologia do doutor Patarroyo, sentiu uma espécie de inspiração urgente.

— Escute uma coisa, padre — disse ele. — Por que o senhor não entra nessa questão de ajudar Pablo Escobar a se entregar?

Disse isso sem preâmbulos e sem nenhum motivo consciente. "Foi uma mensagem lá dos altos", contaria depois, da forma como se refere sempre a Deus, com um respeito de servo e uma liberdade de compadre. O sacerdote recebeu a frase como uma flechada no coração. Ficou lívido. O doutor Patarroyo, que não o conhecia, ficou impressionado pela energia que seus olhos irradiavam e pelo seu tino para os negócios, mas seu acompanhante viu tudo diferente. "O padre estava como que flutuando — disse. — Durante a visita não pensou em nada além do que eu havia dito, e na saída vi que ele estava tão acelerado que me assustei." Por isso, levou-o para descansar durante o fim de semana numa casa de veraneio em Coveñas, um balneário popular do Caribe onde aportam milhares de turistas e desemboca um oleoduto com duzentos e cinquenta mil barris diários de petróleo cru.

O padre não teve um instante de sossego. Quase não dormia, levantava-se no meio das refeições, fazia longas caminhadas pela praia a qualquer hora do dia ou da noite. "Oh, mar de Coveñas — gritava contra o fragor das ondas. — Serei capaz? Devo tentar? Tu, que sabes tudo: não morrerei na empreitada?" Após as caminhadas atormentadas ele entrava na casa com um domínio pleno de seu ânimo, como se tivesse recebido de verdade as respostas do mar, e discutia com seu anfitrião os mínimos detalhes do projeto.

Na terça-feira, quando regressaram a Bogotá, havia formado uma visão de conjunto que lhe devolveu a serenidade. Na quarta reiniciou sua rotina: levantou-se às seis, tomou um banho, pôs a roupa negra com o colarinho clerical e por cima a infaltável sobrecapa de linho branco, e pôs em dia os assuntos atrasados com a ajuda de Paulina Garzón, sua secretária indispensável durante meia vida. Naquela noite fez o programa sobre um tema que não tinha nada a ver com a obsessão que o embargava. Na quinta-feira pela manhã, tal como havia prometido, o doutor Patarroyo fez chegar a ele uma resposta otimista à sua solicitação. O padre não almoçou. Às dez para as sete chegou aos estúdios de Inravisión, de onde seu programa era transmitido, e improvisou diante das câmeras a mensagem direta a Escobar. Foram sessenta segundos que transformaram a pouca vida que lhe restava. De regresso à casa, foi recebido por uma cesta de mensagens telefônicas de todo o país e por uma avalanche de jornalistas, que a partir daquela noite não iriam perdê-lo de vista até que cumprisse o seu propósito de levar Pablo Escobar pela mão até a cadeia.

O processo final começava, mas os prognósticos eram incertos porque a opinião pública estava dividida entre as multidões que achavam que o bom sacerdote era um santo e os incrédulos convencidos de que ele era meio louco. A verdade é que sua vida demonstrava muito menos do que ele era. Havia atingido os oitenta e dois anos em janeiro, ia fazer em agosto cinquenta e dois de sacerdócio, e era de longe o único colombiano influente que nunca sonhou em ser presidente da república. Sua cabeça nevada e sua sobrecapa de linho branco sobre a batina complementavam uma das imagens mais respeitáveis do país. Cometeu versos que publicou num livro aos dezenove anos, e outros mais, também de juventude, com o pseudônimo de Senescens. Obteve um prêmio esquecido com um livro de contos, e quarenta e seis condecorações por sua obra social. Nas horas boas e nas ruins sempre teve os pés bem plantados sobre a terra, fazia vida social de leigo, contava e gostava de ouvir piadas de qualquer calibre, e na hora da verdade saía de baixo de sua batina o que ele sempre foi: um santenderiano de pura cepa.

Vivia com uma austeridade monástica na casa curial da paróquia de San Juan Eudes, num quarto crivado de goteiras que ele se negava a consertar. Dormia numa cama de tábuas sem colchão nem travesseiro, com um cobre-leito feito de retalhos coloridos com figuras de casinhas que umas irmãs de caridade haviam bordado para ele. Não aceitou o travesseiro de plumas que certa vez lhe ofereceram porque achava que era contrário à lei de Deus. Não trocava de sapatos enquanto não lhe dessem de presente um par novo, nem substituía sua roupa e sua eterna sobrecapa de linho branco enquanto não lhe dessem outras de presente. Comia pouco, mas tinha bom gosto na mesa e sabia apreciar a boa comida e os vinhos de classe, mas não aceitava convites para restaurantes de luxo pelo temor de que achassem que era ele que pagava. Num desses restaurantes, viu uma dama de alta estirpe com um diamante no anel do tamanho de uma amêndoa.

— Com uma joia como essa — disse na cara da senhora —, eu faria umas cento e vinte casinhas para os pobres.

A dama, atordoada pela frase, não soube o que responder, mas no dia seguinte mandou-lhe um anel com um bilhete cordial. Não deu para as cento e vinte casas, é claro, mas o padre acabou construindo todas elas.

Paulina Garzón de Bermúdez era natural de Chipatá, Santander do Sul, e havia chegado a Bogotá com sua mãe em 1961, aos quinze anos, recomendada como exímia datilógrafa. E era de verdade, mas em compensação não sabia falar por telefone e suas listas de compras no mercado eram indecifráveis por causa dos erros de ortografia, mas aprendeu a fazer bem as duas coisas para que o padre a empregasse. Aos vinte e cinco anos se casou e teve um filho — Alfonso — e uma filha — Maria Constanza

—, que são hoje engenheiros de sistema. Paulina conseguiu continuar trabalhando com o padre, que lhe aumentava pouco a pouco os direitos e deveres até que ela se tornou tão indispensável que os dois viajavam juntos dentro e fora do país, mas sempre em companhia de outro sacerdote. "Para evitar rumores", explica Paulina. Acabou acompanhando-o a todos os lugares, nem que fosse só para colocar e tirar as lentes de contato, coisa que o próprio padre jamais conseguiu fazer sozinho.

Em seus últimos anos ele foi perdendo a audição do ouvido direito, tornou-se irascível, exasperava-se com os furos de sua memória. Pouco a pouco foi descartando as orações clássicas e improvisava as suas em voz alta, com uma inspiração de iluminado. Sua fama de lunático crescia ao mesmo tempo que a crença popular de que tinha o poder sobrenatural de falar com as águas e de governar seu curso e sua conduta. A atitude compreensiva que demonstrou no caso de Pablo Escobar fez com que se recordasse uma frase sua sobre o regresso do general Gustavo Rojas Pinilla, em agosto de 1957, para ser julgado pelo Congresso: "Quando um homem se entrega à lei, mesmo que seja culpado, merece um profundo respeito." Quase no final de sua vida, num Banquete do Milhão cuja organização havia sido muito problemática, um amigo lhe perguntou o que ia fazer depois — e ele deu uma resposta de dezenove anos: "Quero me esticar num capinzal e olhar as estrelas."

No dia seguinte ao da mensagem na televisão — sem anúncio ou trâmite prévios —, o padre García Herreros apareceu no presídio de Itaguí, para perguntar aos irmãos Ochoa como poderia ser útil na rendição de Escobar. Os Ochoa ficaram com a impressão de que ele era um santo, com um só detalhe a ser levado em consideração: por mais de quarenta anos havia estado em comunicação com a audiência através de sua pregação diária, e não concebia nenhuma gestão que não fosse contada de saída à opinião pública. Mas o decisivo para eles foi o fato de dom Fabio ter achado que o padre poderia ser um mediador providencial. Primeiro, porque Escobar não teria com ele as reticências que o impediam de receber Villamizar. E, segundo, porque sua imagem divinizada poderia convencer a tripulação de Escobar a aceitar a rendição de todos.

Dois dias depois, o padre García Herreros revelou numa entrevista coletiva que estava em contato com os responsáveis pelo cativeiro dos jornalistas, e expressou seu otimismo pela pronta libertação deles. Villamizar não vacilou um segundo em ir buscá-lo no *El Minuto de Dios*. Acompanhou-o em sua segunda visita ao presídio de Itaguí e no mesmo dia começou o processo, custoso e confidencial, que haveria de culminar com a rendição. Começou com uma carta que o padre ditou na cela dos Ochoa e Maria Lia copiou numa máquina de escrever. Improvisou de pé diante dela, com o mesmo talante, o mesmo tom apostólico e o mesmo sotaque santanderiano de suas homilias de um minuto. Convidou Escobar para que buscassem juntos o caminho para pacificar a Colômbia. Anunciou-lhe sua esperança de que o governo o nomeasse avalista "para que sejam respeitados os teus direitos e os da tua família e teus amigos". Mas advertiu que não pedisse coisas que o governo não pudesse conceder. Antes de terminar com "minhas carinhosas saudações", disse o que na verdade era o objetivo prático da carta: "Se você achar que podemos encontrar-nos em algum lugar seguro para os dois, é só dizer."

Escobar respondeu três dias mais tarde, de próprio punho. Aceitava entregar-se, como um sacrifício para a paz. Deixava claro que não aspirava ao indulto e não pedia sanção penal, e sim disciplinar, contra os policiais que assolavam as comunidades, mas não renunciava à sua determinação de responder com represálias drásticas. Estava disposto a confessar algum delito, mesmo sabendo com certeza que nenhum juiz colombiano ou estrangeiro tinha provas suficientes para condená-lo, e confiava em que seus adversários fossem submetidos ao mesmo regime. No entanto, contrariando o que o padre esperava com ansiedade, não fazia nenhuma referência à sua proposta de reunir-se com ele.

O padre havia prometido a Villamizar que ia controlar seu ímpeto informativo, e no princípio cumpriu em parte, mas seu espírito de aventura quase infantil era superior às suas forças. A expectativa que se criou foi tal, e tão grande a mobilização da imprensa, que desde então não deu um passo sem uma cauda de repórteres e equipes de televisão e rádio que o perseguia até a porta de casa.

Depois de cinco meses trabalhando em absoluto segredo sob o hermetismo quase sacramental de Rafael Pardo, Villamizar achava que a facilidade verbal do padre García Herreros deixava em risco perpétuo o conjunto da operação. Então pediu e obteve a ajuda das pessoas mais próximas ao padre — com Paulina em primeira linha — e pôde adiantar os preparativos de algumas ações sem ter que informar ao padre por antecipação.

No dia 13 de maio recebeu uma mensagem de Escobar pedindo que levasse o padre a La Loma e o mantivesse ali pelo tempo que fosse necessário. Advertiu que tanto podiam ser três dias como três meses, pois tinha que fazer uma revisão pessoal e minuciosa de cada passo da operação. Existia inclusive a possibilidade de que à última hora se anulasse tudo, por alguma dúvida de segurança. O padre, por sorte, estava sempre com disponibilidade plena para um assunto que lhe tirava o sono. No dia 14 de maio às cinco da manhã Villamizar bateu na porta de sua casa, e o encontrou trabalhando em seu gabinete como se fosse pleno dia.

— Vamos andando, padre — disse —, estamos indo para Medellín.

Os Ochoa tinham tudo preparado em La Loma para entreter o padre pelo tempo que fosse necessário. Dom Fabio não estava, mas as mulheres da casa cuidariam de tudo. Não foi fácil distrair o padre, porque ele percebia que uma viagem tão imprevista e rápida só poderia ser por algum motivo muito sério.

O café da manhã foi farto e longo e o padre comeu bem. Lá pelas dez da manhã, tentando não dramatizar demais, Martha Nieves revelou que Escobar iria recebê-lo de um momento a outro. Ele se sobressaltou, ficou feliz, mas não soube o que fazer até que Villamizar colocou-o na realidade.

— É melhor o senhor saber já, padre — advertiu. — Talvez tenha que ir sozinho com o chofer, e não se sabe para onde nem por quanto tempo.

O padre empalideceu. Mal podia manter o rosário entre os dedos enquanto passeava de um lado para o outro, rezando em voz alta suas orações inventadas. Cada vez que passava pelas janelas olhava para o caminho, dividido entre o terror de que aparecesse o carro que viria buscá-lo e as ânsias de que não chegasse. Quis telefonar, mas ele mesmo tomou consciência do perigo. "Por sorte não preciso de telefone para falar com Deus", disse. Não quis sentar-se à mesa durante o almoço, que foi tardio e ainda mais apetitoso que o café da manhã. No quarto preparado para ele havia uma cama com marquesina de rendas como a de um bispo. As mulheres tentaram convencê-lo de que descansasse um pouco, e ele pareceu aceitar. Mas não dormiu. Lia com inquietação *Uma Breve História do Tempo*, de Stephen Hawking, um livro que estava na moda e no qual se tentava demonstrar por cálculo matemático que Deus não existe. Lá pelas quatro da tarde apareceu na sala onde Villamizar cochilava.

— Alberto — disse ele —, é melhor voltarmos a Bogotá.

Custou trabalho dissuadi-lo, mas as mulheres conseguiram com seu encanto e seu tato. Ao entardecer teve outra recaída, mas já não havia escapatória. Ele mesmo estava consciente dos riscos graves de viajar à noite. Na hora de ir deitar pediu ajuda para tirar as lentes de contato, pois quem as tirava e punha era Paulina e ele não sabia fazer isso sozinho. Villamizar não dormiu, porque não descartava a possibilidade de que Escobar considerasse que as sombras da noite eram mais seguras para o encontro.

O padre não conseguiu dormir nem um minuto. O café da manhã, às oito, foi ainda mais tentador que o da véspera, mas o padre nem se sentou à mesa. Continuava desesperado com as lentes de contato e ninguém tinha conseguido ajudá-lo, até que a administradora da fazenda acabou por colocá-las com grandes esforços. Ao contrário do primeiro dia, não parecia nervoso nem andava arfante de um lado para o outro, mas sentou-se com a vista fixa na entrada por onde devia chegar o automóvel. Assim permaneceu até que foi derrotado pela impaciência e levantou-se de um salto.

— Eu vou embora — disse —, essa história é um chove não molha.

Conseguiram convencê-lo a esperar até depois do almoço. A promessa devolveu-lhe o ânimo. Comeu bem, conversou, foi tão divertido como em seus melhores tempos, e no final anunciou que ia dormir a sesta.

— Mas quero avisar — disse com um dedo ameaçador. — Assim que acordar da sesta, vou embora.

Martha Nieves deu alguns telefonemas com a esperança de conseguir alguma informação lateral que servisse para segurar o padre quando ele acordasse. Não foi possível. Um pouco antes das três, estavam todos cochilando na sala quando foram acordados pelo ruído de um motor. Ali estava o automóvel. Villamizar levantou-se de um pulo, deu uma batidinha convencional no quarto do padre e empurrou a porta.

— Padre — disse. — Vieram buscar o senhor.

Ele acordou meio zonzo e levantou-se do jeito que pôde. Villamizar sentiu-se comovido até a alma, pois o padre parecia um passarinho desplumado, com a pele tremelicante e solta nos ossos, sacudido por calafrios de terror. Mas superou tudo isso num instante, se persignou, cresceu, ficou decidido e enorme. "Ajoelhe, meu filho — ordenou. — Vamos rezar juntos." Quando se ergueu era outra pessoa.

— Vamos ver o que está acontecendo com Pablo — disse.

Embora Villamizar quisesse acompanhá-lo, nem tentou porque sabia que não era o combinado, mas permitiu-se falar em particular com o chofer.

— O senhor é o responsável pelo padre — disse. — É uma pessoa importante demais. Cuidado com o que vão fazer com ele. Veja bem a responsabilidade que está assumindo.

O chofer olhou-o como se Villamizar fosse imbecil, e disse:

— E o senhor acha que se eu entrar nesse carro com um santo pode acontecer alguma coisa com a gente?

Tirou o boné de beisebol e disse ao padre para colocá-lo na cabeça para que não o reconhecessem pelos cabelos brancos. O padre obedeceu. Villamizar não parava de pensar que Medellín estava militarizada. Preocupou-se com a ideia de que poderiam parar o padre e o encontro se estropeasse. Ou que ele ficasse imprensado entre os fogos cruzados dos mercenários e da polícia.

Foi sentado na frente, com o chofer. Quando todos observavam o carro se afastar, o padre tirou o boné e jogou-o pela janela. "Não se preocupe, meu filho — gritou ele para Villamizar —, porque eu domino as águas." Um trovão explodiu na vasta campina, e o céu desmoronou num aguaceiro bíblico.

A única versão conhecida da visita do padre García Herreros a Pablo Escobar foi a que ele mesmo deu quando regressou a La Loma. Contou que a casa onde foi recebido era grande e luxuosa, com uma piscina olímpica e diversas instalações esportivas. No caminho precisaram mudar de automóvel três vezes por questões de segurança, mas não foram parados nas muitas barreiras da polícia por causa do aguaceiro, que não cedeu em nenhum instante. Outras barreiras, segundo contou o chofer, eram do serviço de segurança dos Extraditáveis. Viajaram mais de três horas, embora o mais provável é que ele tenha sido levado a uma das residências urbanas de Pablo Escobar em Medellín, e que o chofer haja dado muitas voltas para que o padre acreditasse que estavam muito longe de La Loma.

Contou que foi recebido no jardim por uns vinte homens com armas à vista e que deu uma bronca em todos por sua vida errada e suas reticências para se entregar. Pablo Escobar em pessoa esperou-o na varanda, vestido com um conjunto de algodão branco feito para andar em casa e com uma barba muito negra e comprida. O medo confessado pelo padre desde que chegou a La Loma, e depois na incerteza da viagem, dissipou-se ao vê-lo.

— Pablo — disse a ele —, vim para que a gente dê uma jeito nessa questão.

Escobar correspondeu com igual cordialidade e com grande respeito. Sentaram-se em duas poltronas de cretone florido na sala, cara a cara, e com o ânimo disposto para uma longa conversa de velhos amigos. O padre tomou um uísque que acabou de acalmá-lo, enquanto Escobar tomou um suco de frutas gole a gole e com todo o tempo do mundo. Mas a duração prevista da visita se reduziu a três quartos de hora por causa da impaciência natural do padre e do estilo oral de Escobar, tão conciso e cortante como o de suas cartas.

Preocupado pelas lacunas mentais do padre, Villamizar o havia instruído para que tomasse notas da conversação. Ele fez isso, mas parece que foi ainda mais longe. Com o pretexto de sua memória ruim, pedia a Escobar que escrevesse suas propostas essenciais, e uma vez escritas as fazia mudar ou apagar com o argumento de que eram impossíveis de se cumprir. Foi assim que Escobar minimizou o tema obsessivo da destituição dos policiais acusados por ele de todo tipo de abusos e concentrou-se na segurança do lugar de reclusão.

O padre contou que havia perguntado a Escobar se era ele o autor dos atentados contra os quatro candidatos presidenciais. Escobar respondeu em diagonal que lhe atribuíam crimes que não havia cometido. Assegurou que não tinha conseguido impedir o assassinato do professor Low Mutra, cometido no dia 30 de abril passado numa rua de Bogotá, porque era uma ordem dada muito antes e não teve maneiras de mudá-la. Quanto à libertação de Maruja e Pacho, evitou dizer qualquer coisa que pudesse comprometê-lo como autor, mas afirmou que os Extraditáveis os mantinham em condições normais e com boa saúde, e que seriam soltos assim que os termos da entrega fossem acertados. Em particular sobre Pacho, disse com seriedade: "Esse aí está feliz com seu sequestro." Por último reconheceu a boa-fé do presidente Gaviria e expressou sua disposição de chegar a um acordo. Esse papel, escrito às vezes pelo padre, e na maior parte corrigido e mais bem explicado por Escobar com seu próprio punho, foi a primeira proposta formal da rendição.

O padre havia-se levantado para se despedir quando uma de suas lentes de contato caiu. Tentou colocá-la, Escobar ajudou, pediram ajuda aos empregados, mas foi inútil. O padre estava desesperado. "Não dá para fazer nada — disse. — A única pessoa que consegue isso é a Paulina." Para sua surpresa, Escobar sabia muito bem quem era ela, e onde estava naquele momento.

— Não se preocupe, padre — disse ele. — Se o senhor quiser eu mando buscá-la.

Mas o padre não suportava mais a ansiedade de regressar e preferiu ir embora sem as lentes. Antes das despedidas, Escobar pediu-lhe a bênção para uma medalhinha de ouro que usava no pescoço. O padre benzeu-a no jardim assediado pelos guarda-costas.

— Padre — disseram eles —, o senhor não pode ir embora sem benzer a gente.

Todos se ajoelharam. Dom Fabio Ochoa havia dito que a mediação do padre García Herreros seria decisiva para a rendição do pessoal de Escobar, que na certa devia achar a mesma coisa e por isso se ajoelhou com eles para dar o bom exemplo. O padre abençoou todos e soltou-lhes uma advertência para que voltassem à vida legal e ajudassem o império da paz.

Não demorou mais de seis horas. Apareceu em La Loma por volta das oito e meia da noite, já debaixo das estrelas radiantes, e desceu do carro com um salto de escolar de quinze anos.

— Tranquilo, meu filho — disse a Villamizar —, não teve problema nenhum, botei todos eles de joelhos.

Não foi fácil colocá-lo em boas condições. Entrou num estado de excitação alarmante, e não adiantaram paliativos nem os conhecimentos sedantes das Ochoa. Continuava chovendo, mas ele queria pegar logo um avião para Bogotá, divulgar a notícia, falar com o presidente da república para fechar ali mesmo o acordo e proclamar a paz. Conseguiram que dormisse algumas horas, mas desde a madrugada ficou dando voltas pela casa apagada, falando sozinho, rezando em voz alta suas orações inspiradas, até que o sono o derrubou ao amanhecer.

Quando chegaram a Bogotá, às onze da manhã do dia 16 de maio, a notícia troava nas rádios. Villamizar encontrou seu filho Andrés no aeroporto e abraçou-o emocionado. "Fica tranquilo, filho — disse ele. — Mamãe estará solta em três dias." Rafael Pardo foi menos fácil de convencer quando ouviu a mesma coisa por telefone.

— Fico alegre de verdade, Alberto — disse ele. — Mas não se iluda muito.

Pela primeira vez desde o sequestro Villamizar foi a uma festa de amigos, e ninguém entendeu que estivesse tão contente com alguma coisa que afinal não passava de uma promessa vaga como tantas outras de Pablo Escobar. Àquelas horas o padre García Herreros tinha dado a volta completa por todos os noticiários do país — vistos, ouvidos ou escritos. Pediu que fossem tolerantes com Escobar. "Se não o frustrarmos, ele se tornará um grande construtor da paz", dizia. E acrescentava, sem citar Rousseau: "Os homens em sua intimidade são todos bons, embora algumas circunstâncias os tornem malignos." E no meio de um emaranhado de microfones, disse sem maiores reservas:

— Escobar é um homem bom.

O jornal *El Tiempo* informou na sexta-feira 17 que o padre era portador de uma carta pessoal, que entregaria na próxima segunda-feira ao presidente Gaviria. Na verdade, se referia às anotações que Escobar e ele haviam feito a quatro mãos durante a entrevista. No domingo, os Extraditáveis expediram um comunicado que correu o risco de passar despercebido na turbulência das notícias: "Ordenamos a libertação de Francisco Santos e de Maruja Pachón." Não diziam quando. Ainda assim, a rádio entendeu que era coisa feita e os jornalistas alvoroçados começaram a montar guarda nas casas dos reféns.

Era o final: Villamizar recebeu um recado de Escobar dizendo que não soltaria Maruja Pachón e Francisco Santos naquele dia e sim no seguinte — segunda-feira, 20 de maio — às sete da noite. Mas na terça às nove da manhã Villamizar deveria estar outra vez em Medellín para a entrega de Escobar.

11

Maruja ouviu o comunicado dos Extraditáveis no domingo 19 de maio, às sete da noite. Não dizia nem hora nem data da libertação, e pela forma de proceder dos Extraditáveis tanto podia ser cinco minutos depois como dali a seis meses. O caseiro e sua mulher entraram no quarto dispostos para a festa.
— Isso já acabou — gritaram. — Vamos comemorar.
Custou trabalho a Maruja convencê-los de que esperasse a ordem oficial vinda pela boca de algum emissário direto de Pablo Escobar. A notícia não a surpreendeu, pois nas últimas semanas havia recebido sinais inconfundíveis de que as coisas estavam melhores do que supôs quando lhe chegaram com a promessa desalentadora de acarpetar o quarto. Nas emissões recentes de *Colombia los Reclama* apareciam cada vez mais amigos e atores populares. Com o otimismo renovado, Maruja acompanhava as telenovelas com tanta atenção que acreditou descobrir mensagens cifradas até nas lágrimas de glicerina dos amores impossíveis. As notícias do padre García Herreros, cada dia mais espetaculares, tornaram evidente que o incrível ia acontecer.

Maruja quis vestir a roupa com que tinha chegado, prevendo uma libertação intempestiva que a fizesse aparecer diante das câmeras de televisão com o triste uniforme de sequestrada. Mas a falta de novas notícias no rádio e a desilusão do caseiro, que esperava a ordem oficial antes de dormir, puseram Maruja em guarda contra o ridículo, ainda que fosse diante de si mesma. Tomou uma dose elevada de soníferos e não despertou até o dia seguinte, segunda-feira, com a impressão pavorosa de não saber quem era nem onde estava.

Villamizar não se sentiu inquieto por nenhuma dúvida, pois o comunicado de Escobar era inequívoco. Transmitiu-o aos jornalistas, que não acreditaram. Por volta das nove, uma emissora de rádio anunciou com grandes alvoroços que a senhora Maruja Pachón de Villamizar acabava de ser libertada no bairro de Salitre. Os jornalistas saíram em desabalada carreira, mas Villamizar não se imutou.

— Nunca a soltarão num lugar tão afastado, onde pode acontecer qualquer coisa com ela — disse. — Será amanhã com certeza, e num lugar seguro.

Um repórter interrompeu seu caminho com o microfone.

— O que surpreende — disse — é a confiança que o senhor tem nessa gente.

— É palavra de guerra — disse Villamizar.

Os jornalistas de mais confiança ficaram nos corredores do apartamento — e alguns no bar — até que Villamizar convidou-os a sair para poder fechar a casa. Outros fizeram acampamentos em caminhonetes e automóveis na frente do edifício, e ali passaram a noite.

Villamizar acordou na segunda-feira com os noticiários das seis da manhã, como de costume, e ficou na cama até as onze. Tentou ocupar o telefone o mínimo possível, mas as ligações de jornalistas e amigos não lhe deram trégua. A notícia do dia continuava sendo a espera dos sequestrados.

O padre García Herreros tinha visitado Mariavê na quinta-feira para dar a notícia confidencial de que seu marido seria libertado no domingo seguinte. Não foi possível saber como a obteve setenta e duas horas antes do primeiro comunicado dos Extraditáveis sobre as libertações, mas a família Santos considerou que aquilo era coisa certa. Para celebrar fizeram fotos do padre com Mariavê e com as crianças e as publicaram sábado em *El Tiempo* com a esperança de que Pacho as entendesse como uma mensagem pessoal. E assim foi: no mesmo instante em que abriu o jornal em sua cela de cativo, Pacho teve a revelação nítida de que as gestões do padre haviam culminado. Passou o dia inquieto à espera do milagre, deslizando armadilhas inocentes na conversa com os guardiães para ver se eles deixavam escapar alguma indiscrição, mas não conseguiu nada. O rádio e a televisão, que não davam trégua ao assunto havia várias semanas, passaram por cima dele naquele sábado.

O domingo começou igual. Pacho achou que os guardiães estavam estranhos e ansiosos naquela manhã, mas no curso do dia voltaram pouco a pouco à rotina dominical: almoço especial com *pizza*, filmes e programas enlatados de televisão, um pouco de baralho, um pouco de futebol. De repente, quando ninguém mais esperava, o noticiário *Criptón* abriu com a exclusiva de que os Extraditáveis tinham anunciado a libertação dos dois últimos sequestrados. Pacho deu um pulo com um grito de triunfo e se abraçou ao guarda de plantão. "Achei que ia ter um infarto", disse ele. Mas o guardião o recebeu com um estoicismo suspeito.

— Vamos esperar pela confirmação — disse.

Deram uma passada rápida pelos outros noticiários de rádio e televisão e o comunicado estava em todos. Um deles transmitia da sala de redação do *El Tiempo*, e Pacho tornou a sentir depois de oito meses o chão firme da vida livre: o ambiente na verdade desolado do plantão dominical, as caras de sempre em seus cubículos de vidro, seu próprio lugar de trabalho. Depois de repetir uma vez mais o anúncio da libertação iminente, o enviado especial do noticiário esgrimiu o microfone — como uma casquinha de sorvete —, aproximou-o da boca de um redator esportivo e perguntou:

— O que está achando da notícia?

Pacho não pôde reprimir um reflexo de redator-chefe.

— Que pergunta mais idiota! — disse. — Ou esperava que dissessem para me deixar aqui mais um mês?

A rádio, como sempre, era menos rigorosa, mas também mais emotiva. Uns e outros estavam se concentrando na casa de Hernando Santos, de onde transmitiam declarações de qualquer um que encontrassem pelo caminho. Isto aumentou o nervosismo de Pacho, pois não achou disparatado pensar que o soltariam naquela mesma noite. "Assim começaram as vinte e seis horas mais longas da minha vida — disse ele. — Cada segundo era como uma hora."

A imprensa estava em todos os lugares. As câmeras de televisão iam da casa de Pacho à de seu pai, ambas transbordando desde a noite anterior de parentes, amigos, simples curiosos e jornalistas do mundo inteiro. Mariavê e Hernando Santos não recordam quantas vezes foram de uma casa a outra de acordo com os rumos imprevistos que as notícias tomavam, a ponto de Pacho terminar por não tendo certeza de qual era a casa de quem na televisão. O pior era que em cada casa tornavam a fazer a ambos as mesmas perguntas, e a jornada se tornou insuportável. Era tamanha a desordem que Hernando Santos não conseguiu abrir caminho entre a multidão engarrafada em sua própria casa e teve que entrar pela garagem.

Os vigias de plantão correram para felicitá-lo. Estavam tão alegres com a notícia que Pacho esqueceu que eram seus carcereiros, e a reunião se transformou numa festa de compadres de uma mesma geração. Naquele momento percebeu que seu propósito de reabilitar seus guardiães ficava frustrado por sua libertação. Eram rapazes da província antioquenha que emigravam a Medellín, encontravam-se perdidos nas comunidades e matavam e se deixavam matar sem escrúpulos. Em geral procediam de famílias miseráveis em que a figura do pai era muito negativa, e muito forte a da mãe. Estavam acostumados a trabalhar por um salário muito baixo e não tinham o sentido do dinheiro.

Quando enfim conseguiu dormir, Pacho teve o sonho terrífico de que era livre e feliz, mas de repente abriu os olhos e viu o mesmo teto de sempre. Passou o resto da noite atormentado pelo galo louco — mais louco e próximo que nunca — e sem saber ao certo onde estava de verdade.

Às seis da manhã — segunda-feira — o rádio confirmou a notícia sem nenhuma pista sobre a hora da possível libertação. Após incontáveis repetições do boletim original, anunciou-se que o padre García Herreros daria uma entrevista coletiva ao meio-dia em ponto, depois de uma audiência com o presidente Gaviria. "Ai, meu Deus — disse Pacho a si mesmo. — Tomara que este homem que tanto fez por nós não vá complicar tudo na última hora." À uma da tarde disseram que ele seria solto, mas não soube nada mais até depois das cinco, quando um dos chefes mascarados avisou-lhe sem emoção que — de acordo com o sentido publicitário de Escobar — Maruja sairia bem a tempo para o noticiário das sete, e ele, para o das nove e meia.

A manhã de Maruja tinha sido mais animada. Um chefe de segundo escalão entrou no quarto por volta das nove e explicou que a libertação ia ser à tarde. Contou alguns pormenores das gestões do padre García Herreros, talvez com o propósito de se desculpar por uma injustiça que havia cometido numa visita recente, quando Maruja lhe perguntou se seu destino estava nas mãos do padre García Herreros. O homem havia respondido com uma ponta de deboche.

— Não se preocupe, a senhora está muito mais segura.

Maruja percebeu que ele havia interpretado mal a pergunta, e se apressou em esclarecer que sempre teve um grande respeito pelo padre. É verdade que no princípio não prestava atenção em suas pregações pela televisão, às vezes confusas e inescrutáveis, mas desde o primeiro recado a Escobar compreendeu que tinha a ver com sua vida, e acompanhou-o com muita atenção noite após noite. Havia seguido o desenrolar de suas gestões, as visitas a Medellín, o progresso de suas conversas com Escobar, e não duvidava que estava no caminho certo. O sarcasmo do chefe, no entanto, lhe provocara o temor de que talvez o padre não tivesse tanto crédito junto aos Extraditáveis como se poderia supor por suas conversas públicas com os jornalistas. A confirmação de que em breve seria libertada graças às ações do padre aumentou sua alegria.

Após uma conversa breve sobre o impacto das libertações no país, ela perguntou ao homem pelas coisas que lhe tiraram na primeira casa, na noite do sequestro.

— A senhora fique tranquila — disse ele. — Todas as suas coisas estão seguras.

— É que estou preocupada — disse ela — porque não pegaram o anel aqui, e sim na primeira casa onde estivemos, e depois não tornamos a ver o sujeito que ficou com ele. Não foi o senhor?

— Eu, não — disse o homem. — Mas já disse para ficar tranquila, porque suas coisas estão aí. Eu vi.

A mulher do caseiro se ofereceu para comprar qualquer coisa que ela precisasse. Maruja pediu pintura para os cílios, batom, lápis de sobrancelhas e um par de meias para substituir as que tinham rasgado na noite do sequestro. Mais tarde veio o marido, preocupado pela falta de novas notícias sobre a libertação e com medo de que os planos houvessem mudado na última hora, como costumava acontecer. Maruja, porém, estava tranquila. Tomou banho e pôs a mesma roupa que usava na noite do sequestro, exceto a jaqueta creme, que vestiria para sair.

Durante o dia inteiro as emissoras de rádio mantiveram o interesse do público com especulações sobre a espera dos sequestrados, entrevistas com suas famílias, rumores sem confirmar que no minuto seguinte eram superados por outros mais ruidosos. Mas nada em definitivo. Maruja ouviu as vozes dos filhos e dos amigos com um júbilo prematuro ameaçado pela incerteza. Tornou a ver sua casa redecorada, o marido circulando com gosto entre esquadrões de jornalistas entediados pela espera. Teve tempo para observar melhor os detalhes da decoração que haviam provocado nela um choque na primeira vez, e seu humor melhorou. Os guardiães faziam pausas na limpeza frenética para ver e ouvir os noticiários e tentavam dar-lhe ânimo, mas conseguiam menos conforme a tarde avançava.

O presidente Gaviria tinha acordado sem despertador às cinco da manhã da sua segunda-feira número quarenta e um na presidência. Levantava-se sem acender a luz para não despertar Ana Milena — que às vezes se deitava mais tarde que ele — e, já barbeado, banhado e vestido para o gabinete, sentava-se numa cadeirinha portátil que mantinha fora do dormitório, num corredor gelado e sombrio, para ouvir as notícias sem acordar ninguém. As do rádio, escutava num receptor de bolso que punha no ouvido em um volume muito baixo. Os jornais eram repassados com uma olhada rápida, das manchetes aos anúncios, e ia recortando sem tesoura as coisas de interesse para cuidar delas depois, conforme o caso, com seus secretários, conselheiros e ministros. Certa vez era uma notícia sobre alguma coisa que devia ter sido feita e não foi, e mandou o recorte ao ministro respectivo com uma só linha escrita às pressas na margem: "Quando diabos o ministério vai resolver este problema?" A solução foi instantânea.

A única notícia do dia era a iminência das libertações e, dentro dela, uma audiência com o padre García Herreros para escutar seu relato sobre a entrevista com Escobar. O presidente reorganizou sua jornada para estar disponível a qualquer momento. Cancelou algumas audiências adiáveis e remarcou outras. A primeira foi uma reunião com os conselheiros presidenciais, que iniciou com sua frase escolar:

— Muito bem, vamos terminar este trabalho.

Vários dos conselheiros acabavam de regressar de Caracas, onde na sexta-feira anterior haviam mantido uma conversa com o reticente general Maza Márquez, na qual o conselheiro de imprensa, Mauricio Vargas, expressou sua preocupação de que ninguém, nem dentro nem fora do governo, tivesse uma ideia clara sobre o que realidade Pablo Escobar ia fazer. Maza tinha certeza de que ele não se entregaria, pois só confiava no indulto da Constituinte. Vargas replicou com uma pergunta: de que adiantava o indulto para um homem sentenciado à morte por seus inimigos próprios e pelo cartel de Cali? "Pode ser que ajude, mas não é exatamente a solução completa", concluiu. O que Escobar precisava com urgência era de um cárcere seguro para ele e seu pessoal, sob a proteção do Estado.

O tema foi levantado pelos conselheiros diante do temor de que o padre García Herreros chegasse na audiência do meio-dia com uma exigência inaceitável de última hora, sem a qual Escobar não se entregaria nem soltaria os jornalistas. Para o governo seria um fiasco difícil de reparar. Gabriel Silva, o conselheiro de Assuntos Internacionais, fez duas recomendações de proteção: a primeira, que o presidente não estivesse sozinho na audiência, e a segunda, que fosse divulgado um comunicado o mais completo possível assim que a reunião terminasse, para evitar especulações. Rafael Pardo, que tinha voado para Nova York no dia anterior, concordou por telefone.

O presidente recebeu o padre García Herreros em audiência especial ao meio-dia em ponto. De um lado estava o padre com dois sacerdotes de sua comunidade, Alberto Villamizar e seu filho Andrés. Do outro, o presidente com o secretário particular, Miguel Silva, e Mauricio Vargas. Os serviços informativos do palácio tiraram fotos e gravaram vídeos para entregar à imprensa se as coisas dessem certo. Se não dessem, pelo menos os testemunhos do fracasso não ficariam com a imprensa.

O padre, muito consciente da importância do momento, contou ao presidente os pormenores da reunião com Escobar. Não tinha a menor dúvida de que ele ia se entregar e soltar os reféns, e reforçou suas palavras com as anotações escritas a quatro mãos. O único elemento condicionante era que o cárcere fosse o de Envigado e não o de Itaguí, por questões de segurança argumentadas pelo próprio Escobar.

O presidente leu as anotações e devolveu-as ao padre. O fato de Escobar não prometer libertar os sequestrados, mas sim negociar a libertação com os Extraditáveis, chamou sua atenção. Villamizar explicou que era uma das tantas precauções de Escobar: nunca admitiu que estivesse com os sequestrados para que isso não servisse de prova contra ele.

O padre perguntou o que deveria fazer se Escobar pedisse que o acompanhasse para se render. O presidente concordou que fosse. Diante das dúvidas sobre a segurança da operação, apresentadas pelo padre, o presidente respondeu que ninguém podia garantir melhor que Escobar a segurança de sua própria operação. Por último, o presidente indicou ao padre — e os acompanhantes do padre o apoiaram — que era importante reduzir ao mínimo as declarações públicas, para que tudo não se perdesse por uma palavra inoportuna. O padre concordou e chegou a fazer uma velada oferta final: "Com isso eu quis prestar um serviço e fico às suas ordens se precisarem de mim para alguma outra coisa, como procurar a paz com esse outro senhor padre." Foi claro para todos que se referia ao padre espanhol Manuel Pérez, comandante do Exército Nacional de Libertação. A reunião terminou vinte minutos após ter começado e não houve comunicado oficial. Fiel à sua promessa, o padre García Herreros deu um exemplo de sobriedade em suas declarações à imprensa.

Maruja viu a entrevista coletiva do padre e não encontrou nada de novo. Os noticiários de televisão tornaram a mostrar os jornalistas de plantão nas casas dos sequestrados, mas podiam muito bem ser as mesmas imagens do dia anterior. Também Maruja repetiu a jornada da véspera minuto a minuto, e sobrou tempo para ver as telenovelas da tarde. Damaris, reanimada pelo anúncio oficial, havia concedido a Maruja a graça de ordenar o menu do almoço, como os condenados à morte na véspera da execução. Maruja disse, sem intenção de deboche, que queria qualquer coisa que não fosse lentilha. Afinal se complicaram com o tempo, Damaris não pôde ir fazer compras e só houve lentilhas com lentilhas para o almoço de despedida.

Pacho, por sua vez, vestiu a roupa que usava no dia do sequestro — que tinha ficado estreita em consequência do aumento de peso causado pelo sedentarismo e pela comida ruim —, e sentou-se para ouvir as notícias e fumar, acendendo um cigarro na ponta do outro. Ouviu todo tipo de versões sobre sua libertação. Ouviu as retificações, as mentiras puras e simples de seus colegas aparvalhados pela tensão da espera. Ouviu que havia sido descoberto comendo incógnito num restaurante, e era um de seus irmãos.

Releu as notas editoriais, os comentários e as informações que havia escrito sobre a atualidade para não esquecer o ofício, pensando que quando saísse as publicaria como testemunho do cativeiro. Eram mais de cem. Leu uma nota aos seus guardiães, escrita em dezembro, quando a classe política tradicional começou a praguejar contra a legitimidade da Assembleia Constituinte. Pacho fustigou-a com uma energia e um sentido de independência que sem dúvida eram produto das reflexões do cativeiro. "Todos nós sabemos como se obtêm votos na Colômbia e como muitos dos parlamentares foram eleitos", dizia. Afirmava que a compra de votos estava alastrada no país inteiro, e especialmente no litoral; que as rifas de eletrodomésticos em troca de favores eleitorais figurava na ordem do dia, e que muitos dos eleitos conseguiam isso por outros vícios políticos, como cobrar comissões sobre salários públicos e auxílios parlamentares. Por isso — dizia — os eleitos eram sempre os mesmos com as mesmas que "diante da possibilidade de perder seus privilégios, agora choram aos gritos". E concluía quase contra si próprio: "A imparcialidade dos meios de comunicação — e incluo aí *El Tiempo* —, pela qual tanto se lutou e que estava abrindo seu espaço, desapareceu."

No entanto, a mais surpreendente de suas notas foi a que escreveu sobre as reações da classe política contra o M-19 quando este obteve uma votação de mais de dez por cento para a Assembleia Constituinte. "A agressividade política contra o M-19 — escreveu —, sua restrição (para não dizer discriminação) nos meios de comunicação, mostra como estamos distantes da tolerância e o quanto nos falta para modernizar o mais importante: a mente." Dizia que a classe política havia celebrado a participação eleitoral dos ex-guerrilheiros só para parecer democrática, mas quando sua votação superou os dez por cento caiu de injúrias contra eles. E concluiu ao estilo de seu avô, Enrique Santos Montejo (Calibán), o colunista mais lido na história do jornalismo nacional: "Um setor muito específico e tradicional dos colombianos matou o tigre e se assustou com a pele." Nada podia ser mais surpreendente em alguém que se havia destacado desde a escola primária como um espécime precoce da direita romântica.

Rasgou todas as anotações, menos três que decidiu conservar por razões que ele mesmo não conseguiu explicar. Conservou também o rascunho das mensagens à sua família e ao presidente da república, e o de seu testamento. Gostaria de ter levado a corrente com que o amarravam na cama, na ilusão de que o escultor Bernardo Salcedo fizesse com ela uma escultura — mas não lhe permitiram, por temor de que houvesse impressões digitais delatoras.

Maruja, por sua vez, não quis conservar nenhuma recordação daquele passado atroz que se propunha a apagar de sua vida. Mas por volta das seis da tarde, quando a porta começou a ser aberta do lado de fora, percebeu até que ponto aqueles seis meses de amargura iam condicionar sua vida. Desde a morte de Marina e a saída de Beatriz, aquela era a hora das libertações ou das execuções: igual nos dois casos. Esperou com a alma nas mãos a fórmula sinistra do ritual: "Vamos indo, apronte-se." Era o *Doutor*, acompanhado pelo asseclá que havia estado lá na véspera. Ambos pareciam apressados por causa da hora.

— Vamos! Vamos! — insistiu o *Doutor* com Maruja. — Depressa!

Havia prefigurado tantas vezes aquele instante que se viu minada por uma estranha necessidade de ganhar tempo, e perguntou pelo seu anel.

— Ele está com a sua cunhada. Eu mandei — disse o outro.

— Não é verdade — contestou Maruja com toda calma. — Você me disse que tinha visto o anel depois.

Mais que o anel, no que ela estava interessada era pôr o outro em evidência diante do seu superior. Mas o superior bancou o distraído, pressionado pelo tempo. O caseiro e sua mulher trouxeram a sacola com os objetos pessoais e os presentes que ela recebera dos diferentes guardiães ao longo do cativeiro: cartões de Natal, o uniforme de ginástica, a toalha, revistas e alguns livros. Os rapazes mansos que a haviam atendido nos últimos dias não tinham nada mais que medalhas e santinhos para dar a ela, e lhe suplicaram que rezasse por eles, que se lembrasse deles, que fizesse alguma coisa para tirá-los do mau caminho.

— Tudo que vocês quiserem — disse Maruja. — Se alguma vez precisarem de mim, me procurem que eu os ajudo.

O *Doutor* não quis ficar atrás: "O que eu posso lhe dar de lembrança?", disse, examinando os bolsos. Tirou uma cápsula de 9 milímetros e deu-a a Maruja.

— Tome — disse, mais a sério que de brincadeira. — A bala que não metemos na senhora.

Não foi fácil resgatar Maruja dos abraços do caseiro e de Damaris, que levantou a máscara para beijá-la e pedir que não a esquecesse. Maruja sentiu uma emoção sincera. Era, afinal de contas, o final dos dias mais longos e atrozes de sua vida, e o minuto mais feliz.

Puseram nela um capuz que devia ser o mais sujo e pestilento que encontraram. Puseram ao contrário, com os buracos dos olhos na nuca, e não pôde evitar a recordação de que tinham feito assim com Marina para matá-la. Foi levada com os pés arrastando nas trevas até um automóvel tão confortável como o que usaram para o sequestro, e a sentaram no mesmo lugar, na mesma posição e com as mesmas precauções: a cabeça apoiada nos joelhos de um homem para que não a vissem de fora. Foi avisada de que havia várias barreiras da polícia e que se fossem parados em alguma Maruja devia tirar o capuz e comportar-se direito.

À uma da tarde Villamizar havia almoçado com seu filho Andrés. Às duas e meia deitou-se para a sesta, e completou o sono atrasado até as cinco e meia. Às seis acabava de sair do chuveiro e começava a se vestir para esperar a mulher quando o telefone tocou. Atendeu na extensão do criado-mudo e só conseguiu dizer: "Sim?" Uma voz anônima o interrompeu: "Vai chegar alguns minutos depois das sete. Já estão saindo." Desligou. Foi um anúncio imprevisto que Villamizar agradeceu. Chamou o porteiro para assegurar-se de que seu automóvel estava no jardim e o chofer a postos.

Vestiu-se com roupa escura e gravata de estampas claras para receber a esposa. Ficou mais esbelto que nunca, pois havia perdido quatro quilos em seis meses. Às sete da noite apareceu na sala para conversar com os jornalistas enquanto Maruja não vinha. Ali estavam os quatro filhos dela, e Andrés, o de ambos. Só faltava Nicolás, o músico da família, que chegaria de Nova York dentro de algumas horas. Villamizar sentou-se na poltrona mais próxima do telefone.

Maruja estava então a cinco minutos de ser solta. Ao contrário da noite do sequestro, a viagem rumo à liberdade foi rápida e sem tropeços. No começo haviam ido por um caminho de terra e com voltas e reviravoltas nada recomendáveis para um automóvel de luxo. Maruja vislumbrou pelas conversas que além do homem ao seu lado havia outro junto do chofer. Não lhe pareceu que um deles fosse o *Doutor*. Após um quarto de hora a obrigaram a se deitar no chão do automóvel e pararam durante uns cinco minutos, mas ela não soube por quê. Depois entraram numa avenida grande e ruidosa com o tráfego espesso das sete, e pegaram sem contratempos uma segunda avenida. De repente, quando não haviam transcorrido mais de três quartos de hora no total, o automóvel freou em seco. O homem ao lado do chofer deu uma ordem desesperada a Maruja:

— Desce, desce, depressa, rápido!

O que ia ao lado dela tentou tirá-la do automóvel. Maruja resistiu.

— Não enxergo nada — gritou.

Quis tirar a venda, mas uma mão brutal impediu. "Espere cinco minutos antes de tirar a venda", gritou. Desceu-a do automóvel com um empurrão. Maruja sentiu a vertigem do vazio, o horror, e achou que tinha sido jogada num abismo. O chão firme devolveu-lhe o fôlego. Enquanto esperava que o carro se afastasse, sentiu que estava numa rua de pouco trânsito. Com toda precaução tirou a venda, viu as casas entre as árvores com as primeiras janelas iluminadas, e então conheceu a verdade de ser livre. Eram sete e vinte e nove e tinham-se passado cento e noventa e três dias desde a noite em que a sequestraram.

Um automóvel solitário aproximou-se pela avenida, deu uma volta completa e estacionou na calçada contrária, bem na frente de Maruja. Ela pensou, como Beatriz em seu momento, que uma casualidade assim não era possível. Aquele carro tinha que ser enviado pelos sequestradores para garantir o final do resgate. Maruja aproximou-se da janela do condutor.

— Por favor — disse ela —, eu sou Maruja Pachón. Acabam de me soltar.

Só desejava que a ajudassem a conseguir um táxi. Mas o homem deu um grito. Minutos antes, escutando no rádio as notícias das libertações iminentes, tinha dito a si mesmo: "E se eu encontrasse Francisco Santos procurando um carro?" Maruja estava ansiosa para ver os seus, mas deixou-se levar até a casa da frente para falar por telefone.

A dona da casa, as crianças, todos a abraçaram aos gritos quando a reconheceram. Maruja sentia-se anestesiada, e tudo o que ocorria à sua volta parecia um engano a mais dos sequestradores. O homem que a havia recolhido chamava-se Manuel Caro e era genro do dono da casa, Augusto Borrero, cuja esposa era uma antiga militante do Novo Liberalismo que havia trabalhado com Maruja na campanha eleitoral de Luis Carlos Galán. Mas Maruja via a vida pelo lado de fora, como numa tela de cinema. Pediu uma aguardente — nunca soube por quê — e tomou-a de um gole só. Então telefonou para casa, mas não recordava bem o número e enganou-se em duas tentativas. Uma voz de mulher respondeu no ato: "Quem é?" Maruja reconheceu-a e disse sem dramatismo:

— Alexandra, minha filha.

Alexandra gritou:

— Mamãe! Onde você está?

Alberto Villamizar havia saltado da poltrona quando o telefone tocou, mas não conseguiu chegar antes de Alexandra, que por acaso passava perto do aparelho. Maruja começou a ditar o endereço, mas ela não tinha à mão nem lápis nem papel. Villamizar tomou-lhe o telefone e falou com Maruja com uma naturalidade pasmosa:

— E aí, meu bem? Como vai?

Maruja respondeu no mesmo tom.

— Tudo bem, meu amor, nenhum problema.

Ele sim, tinha lápis e papel preparados para aquele momento. Anotou o endereço enquanto Maruja ditava, mas sentiu que alguma coisa não estava clara e pediu que alguém da família fosse ao telefone. A esposa de Borrero deu os detalhes que faltavam.

— Muito obrigado — disse Villamizar. — É perto. Estou chegando aí.

Esqueceu de desligar, pois o férreo domínio de si mesmo que havia mantido ao longo dos meses de tensão sumiu de repente. Desceu as escadas do edifício pulando os degraus de dois em dois e atravessou correndo o vestíbulo, perseguido por uma avalanche de jornalistas carregando sua parafernália de guerra. Outros em sentido contrário estiveram a ponto de atropelá-lo no portão.

— Soltaram Maruja — gritou a todos. — Vamos lá.

Entrou no automóvel batendo a porta com tanta força que o motorista sonolento se assustou. "Vamos buscar dona Maruja", disse Villamizar. Deu o endereço: diagonal 107 Nº 27-73. "É uma casa branca na paralela direita da autopista", explicou. Mas disse com uma pressa enrolada, e o motorista saiu mal. Villamizar corrigiu a direção com um descontrole estranho ao seu jeito de ser.

— Olhe para a frente, dirija direito — gritou — que temos que chegar lá em cinco minutos. Se você se perder eu te capo!

O chofer, que havia padecido ao seu lado os tremendos dramas do sequestro, não se alterou. Villamizar recobrou o fôlego e o orientou pelos trajetos mais curtos e fáceis, pois havia visualizado o caminho à medida que explicavam o endereço pelo telefone, para ter certeza de não se perder. Era a pior hora do trânsito, mas não o pior dia.

Andrés havia arrancado atrás do pai, ao lado do primo Gabriel, seguindo a caravana dos jornalistas que abria caminho no trânsito com alarmas falsos e truques de ambulâncias. Apesar de ser um motorista experiente, se atrapalhou no trânsito. Ficou parado. Villamizar, por sua vez, chegou num tempo olímpico de quinze minutos. Não precisou identificar a casa, pois alguns dos jornalistas que estavam em seu apartamento já brigavam com o dono para que os deixassem entrar. Villamizar abriu caminho no meio do tumulto. Não teve tempo de cumprimentar ninguém, pois a dona da casa o reconheceu e apontou a escadaria.

— Por ali — disse.

Maruja estava no dormitório principal, aonde a levaram para que se arrumasse enquanto o marido não chegava. Ao entrar dera de cara com um ser desconhecido e grotesco: ela mesma, no espelho. Viu-se inchada e fofa, com as pálpebras inchadas pela nefrite, a pele verdosa e murcha por seis meses de penumbra.

Villamizar subiu em dois trancos, e abriu a primeira porta que encontrou, que era a do quarto das crianças, com bonecas e bicicletas. Então abriu a da frente e viu Maruja sentada na cama, com o paletó quadriculado que vestia quando saiu de casa no dia do sequestro e recém-maquiada para ele. "Ele entrou feito um vendaval", disse Maruja. Ela pulou em seu pescoço, deram um abraço intenso, longo e mudo. O estrondo dos jornalistas, que tinham conseguido romper a resistência do dono e entraram em tropel pela casa, tirou-os do êxtase. Maruja se assustou. Villamizar sorriu divertido.

— São os teus colegas — disse.

Maruja se consternou. "Faz seis meses que não me vejo no espelho", disse. Sorriu para a sua imagem e não era ela. Ergueu-se, esticou o cabelo na nuca com um elástico, se recompôs do jeito que pôde tentando fazer com que a mulher do espelho se parecesse com a imagem que ela tinha de si mesma seis meses antes. Não conseguiu.

— Estou horrorosa — disse, e mostrou ao marido os dedos deformados pelo inchaço. — Não tinha percebido porque me tiraram o anel.

— Você está perfeita — disse Villamizar.

Passou o braço por seus ombros e levou-a até a sala.

Os jornalistas os atacaram com câmeras, luzes e microfones. Maruja ficou ofuscada. "Calma, rapazes — disse a eles. — Lá em casa falaremos melhor." Foram as suas primeiras palavras.

Os noticiários das sete da noite não disseram nada, mas o presidente Gaviria ficou sabendo minutos depois por um monitoramento de rádio que Maruja Pachón tinha sido solta. Saiu às pressas para a sua casa com Mauricio Vargas, mas deixaram pronto o comunicado oficial da libertação de Francisco Santos, que devia ocorrer de um momento para o outro. Mauricio Vargas o lera em voz alta para os gravadores dos jornalistas, com a condição de que não o transmitissem enquanto a notícia oficial não fosse dada.

Naquela hora Maruja estava indo para casa. Pouco antes de chegar, surgiu um rumor de que Pacho Santos havia sido libertado e os jornalistas soltaram o cão amarrado do comunicado oficial, que saiu precipitadamente com latidos de júbilo por todas as emissoras.

O presidente e Mauricio Vargas ouviram no carro e comemoraram a ideia de tê-lo gravado. Mas cinco minutos depois a notícia foi retificada.

— Mauricio — exclamou Gaviria —, que desastre!

No entanto, a única coisa que podiam fazer era confiar em que a notícia ia acontecer como já estava dada. Enquanto isso, e diante da impossibilidade de ficar no apartamento de Villamizar por causa da multidão que estava lá dentro, permaneceram no de Azeneth Velázquez, no andar de cima, para esperar a verdadeira libertação de Pacho depois de três libertações falsas.

Pacho Santos tinha ouvido a notícia da libertação de Maruja, a prematura da sua e a pífia do governo. Naquele instante entrou no quarto o homem que havia falado com ele pela manhã e levou-o pelo braço e sem venda até o andar de baixo. Ali, percebeu que a casa estava vazia, e um dos seus vigias contou a ele morrendo de rir que tinham levado os móveis num caminhão de mudanças para não ter de pagar o último mês de aluguel. Despediram-se todos com grandes abraços e agradeceram a Pacho o muito que haviam aprendido com ele. A réplica de Pacho foi sincera:

— Eu também aprendi muito com vocês.

Na garagem entregaram a ele um livro para que cobrisse a cara fingindo que estava lendo e cantaram para ele todas as advertências. Se tropeçassem com a polícia devia se jogar do carro para que eles pudessem escapar. E a mais importante: não deveria dizer que tinha estado em Bogotá, e sim a três horas de distância por uma estrada escabrosa. Por uma razão tremenda: eles sabiam que Pacho era perspicaz o bastante para ter formado uma ideia do endereço da casa, e não deveria revelá-lo porque os guardiães tinham convivido com a vizinhança sem precaução alguma durante os longos dias do sequestro.

— Se o senhor contar — concluiu o responsável pela libertação — teremos que matar todos os vizinhos para que depois não nos reconheçam.

Diante da cabine de polícia da avenida Boyacá esquina com a rua 80 o carro morreu. Resistiu duas vezes, três, quatro, e na quinta pegou de novo. Todos suaram frio. Duas quadras adiante tiraram o livro do sequestrado, e o deixaram na esquina com três notas de dois mil pesos para o táxi. Apanhou o primeiro que passou, com um chofer jovem e simpático que não quis cobrar nada e abriu passagem a buzinadas e gritos de júbilo através da multidão que o esperava na porta de sua casa. Para os jornalistas da imprensa marrom foi uma desilusão: esperavam um homem macilento e derrotado depois de duzentos e quarenta e quatro dias de cativeiro, e encontraram um Pacho Santos rejuvenescido por dentro e por fora, e mais gordo, mais desajeitado e com mais gana de viver do que nunca. "Devolveram ele igualzinho", declarou seu primo Enrique Santos

Calderón. Outro, contagiado pelo humor jubiloso da família, disse: "Ficaram faltando mais seis meses."

Maruja estava em casa. Havia chegado com Alberto, perseguida pelas unidades móveis que os ultrapassavam, os precediam, transmitindo ao vivo através dos nós do trânsito. Os motoristas que seguiam a peripécia pelo rádio os reconheciam ao passar e os saudavam com buzinadas, até que a ovação se generalizou ao longo do caminho.

Andrés Villamizar quis regressar para casa quando perdeu a pista de seu pai, mas havia dirigido com tanta rudeza que o motor do carro soltou-se e arrebentou a barra da direção. Deixou-o aos cuidados dos policiais da guarita mais próxima e parou o primeiro automóvel que passou: um BMW cinza-escuro, dirigido por um executivo simpático que ia ouvindo as notícias. Andrés disse quem era, por que estava em apuros e pediu-lhe que o levasse até onde pudesse.

— Entre aqui — disse o motorista —, mas vou logo avisando: se for mentira, você vai se dar mal.

Na esquina da Sétima Avenida com a rua 80 foi alcançado por uma amiga num velho Renault. Andrés continuou com ela, mas o carro ficou sem fôlego na ladeira da avenida Periférica. Andrés subiu do jeito que pôde no último jipe branco da Radio Cadena Nacional.

A ladeira que levava até sua casa estava bloqueada pelos automóveis e pela multidão de vizinhos que foram para a rua. Maruja e Villamizar decidiram então largar o carro e caminhar os cem metros que faltavam, e sem perceber desceram no mesmo lugar onde a haviam sequestrado. A primeira cara que Maruja reconheceu entre a multidão enlouquecida foi a de Maria del Rosario Ortiz, criadora e diretora de *Colombia los reclama*, que pela primeira vez desde a sua fundação não foi transmitido naquela noite por falta de tema. Em seguida viu

Andrés, que tinha pulado de qualquer jeito da caminhonete e tentava chegar em casa bem no momento em que um oficial da polícia, alto e boa-pinta, mandou fechar a rua. Andrés, por pura inspiração, olhou-o nos olhos e disse com voz firme:

— Eu sou Andrés.

O oficial não sabia nada sobre ele, mas deixou-o passar. Maruja o reconheceu quando ele corria em sua direção e se abraçaram entre os aplausos. Os patrulheiros precisaram abrir-lhes caminho. Maruja, Alberto e Andrés começaram a subida da ladeira com o coração oprimido, e a emoção os derrotou. Pela primeira vez se soltaram as lágrimas que os três tinham querido reprimir. Não era à toa: até onde a vista alcançava, a outra multidão dos bons vizinhos havia desfraldado bandeiras nas janelas dos edifícios mais altos e saudavam com uma primavera de lenços brancos e uma ovação imensa a jubilosa aventura do regresso ao lar.

Epílogo

Às nove da manhã do dia seguinte, conforme o combinado, Villamizar desembarcou em Medellín sem ter dormido uma hora inteira. Tinha sido uma farra de ressurreição. Às quatro da madrugada, quando conseguiram ficar sozinhos no apartamento, Maruja e ele estavam tão excitados pela jornada que ficaram na sala trocando recordações atrasadas até o amanhecer. Na fazenda La Loma ele foi recebido com o banquete de sempre, mas agora batizado com o champanhe da libertação. Foi um recreio breve, no entanto, porque agora era Pablo Escobar quem tinha mais pressa, escondido em algum lugar do mundo sem o escudo dos reféns. Seu novo emissário era um homem muito alto, loquaz, louro puro e de longos bigodes dourados, que era chamado de Macaco e contava com plenos poderes para as negociações da entrega.

Por disposição do presidente César Gaviria, todo o processo de debate jurídico com os advogados de Escobar tinha sido levado a cabo pelo doutor Carlos Eduardo Mejía, com conhecimento do ministro da Justiça. Para a entrega física, Mejía agiria em sintonia com Rafael Pardo, pelo lado do governo, e pelo outro lado atuariam Jorge Luis Ochoa, o Macaco e o próprio Escobar, das sombras. Villamizar continuava sendo um intermediário ativo com o governo, e o padre García Herreros, que era um avalista moral para Escobar, se manteria disponível para os tropeços de maior urgência.

A pressa de Escobar em que Villamizar fosse para Medellín no dia seguinte à libertação de Maruja tinha feito pensar que a rendição seria imediata, mas de repente viu-se que não, porque lhe faltavam ainda alguns trâmites para despistar. A maior preocupação de todos, e de Villamizar mais de que ninguém, era de que não acontecesse nada a Escobar antes da rendição. Não era à toa: Villamizar sabia que Escobar, ou seus sobreviventes, lhe cobrariam com a vida a mínima suspeita de que tivesse faltado com sua palavra. O gelo foi rompido pelo próprio Escobar, que telefonou para La Loma e cumprimentou-o sem prelúdios:

— Doutor Villa, está satisfeito?

Villamizar nunca o havia visto ou ouvido, e ficou impressionado com a tranquilidade da voz sem o menor rastro de sua auréola mística. "Quero agradecer por ter vindo — prosseguiu Escobar sem esperar a resposta, com sua condição terrestre bem sustentada pela áspera dicção dos cortiços. — O senhor é um homem de palavra e não podia falhar comigo." E entrou logo no assunto:

— Vamos começar a combinar como é que vou me entregar.

Na realidade, Escobar já sabia como ia se entregar, mas talvez quisesse fazer uma revisão completa com um homem no qual tinha depositada então toda sua confiança. Seus advogados e o diretor de Instrução Criminal, às vezes de maneira direta e às vezes por intermédio da diretora regional, mas sempre em coordenação com o ministro da Justiça, haviam discutido todos e cada um dos detalhes da entrega. Esclarecidos os temas jurídicos derivados das diferentes interpretações que cada um fazia dos decretos presidenciais, os temas foram reduzidos a três: o cárcere, o pessoal do cárcere e o papel da polícia e do exército.

A cadeia — no antigo Centro de Reabilitação de Viciados em Drogas de Envigado — estava quase terminada. Villamizar e o Macaco visitaram o local, a pedido de Escobar, no dia seguinte ao da libertação de Maruja e Pacho Santos. O aspecto na verdade era deprimente, por causa dos escombros empilhados e dos estragos causados pelas chuvas intensas daquele ano. As instalações técnicas de segurança estavam prontas. Havia uma cerca dupla de dois metros e oitenta de altura, com quinze fileiras de arame eletrificado a cinco mil volts e sete guaritas de vigilância, além de outras duas na entrada. Estes dois dispositivos seriam reforçados ainda mais, tanto para impedir que Escobar fugisse como para impedir que o matassem.

O único ponto crítico que Villamizar encontrou foi um banheiro com o piso coberto de lajotas italianas no cômodo previsto para Escobar, e recomendou trocá-lo — e foi trocado — por uma decoração mais sóbria. A conclusão de seu relatório foi mais sombria ainda: "Achei um cárcere muito cárcere." Com efeito, o esplendor folclórico que terminaria por escandalizar o país e meio mundo, e por comprometer o prestígio do governo, foi imposto depois, de dentro, numa operação inconcebível de suborno e intimidação.

Escobar pediu a Villamizar o número de um telefone limpo em Bogotá para acertarem os detalhes da entrega física, e ele deu o da sua vizinha de cima, Azeneth Velázquez. Achou que nenhum outro podia ser mais seguro que aquele, para o qual ligavam a qualquer hora escritores e artistas lunáticos o suficiente para deixar fora de si o mais sereno dos homens. A fórmula era simples e inócua: alguma voz anônima telefonava para a casa da Villamizar e dizia: "Daqui a quinze minutos, doutor." Villamizar subia sem pressa para o apartamento de

Azeneth, e quinze minutos depois Pablo Escobar em pessoa ligava. Numa ocasião Villamizar se atrasou no elevador e Azeneth atendeu o telefone. A voz de um interiorano sólido perguntou pelo doutor Villamizar.

— Não mora aqui — disse Azeneth.

— Não se preocupe — disse o provinciano com voz sorridente. — Ele já vai subir.

Quem falava era Pablo Escobar ao vivo e em linha direta, mas Azeneth só vai ficar sabendo disso se ler este livro. Pois Villamizar quis contar naquele dia por uma lealdade elementar, e ela — que não se deixa enganar com facilidade — tapou os ouvidos.

— Eu não quero saber de nada — disse. — Faça o que quiser na minha casa, mas não me conte.

Naquele momento Villamizar tinha feito mais de uma viagem semanal a Medellín. Do Hotel Intercontinental telefonava para Maria Lia, e ela mandava um automóvel para levá-lo a La Loma. Numa das primeiras viagens havia ido com Maruja, para agradecer aos Ochoa a ajuda. No almoço surgiu o tema do anel de esmeraldas e diamantes mínimos que não tinha sido devolvido na noite da libertação. Villamizar também havia falado disso com os Ochoa, e eles mandaram um recado a Escobar, que não tinha respondido. O Macaco, que estava presente, sugeriu a possibilidade de dar um anel novo, mas Villamizar esclareceu que Maruja não sentia falta do anel por causa do preço e sim pelo valor afetivo. O Macaco prometeu levar o problema a Escobar.

O primeiro telefonema de Escobar para a casa de Azeneth foi a propósito de *El Minuto de Dios,* onde o padre García Herreros o acusou de pornógrafo impenitente e ordenou que voltasse ao caminho de Deus. Ninguém entendeu tamanha reviravolta. Escobar pensava que se o padre tinha ficado contra ele devia ter sido por algum motivo de muito peso, e condicionou a rendição a uma explicação imediata e pública. O pior era que sua tropa havia aceitado entregar-se pela fé que tinham na palavra do padre. Villamizar levou-o a La Loma, e de lá o padre deu a Escobar todo tipo de explicação por telefone. De acordo com as explicações, na gravação do programa fora cometido um erro de edição que fez com que ele dissesse o que não havia dito. Escobar gravou a conversa, fez com que sua tropa a ouvisse e controlou a crise.

Porém, ainda faltava mais. O governo insistiu nas patrulhas mistas do Exército e a guarda nacional no exterior do cárcere, em derrubar o bosque vizinho para servir como campo de tiro, e em sua prerrogativa para nomear os guardas dentro de um comitê tripartite formado pelo governo central, o município de Envigado e a Procuradoria, por tratar-se de um cárcere municipal e nacional. Escobar se opôs à proximidade dos guardas porque seus inimigos podiam assassiná-lo na prisão. Se opôs ao patrulhamento misto, porque — segundo seus advogados — no interior dos cárceres não podia haver força pública, de acordo com o Direito de Prisões. Se opôs à derrubada do bosque vizinho, primeiro porque aquilo possibilitaria a descida de helicópteros, e segundo porque supunha que um campo de tiro era um polígono que utilizaria os presos como alvo, até que o convenceram de que, em termos militares, um campo de tiro não passa de um terreno com uma boa visão de contorno. E essa era a vantagem do Centro de Viciados em Drogas — tanto para o governo como para os presos —, pois de qualquer ponto da casa tinha-se uma visão completa do vale e da montanha para esquadrinhar a tempo o perigo. Por último, o diretor nacional de Instrução Criminal quis levantar à última hora um muro blindado ao redor do cárcere, além da cerca de arame farpado. Escobar se enfureceu.

Na quinta-feira dia 30 de maio o jornal *El Espectador* publicou uma notícia — atribuída a fontes oficiais que mereciam crédito absoluto — sobre supostas condições que Escobar havia imposto para a sua rendição numa reunião entre seus advogados e representantes do governo. Entre essas condições — de acordo com a notícia — a mais espetacular era o exílio do general Maza Márquez e a destituição dos generais Miguel Gómez Padilla, comandante da Polícia Nacional, e Octavio Vargas Silva, comandante da Direção de Investigação Judicial da Polícia (Dijín).

O presidente Gaviria convocou o general Maza Márquez ao seu gabinete para esclarecer a origem da notícia, que pessoas próximas ao governo atribuíam a ele. A entrevista durou meia hora, e conhecendo ambos é impossível imaginar qual dos dois foi o mais imperturbável. O general, com sua suave e lenta voz baritonal, fez um relato detalhado de suas investigações sobre o caso. O presidente escutou-o em silêncio absoluto. Vinte minutos depois se despediram. No dia seguinte, o general enviou ao presidente uma carta oficial de sete páginas com a repetição minuciosa do que havia dito, para que ficasse como registro histórico.

De acordo com as investigações — dizia a carta —, a origem da notícia era Martha Nieves Ochoa, que havia contado tudo dias antes e com caráter exclusivo aos redatores judiciais de *El Tiempo* — seus depositários exclusivos —, que não entendiam como tinha sido publicada primeiro por *El Espectador*. Disse que era um fervente partidário da rendição de Pablo Escobar. Reiterou sua lealdade aos seus princípios, obrigações e deveres, e concluiu: "Por razões que o senhor conhece, senhor presidente, muitas pessoas e entidades insistem em buscar minha desestabilização profissional, talvez com ânimo de colocar-me numa situação de risco que lhes permita com facilidade consumar seus objetivos contrários a mim."

Martha Nieves Ochoa negou ser a fonte da notícia, e não se falou mais no assunto. No entanto, três meses depois — quando Escobar já estava na prisão —, o secretário-geral da presidência, Fabio Villegas, telefonou por determinação do presidente para o general Maza em seu gabinete, convidou-o ao Salão Azul e caminhando de um extremo a outro como em um passeio dominical, comunicou-lhe a decisão presidencial de seu afastamento. Maza saiu convencido de que aquela era a prova do compromisso com Escobar que o governo havia desmentido, e disse: "Fui negociado."

Desde antes disso, em todo caso, Escobar mandara dizer ao general Maza que a guerra entre eles havia terminado, que esquecia tudo e se entregava a sério: parava os atentados, desmantelava o bando e entregava a dinamite. Como prova, mandou uma lista de esconderijos onde foram encontrados setecentos quilos. Mais tarde, do cárcere, continuaria revelando à brigada de Medellín uma série de esconderijos com um total de duas toneladas. Mas Maza nunca acreditou nele.

Impaciente pela demora da rendição, o governo nomeou como diretor do cárcere um boyacense — Luis Jorge Pataquiva Silva — e não um antioquenho, bem como vinte guardas nacionais de diferentes estados, e não antioquenhos. "Seja como for — disse Villamizar —, se o que eles querem é subornar, dá na mesma outro antioquenho que outro de qualquer lugar." Escobar, fatigado por tantas idas e voltas, mal discutiu o assunto. No fim combinou-se que o exército, e não a polícia, cobrisse a entrada, e que seriam tomadas medidas excepcionais para tirar de Escobar o temor de que envenenassem sua comida na cadeia.

A Direção Nacional de Prisões, por seu lado, adotou o mesmo regime de visitas dos irmãos Ochoa Vázquez no pavilhão de segurança máxima de Itaguí. A hora limite para se levantar seria às sete da manhã, e a hora limite para ser recluído e trancado com chave e cadeado seria às oito da noite. Escobar e seus companheiros podiam receber visitas de mulheres a cada domingo, das oito da manhã às duas da tarde; de homens, aos sábados; de menores, no primeiro e no terceiro domingos de cada mês.

Na madrugada do dia 9 de junho, membros do batalhão da polícia militar de Medellín substituíram o grupo de cavalaria que vigiava os arredores, iniciaram a montagem de um impressionante dispositivo de segurança, desalojaram das montanhas vizinhas as pessoas alheias à área e assumiram o controle total da terra e do céu. Não havia mais pretextos. Villamizar informou a Escobar — com toda sinceridade — que agradecia a libertação de Maruja, mas não estava disposto a correr mais riscos só porque ele não terminava de se render. E mandou dizer a sério: "Daqui para a frente eu não me responsabilizo." Escobar decidiu em dois dias, com a última condição de que o procurador-geral também o acompanhasse na rendição.

Um contratempo insólito de última hora poderia ter provocado um novo adiamento: Escobar não tinha um instrumento oficial de identidade para comprovar que era ele e não outro quem se entregava. Um de seus advogados levou o problema ao governo e solicitou carteira de identidade para Escobar, sem levar em conta que ele, buscado por toda a força pública, deveria ir em pessoa à respectiva repartição do Registro Civil. A solução de emergência foi que se identificasse com a impressão digital e o número de uma cédula que havia usado num velho cartório, e ao mesmo tempo declarasse que não podia mostrá-la por tê-la perdido.

O Macaco despertou Villamizar à meia-noite do dia 18 de junho, pedindo que subisse para atender um telefonema de emergência. Era muito tarde, mas o apartamento de Azeneth parecia um inferno feliz, com o acordeom de Egidio Cuadrado e seu conjunto de *vallenatos*. Villamizar precisou abrir caminho a cotoveladas através da flora frenética da mais alta fofocagem cultural. Azeneth, em seu estilo típico, fechou-lhe a passagem.

— Já sei quem está telefonando — disse. — E cuidado, porque se você se descuidar vão capá-lo.

Deixou-o no dormitório no momento em que o telefone tocou. No meio do estrondo que estremecia a casa, Villamizar só conseguiu ouvir o essencial:

— Tudo pronto, venha para Medellín amanhã cedo.

Às sete da manhã, Rafael Pardo pôs um avião da Aeronáutica Civil à disposição da comitiva oficial que assistiria à rendição. Villamizar, temeroso de um vazamento prematuro, chegou à casa do padre García Herreros às cinco da manhã. Encontrou-o no oratório, com a sobrecapa inconsútil sobre a batina, quando tinha acabado de rezar a missa.

— Muito bem, padre, caminhe — disse Villamizar. — Estamos indo para Medellín porque Escobar vai se entregar.

No avião — além deles — viajaram Fernando García Herreros, um sobrinho do padre que atuava como seu assistente ocasional; Jaime Vázquez, do Conselho de Informação; o doutor Carlos Gustavo Arrieta, procurador-geral da república; e o doutor Jaime Córdoba Triviño, procurador delegado para os Direitos Humanos. No aeroporto Olaya Herrera, em pleno centro de Medellín, esperavam por eles Maria Lia e Martha Nieves Ochoa.

A comitiva oficial foi levada ao palácio do governo. Villamizar e o padre foram ao apartamento de Maria Lia tomar o café da manhã enquanto eram cumpridos os últimos trâmites da entrega. Ali ficou sabendo que Escobar já estava a caminho, às vezes de carro e às vezes dando voltas a pé, para evitar as frequentes barreiras da polícia. Era especialista nesses truques.

O padre estava outra vez com os nervos à flor da pele. Uma lente de contato caiu, ele pisou nela e ficou tão exasperado que

Martha Nieves teve que levá-lo até a Ótica San Ignacio, onde resolveram o problema com uns óculos normais. A cidade estava cheia de barreiras rigorosas, e eles foram parados em quase todas, mas não para revistá-los e sim para agradecer ao padre pelo que ele tinha feito pela felicidade de Medellín. Pois naquela cidade onde tudo era possível, a notícia mais secreta do mundo já era de domínio público.

O Macaco chegou ao apartamento de Maria Lia às duas e meia da tarde, vestido como para um passeio campestre, com uma jaquetinha de verão e sapatos macios.

— Pronto — disse ele a Villamizar. — Vamos para o palácio do governo. O senhor chega por um lado e eu pelo outro.

Foi sozinho em seu carro. Villamizar, o padre García Herreros e Martha Nieves foram no de Maria Lia. Em frente ao palácio do governo os dois homens desceram do carro. As mulheres ficaram esperando do lado de fora. O Macaco já não era mais o técnico frio e eficaz, agora tentava esconder-se dentro de si mesmo. Pôs óculos escuros e um boné de golfista, e se manteve sempre em segundo plano, atrás de Villamizar. Alguém que o viu entrar com o padre apressou-se em telefonar a Rafael Pardo para dizer que Escobar — muito louro, muito alto e elegante — acabava de se entregar no palácio do governo.

Quando se preparavam para sair, avisaram ao Macaco pelo celular que um avião se dirigia ao espaço aéreo da cidade. Era uma ambulância militar com vários soldados feridos em um encontro com as guerrilhas de Urabá. O temor de que ficasse muito tarde inquietava as autoridades, porque os helicópteros não poderiam voar na franja do entardecer, e adiar a entrega para o dia seguinte podia ser funesto. Villamizar telefonou então para Rafael Pardo, que conseguiu que desviassem o voo dos feridos e reiterou a ordem terminante de manter o céu livre. Enquanto esperava o desenlace, escreveu em seu diário pessoal: "Nem um pássaro voa hoje sobre Medellín."

O primeiro helicóptero — um Bell 206 para seis passageiros — decolou do teto do palácio do governo pouco depois das três, com o procurador-geral e Jaime Vázquez; Fernando García Herreros e o radialista Luis Alirio Calle, cuja enorme popularidade era uma garantia a mais para a tranquilidade de Pablo Escobar. Um oficial de segurança indicaria ao piloto o rumo direto do cárcere.

O segundo helicóptero — um Bell 412 para doze passageiros — decolou dez minutos depois, quando o Macaco recebeu a ordem pelo celular. Villamizar embarcou com ele e com o padre. Assim que levantaram voo, ouviram pelo rádio a notícia de que a posição do governo tinha sido derrotada na Assembleia Nacional Constituinte, onde acabava de ser aprovada a não extradição de cidadãos colombianos por cinquenta e um votos a favor, treze contra e cinco abstenções, numa primeira instância que seria ratificada mais tarde. Embora não houvesse indícios de que fosse um ato combinado, era quase infantil não pensar que Escobar sabia disso de antemão e tinha esperado até aquele último minuto para se entregar.

Os pilotos seguiram as indicações do Macaco para recolher Pablo Escobar e levá-lo para a cadeia. Foi um voo muito breve e a tão baixa altura que as instruções pareciam ser dadas a um automóvel: peguem a Oitava, continuem por aí, agora virem à direita, mais, mais, até o parque, isso aí. Atrás do arvoredo surgiu de repente uma mansão esplêndida entre flores tropicais de cores intensas, com um campo de futebol perfeito como uma enorme mesa de bilhar no meio do tráfego fluido de El Poblado.

— Aterrisse aí — indicou o Macaco. — Não desligue os motores.

Só quando estavam à altura da casa Villamizar descobriu que ao redor do campo havia pelo menos trinta homens armados. Quando o helicóptero pousou no prado intacto, destacaram-se do grupo uns quinze seguranças que caminharam ansiosos até o helicóptero, ao redor de um homem que não podia passar despercebido. Tinha o cabelo comprido até os ombros, uma barba muito negra, espessa e áspera, que chegava até o peito, e a pele parda e curtida por um sol de páramo. Era rechonchudo, usava tênis e uma jaqueta azul-claro de algodão ordinário, e se movia com uma andadura fácil e uma tranquilidade arrepiante. Villamizar reconheceu-o à primeira vista só porque era diferente de todos os homens que havia visto na vida.

Depois de despedir-se de seus seguranças mais próximos com abraços fortes e rápidos, Escobar indicou a dois deles que embarcassem pelo outro lado do helicóptero. Eram Sujeira e Otto, dois dos mais próximos. Em seguida ele subiu sem se preocupar com as hélices a meia marcha. O primeiro que Escobar cumprimentou antes de se sentar foi Villamizar. Estendeu-lhe a mão morna e bem-cuidada e perguntou sem a mínima alteração na voz:

— Como vai, doutor Villamizar?

— Como vai você, Pablo? — respondeu Villamizar.

Escobar virou-se então para o padre García Herreros com um sorriso amável e agradeceu-lhe por tudo. Sentou-se junto de seus dois seguranças, e só então pareceu perceber que o Macaco estava lá. Talvez houvesse previsto que ele se limitaria a dar instruções a Villamizar sem entrar no helicóptero.

— E o senhor — disse Escobar —, metido neste rolo até o fim?

Ninguém soube se foi um reconhecimento ou uma reclamação, mas o tom foi cordial. O Macaco, tão perdido como todos, moveu a cabeça e sorriu.

— Ah, patrão!

Villamizar pensou então, como numa revelação, que Escobar era um homem muito mais perigoso do que todo mundo achava, porque sua tranquilidade e seu domínio tinham algo de sobrenatural. O Macaco tentou fechar a porta de seu lado, mas não conseguiu, e quem teve que fechá-la foi o copiloto. Na emoção do instante ninguém se lembrou de dar ordens. O piloto, tenso nos comandos, perguntou:

— Subimos?

Escobar deixou escapar então o único indício de sua ansiedade reprimida.

— Claro — apressou-se a ordenar. — Vamos! Vamos!

Quando o helicóptero se desprendeu da grama ele perguntou a Villamizar: "Está tudo bem, não é, doutor?" Villamizar, sem se virar para olhá-lo, respondeu com sua verdade: "Tudo perfeito." E nada mais, porque o voo tinha terminado. O helicóptero voou um trecho final num rasante sobre as árvores e pousou no campo de futebol do cárcere — pedregoso e com os gols quebrados —, ao lado do primeiro helicóptero, que tinha chegado um quarto de hora antes. A viagem inteira do palácio do governo até lá não durou nem quinze minutos.

Os dois seguintes, porém, foram os mais intensos. Escobar tratou de descer primeiro, assim que a porta se abriu, e viu-se rodeado pela guarda do presídio: meia centena de homens com uniformes azuis, tensos e um pouco atordoados, que o acossaram com armas pesadas. Escobar se surpreendeu, perdeu o controle por um instante e lançou um grito carregado de uma autoridade temível:

— Abaixem essas armas, caralho!

Quando o chefe da guarda deu a mesma ordem, a de Escobar já tinha sido cumprida. Escobar e seus acompanhantes caminharam os duzentos metros até a casa, onde as autoridades do cárcere os esperavam, junto com os membros da delegação oficial e o primeiro grupo de sequazes de Escobar, que haviam chegado por terra para se entregar com ele. Ali estavam também a esposa de Escobar e sua mãe, muito pálida e a ponto de chorar. Ele lhe deu um toquezinho carinhoso no ombro e disse: "Tranquila, velha." O diretor do cárcere saiu ao seu encontro com a mão estendida.

— Senhor Escobar — apresentou-se. — Sou Luis Jorge Pataquiva.

Escobar apertou sua mão. Depois levantou a perna esquerda da calça e tirou a pistola que levava num pequeno coldre amarrado ao tornozelo. Uma joia magnífica: Sig Sauer 9, com o monograma de ouro incrustado no cabo de nácar. Escobar não tirou o carregador, mas extraiu as balas uma por uma e jogou-as no chão.

Foi um gesto um tanto teatral que parecia ensaiado, e surtiu seu efeito como demonstração de confiança no carcereiro maior cuja nomeação lhe havia tirado o sono. No dia seguinte publicou-se que ao entregar a pistola Escobar teria dito a Pataquiva: "Pela paz na Colômbia." Nenhuma testemunha se lembra disso, e Villamizar muito menos, deslumbrado como estava pela beleza da arma.

Escobar cumprimentou todos. O procurador reteve sua mão enquanto dizia: "Estou aqui, senhor Escobar, para zelar para que seus direitos sejam respeitados." Escobar agradeceu com uma deferência especial. Por último, tomou o braço de Villamizar.

— Caminhe, doutor — disse ele. — O senhor e eu temos muito que conversar.

Levou-o até a extremidade da galeria exterior e ali conversaram por uns dez minutos, apoiados no tubo de metal da cerca e de costas para todos. Escobar começou pelos agradecimentos formais. Depois, com sua calma pasmosa, lamentou os sofrimentos que havia causado a Villamizar e sua família, mas pediu que ele entendesse que aquela tinha sido uma guerra muito dura para ambas as partes. Villamizar não desperdiçou a ocasião de resolver três grandes incógnitas de sua vida: por que haviam matado Luis Carlos Galán, por que Escobar havia tentado matar o próprio Villamizar, e por que havia sequestrado Maruja e Beatriz?

Escobar recusou toda culpa pelo primeiro crime. "Acontece que todo mundo queria matar o doutor Galán", disse. Admitiu que havia estado presente nas discussões em que o atentado foi decidido, mas negou que tivesse participado ou tido algo a ver com os fatos. "Muita gente tomou parte — disse ele. — Eu inclusive me opus, porque sabia o que viria pela frente se o matassem, mas se aquela era a decisão eu não podia me opor. Peço ao senhor que diga isso a dona Gloria."

Quanto à segunda questão, foi explícito em dizer que um grupo de parlamentares amigos o havia convencido de que Villamizar era um colega incontrolável e obstinado, que era preciso deter do jeito que fosse antes que conseguisse aprovar a extradição. "Além do mais — disse ele —, nessa guerra matava-se alguém até por fofoca. Mas agora que o conheço, doutor Villamizar, bendita seja a hora em que não lhe aconteceu nada."

Sobre o sequestro de Maruja deu uma explicação simplista. "Eu estava sequestrando gente para conseguir alguma coisa e não conseguia nada, ninguém conversava, ninguém dava importância, e assim fui atrás de dona Maruja para ver se conseguia alguma coisa." Não teve outros argumentos, e logo passou a um longo comentário sobre a forma em que foi conhecendo Villamizar ao longo das negociações até convencer-se de que ele era um homem sério e valente, cuja palavra de ouro comprometia sua eterna gratidão. "Eu sei que o senhor e eu não podemos ser amigos", disse Escobar. Mas Villamizar podia ter certeza de que dali por diante não tornaria a acontecer nada a ele ou a alguém de sua família.

— Eu vou estar aqui sabe-se lá até quando — disse —, mas ainda tenho muitos amigos, e portanto se algum dos seus se sentir inseguro, se alguém se meter com vocês, mande dizer e pronto. O senhor cumpriu comigo e eu cumpro com o senhor, muito obrigado. É palavra de honra.

Antes de se despedir, Escobar pediu a Villamizar o último favor de tranquilizar sua mãe e sua esposa, que estavam à beira da comoção. Villamizar fez isso sem muitas ilusões, pois sabia que ambas estavam convencidas de que aquele cerimonial era uma armadilha sinistra do governo para assassinar Escobar dentro da cadeia. Por fim entrou no gabinete do diretor e discou de memória o número 284 33 00 do palácio presidencial, para que localizassem Rafael Pardo onde quer que ele se encontrasse.

Estava no escritório do assessor de Imprensa, Mauricio Vargas, que atendeu e passou o telefone sem comentários. Pardo reconheceu a voz grave e calma, mas desta vez com uma auréola radiante.

— Doutor Pardo — disse Villamizar —, estou aqui com Escobar na cadeia.

Pardo — talvez pela primeira vez em sua vida — recebeu a notícia sem passá-la pelo filtro da dúvida.

— Que maravilha! — disse.

Fez um comentário rápido que Mauricio Vargas nem tentou interpretar, desligou o telefone e entrou sem bater no gabinete do presidente. Vargas, que é um jornalista de nascença vinte e quatro horas por dia, suspeitou pela pressa e pela demora de Pardo que devia se tratar de algum assunto grande. Não teve nervos para esperar mais do que cinco minutos. Entrou no gabinete do presidente sem se anunciar e encontrou-o rindo às gargalhadas de alguma coisa que Pardo acabava de dizer. Então ficou sabendo. Mauricio pensou com alegria no tropel de jornalistas que de um momento a outro invadiriam seu escritório, e olhou para o relógio. Eram quatro e meia da tarde.

Dois meses mais tarde, Rafael Pardo seria o primeiro civil a ser nomeado ministro da Defesa, depois de cinquenta anos de ministros militares.

Pablo Emilio Escobar Gaviria havia cumprido quarenta e um anos em dezembro. De acordo com o exame médico de praxe feito ao entrar na cadeia, seu estado de saúde era o de "um homem jovem em condições normais físicas e mentais". A única observação estranha foi uma congestão na mucosa nasal e algo como a cicatriz de uma cirurgia plástica no nariz, que ele explicou como uma lesão juvenil durante um jogo de futebol.

A ata de entrega voluntária foi firmada pelo diretor nacional e pela diretora regional de Instrução Criminal, e pelo procurador delegado para os Direitos Humanos. Escobar confirmou sua assinatura com a impressão digital do polegar e o número de sua carteira extraviada: 8.345.766 de Envigado. O secretário, Carlos Alberto Bravo, deixou um registro ao final do documento: "Uma vez que firmou a ata, o senhor Pablo Emilio Escobar solicitou que assinasse a presente o doutor Alberto Villamizar Cárdenas, que assina." Villamizar firmou, embora nunca lhe dissessem a título de quê.

Terminada a tramitação, Pablo Escobar se despediu de todos e entrou na cela onde ia viver ocupado como sempre em seus assuntos e negócios, e além do mais com o poder do Estado a serviço de seu sossego doméstico e de sua segurança. A partir do dia seguinte, porém, o cárcere muito cárcere de que Villamizar havia falado começou a se transformar numa fazenda cinco estrelas com todo tipo de luxos, instalações de recreação e facilidades para a farra e o delito, construídos com materiais de primeira classe que eram levados pouco a pouco no fundo falso adaptado na caçamba de uma caminhonete de abastecimento.

Duzentos e noventa e nove dias depois, quando o governo soube do escândalo, decidiu mudar Escobar de cárcere sem aviso prévio. Tão inverossímil como o fato de que o governo tivesse precisado de um ano para ficar sabendo daquilo, foi Escobar subornar com um prato de comida um sargento e dois soldados mortos de susto e escapar caminhando com seus guarda-costas através dos bosques vizinhos, nas barbas dos funcionários e da tropa responsável pela mudança.

Foi sua sentença de morte. Pelo que declarou mais tarde, a ação do governo tinha sido tão estranha e intempestiva que ele pensou que na verdade não iam transferi-lo e sim matá-lo ou entregá-lo aos Estados Unidos. Quando percebeu as desproporções de seu erro, empreendeu duas campanhas paralelas para que o governo tornasse a fazer o favor de encarcerá-lo: a maior ofensiva de terrorismo dinamiteiro da história do país e a oferta de rendição sem condições de nenhum tipo. O governo nunca se deu por aludido pelas suas propostas, o país sucumbiu ao terror dos carros-bombas e a ofensiva da polícia atingiu proporções insustentáveis.

O mundo havia mudado para Escobar. Os que poderiam ajudá-lo de novo para salvar a sua vida não tinham vontade nem argumentos. O padre García Herreros morreu no dia 24 de novembro de 1992 de insuficiência renal complicada e Paulina — sem emprego nem economias — refugiou-se em um outono tranquilo, com seus filhos e suas boas lembranças, a ponto de que hoje ninguém sabe dela em *El Minuto de Dios*. Alberto Villamizar, nomeado embaixador na Holanda, recebeu vários recados de Escobar, mas já era tarde para qualquer coisa. A imensa fortuna, calculada em três bilhões de dólares, foi-se em grande parte pelos sumidouros da guerra ou se esfumou na debandada do cartel. Sua família não encontrava um lugar no mundo onde dormir sem pesadelos. Convertido na maior peça de caça da nossa história, Escobar não podia permanecer mais de seis horas num mesmo lugar, e ia deixando em sua fuga enlouquecida um rastro de mortos inocentes, e seus próprios seguranças assassinados, rendidos à justiça ou passados às hostes do inimigo. Seus serviços de segurança e até mesmo seu próprio instinto quase animal de sobrevivência perderam os talentos de outros dias.

No dia 2 de dezembro de 1993 — um dia depois de ter feito quarenta e quatro anos — não resistiu à tentação de telefonar ao seu filho Juan Pablo, que acabava de regressar a Bogotá expulso da Alemanha com sua mãe e sua irmã menor. Juan Pablo, já mais alerta que ele, advertiu dois minutos depois que não continuasse falando porque a polícia ia localizar a origem do telefonema. Escobar — cuja devoção à família era proverbial — não deu importância. Já naquele momento os serviços de rastreio haviam conseguido determinar o local exato do bairro Los Olivos de Medellín, de onde ele estava falando. Às três e quinze da tarde, um grupo especial nada ostensivo de vinte e três policiais vestidos de civil isolaram o setor, ocuparam a casa, e já estavam forçando a porta do segundo andar. Escobar percebeu. "Vou desligar — disse ao filho pelo telefone — porque está acontecendo alguma coisa esquisita por aqui." Foram suas últimas palavras.

Villamizar passou a noite da rendição nos bailongos mais alegres e perigosos da cidade, bebendo aguardente de machos com os guarda-costas de Escobar. O Macaco, afogado até o boné, contava a quem quisesse ouvir que o doutor Villamizar era a única pessoa à qual o patrão tinha dado explicações. Às duas da madrugada se pôs de pé sem preâmbulos e despediu-se fazendo uma saudação com a mão.

— Até sempre, doutor Villamizar — disse. — Agora tenho que desaparecer, e possivelmente não tornaremos a nos ver nunca mais. Foi um prazer conhecê-lo.

Ao amanhecer deixaram Villamizar embebido como uma esponja na casa de La Loma. De tarde, no avião de regresso, não havia outro tema de conversa a não ser a rendição de Pablo Escobar. Villamizar era naquele dia um dos homens mais notáveis do país, mas ninguém o reconheceu na multidão dos aeroportos. Os jornais haviam noticiado sem fotografias sua presença no cárcere, mas a dimensão de seu protagonismo real e decisivo em todo o processo da entrega de Escobar parecia destinado à penumbra das glórias secretas.

De regresso à casa naquela tarde, ele percebeu que a vida cotidiana retomava seu rumo. Andrés estava estudando no quarto. Maruja tratava em silêncio a dura guerra com seus fantasmas para tornar a ser a mesma. O cavalo da dinastia Tang havia retornado ao seu lugar, entre as primorosas relíquias da Indonésia e suas atinguidades de meio mundo, encarapitado sobre a mesa sagrada onde ela queria que estivesse e no canto onde sonhava vê-lo durante as noites intermináveis do sequestro. Havia retornado ao escritório na Focine no mesmo automóvel em que a haviam sequestrado — já apagadas as cicatrizes de balas nos vidros —, e outro chofer, novo e agradecido, ocupava o assento do morto. Em menos de dois anos ela seria nomeada ministra da Educação.

Villamizar, sem emprego nem vontade de ter um, com um enjoo ácido da política, preferiu descansar por um tempo à sua maneira, bebendo o ócio gole a gole com velhos cupinchas, fazendo a feira com sua própria mão para desfrutar e fazer seus amigos desfrutarem das delícias da cozinha popular. Era um estado de alma propício para ler às tardes e deixar a barba crescer. Um domingo durante o almoço, quando as brumas da nostalgia já começavam a enevoar o passado, alguém bateu na porta. Pensaram que Andrés havia tornado a esquecer as chaves. Como era o dia de folga das empregadas, Villamizar abriu. Um homem jovem com jaqueta esportiva entregou-lhe um pacotinho feito com papel de presente e com uma fita dourada, e desapareceu pela escada sem dizer uma palavra nem dar tempo para qualquer pergunta. Villamizar pensou que podia ser uma bomba. Por um instante sentiu-se estremecido pela náusea do sequestro, mas desfez o laço e desembrulhou o pacotinho com a ponta dos dedos, longe da sala onde Maruja o esperava. Era um estojo de couro artificial, e dentro do estojo, em seu ninho de seda, estava o anel que haviam tirado de Maruja na noite do sequestro. Faltava uma chispa de diamante, mas era o mesmo anel.

Ela não podia acreditar. Pôs o anel, e percebeu que estava recuperando a saúde a toda pressa, pois o dedo cabia perfeitamente.

— Que barbaridade! — suspirou cheia de ilusão. — Tudo isso dava para escrever um livro.

Este livro foi composto na tipografia
Minion Pro, em corpo 11,5/14,5, e impresso em
papel off-white no Sistema Digital Instant Duplex
da Divisão Gráfica da Distribuidora Record.